はじめての人も、挫折した人も

Scratchで今から始めるプログラミング

suzuki kyosuke
鈴木 喬裕

日経BP

著者プロフィール

鈴木 喬裕（スズキ キョウスケ）
プログラミング教室エスタ代表

2011年、日本教育学の基幹大学である東京学芸大学 教育学部 初等教育教員養成課程 卒業
同年、千葉県千葉市正規教員として採用される。市内公立小学校にてICTを活用した授業を中心に、1400名以上の子どもたちにかかわり教育経験を積む
2016年に起業。「プログラミング教室エスタ」を設立し、のべ100人を超える生徒にプログラミング授業を直接指導。年間1000名以上が参加するプログラミング体験イベントも開催
現在は２人の愛娘の父をしながら、プログラミングプロデューサーとして「Fun to Program！（プログラミングを楽しもう）」をテーマにワークショップや、プログラミング教育に関わる先生方への研修も行い、日々精力的に活動中

本書を手に取ってくださった皆さんへ

本書を手に取っていただきありがとうございます。プログラミングの楽しさを広めるプログラミングプロデュース活動をしている鈴木喬裕です。この本は、プログラミングを今までにないほど手軽に、楽しみながら基本が学べるようにとの想いで執筆しました。「プログラミングを始めよう」と思った瞬間、すぐに始められるよう、使用データのダウンロードも、高度なタイピングも、英語の羅列も省いてあります。必要なのはインターネット上のWebページを表示できるパソコン１台です。まずは難しいこと抜きに、プログラミングを楽しく始めてみてください。そこからプログラミングの基礎を学んでいけるようにステップを用意してあります。ぜひプログラミングの第一歩を本書と共に踏み出しましょう！

この本を執筆するにあたり

この本の執筆は、2020年から2021年にかけて進めてきました。小学校でプログラミング必修化が予定され、そしてコロナ禍に見舞われた年です。そのような中での執筆活動は、プログラミングによって生み出されたビデオ通話システムやデータ通信システムを活用してフルリモートで行われました。このような状況下でもスムーズに執筆ができたのは、誰かがプログラミングしてくれたおかげだと思っています。そして、初めての著書でわからないことだらけの私に、最初から最後まで親身にサポートしてくれた日経BPの仙石さん、私が不在の中でも業務を遂行してくれた教室及び会社スタッフ、執筆に集中できるよう生活を支えてくれた家族、本書に関わっていただいたすべての方々、本当にありがとうございました。

contents

Chapter
1

プログラミングをはじめよう

本書を手に取ってくださった皆さん、こんにちは。私は鈴木喬裕（すずき きょうすけ）と申します。千葉県木更津エリアでプログラミング教室エスタを営みながら、同時に世の中にプログラミングの楽しさを広めていくプログラミングプロデューサーを名乗って活動しています。

教室や講演などで、私が大切にしていることが「Fun to program!（プログラミングを楽しむ）」という点です。プログラミングは、全国の小中学校で必修化され、これからますます広がっていくことになるでしょう。一般的な生活の様々な場面で、また社会の至るところでコンピュータシステムが使われるようになった今日でも、プログラミングには「難しそう」「一部の技術者向けのスキルでしょ」といったイメージが残っています。しかし、今ではプログラミングは手軽に学び始められるよう環境が整ってきており、子どもから大人まで楽しく学びながら、成長や暮らしに役立てることができるようになっています。

そこで、微力ながらプログラミングの楽しさを伝えて、一人でも多くの方に人生を豊かにするきっかけを与えたいと思い、私は教室やSNSなどでプログラミングの楽しさをプロデュースしています。本書も、より多くの人にプログラミングの魅力を伝えたくて執筆いたしました。

本書は、ただ読んで覚えるだけの解説書ではありません。自分の手を動かしながらプログラムを実際に作り、それから、そのプログラムが動作する仕組みについて学ぶというスタイルでプログラミングを学習できるように作っています。ぜひ実際に手を動かしながら、プログラミングを楽しんでいただけたら幸いです。

そんな学習方法が可能なのは、**Scratch**というプログラミング言語のおかげです。Scratchを使うと、プログラミングが難しいと思われている最大の原因である「文法」で悩まずに、プログラミングを始められます。この点については、本章の後半でじっくりご説明しますので、そちらもぜひご覧ください。

本章ではプログラミングの良いところ、楽しく学ぶ方法をご紹介しますが、本書に取り組んでいただくにあたって、お伝えしておきたい大事なことがあります。プログラミングは確かに「楽しい」ということを皆さんにも知っていただきたいのですが、一方で「楽（らく）」ではない部分もあります。プログラムがうまく動かない場面もたくさん出てきます。

そういうとき、そこであきらめずに試行錯誤しながら解決する方法を見つけ出すことが大切なのですが、決して自分ひとりで解決しようと無理はしないでください。どうしても煮詰まったら手を止めて、いったんクールダウンしたり、周囲にプログラミングについて聞ける人がいたら聞いてみたり、サンプルプログラム（見本のプログラム）と見比べたり、サンプルプログラムを実際に動かしてみたり……。どんな方法でもかまいません。自力にこだわらず、積極的に他人の“手”を使いましょう。後述しますが、本書ではサンプルプログラムを公開しています。困ったら、どんどん「答え合わせ」をして、先に進めていくことをお薦めします。

本書ではできる限り図をたくさん利用して、初心者の方でもわかりやすく楽しみながら学べるように構成してあります。ぜひ楽しみながら、プログラミング学習を進めていただければと願っています。本書を読み終えるころには、今まで見ることはできなかった、新たなプログラミングの世界が目の前に広がっていることでしょう。それでは皆さん、

Fun to program!

プログラミングの重要性

次にプログラミングがなぜ重要かについて「プログラミングとは」「プログラミングの本質」「プログラミングを学ぶメリット」という3つの視点から、お話していきたいと思います。本書を手に取った皆さんであれば、プログラミングが重要であるということ自体はすでにご理解されていることでしょう。ここでは、その理由を明らかにして、プログラミングを学ぶ目的を明確に認識し直す機会にしていただければと思います。

ではまず、「プログラミングとは何か」からはっきりとさせていきましょう。

プログラミングとは

本書を読み始めたばかりの皆さんでも、何となくであれば「プログラミングとは何か」についてイメージは持っているという方が多いのではないでしょうか。ここではあらためて、プログラミングについて本書としての定義を示しておきます。

プログラミングとは、「コンピュータに、こちらが意図する指示（プログラム）を、あらかじめ書いておくこと」と私は考えています。

その一例が、「スマホやゲーム機などの端末で、あるボタンが押されたときにはこう動く」といったような動作の詳細を、あらかじめ決めておき、それを何らかの形で記述しておくことです。一方で、そのプログラムを実際に使用する人が端末のボタンを押しているような場面は、プログラミングとは言わず、操作であると区別します。あらかじめ記述するという点がポイントです。

本書でもプログラミングといえば、実際にスタートボタンを押したらどう動くか、その結果、どういう状態になったらどういう動作をするかといった指示を書くことである点を前提に、実際にその指示を書きながら、つまりプログラミングしながら学んでいきたいと思います。

プログラミングの本質

しかし、プログラミングの本質は、ただプログラムを書くことだけに限りません。本当の意味でプログラミングを学び、身に付けるということは「テクノロジーとの対話」であると私は考えています。これは一方的にコンピュータなどを通じてテクノロジーに指示が出せるだけではなく、テクノロジー側からの信号（それはエラーであったり、新技術の情報であったり様々です）を受け取り、まるで一人の人間と対話するようにテクノロジーと共存することまで含めて考えたいと思います。

私がプログラミングを学んできた過程を振り返っても、「こんな新技術が出たのか！ その技術とこの知識を組み合わせると面白いワークショップが開催できそうだな」と考えたり、「このシステムとこっちのシステムをこうやって連携させたら仕事がもっと効率化できそうだな」と思いついたりすることが、学びが進むにつれてできるようになりました。もちろん、その間、数限りなくエラーを通じて「君のプログラムはどこか間違っているよ」というお知らせも受け取っています。このようにプログラミングを経験すると、直接的にコンピュータからの信号を受け取りながら、コンピュータに関わる情報を受信するアンテナも広がるようになるのです。

この「テクノロジーと対話」することに近い例が、外国語を学ぶことだと思っています。その背景は以下のようなものです。

日本語を母国語とする日本では、開国以降、欧米の書籍や外国人から、外国語で知識を得たり、コミュニケーションをとって交渉したりする必要が出てきました。そのため文明開化以降、今日のグローバル化まで様々な時代の局面で、身の回りに外国人や外国語の情報が増え続けてきました。このため、常に外国語を学習する必要性が説かれてきたと言えます。

IT化が急速に進んでいる現代社会に話を戻すと、前述の外国人や外国語リソースの情報と同じように、我々の身の回りには、プログラムによって動作するIT機器が無数に存在するようになりました。そのすべてと毎日対話するということはないかもしれませんが、スマホに新しい機能をインストールしたり、電子家電や業務用機器を設定したりすることはごくごく日常的に行われるようになってきています。

そのため、2020年から英語とプログラミングが同時に必修化されたというのは、私は象徴的な変革だと思っています。外国人とのコミュニケーションが重要になっているのと同様に、「テクノロジーとの対話」も重要になり、だからこそプログラミングが重要な存在になっているといえるのではないでしょうか。

プログラミングを学ぶメリット

この「テクノロジーと対話」できるようになる、という状態は、具体的にどのようなメリットをもたらしてくれるのでしょうか。プログラミングを学ぶことのメリットは3つあると考えています。具体的には、ITリテラシー、ロジカルシンキング、試行錯誤の3点です。それぞれ具体的に見ていきましょう。

まず最初が「ITリテラシーが高まる」という点です。これは「テクノロジーと対話できるようになる」という部分が直接的に影響するところで、ITを理解し使いこなす力と言い換えることができます。皆さんの身の回りには、新しいアプリやIT機器の使い方を、他の人よりいち早く飲み込み自分のものにできる人がいると思います。もしかしたら、皆さん自身がそうかもしれませんね。そのような方を「ITリテラシーが高い人」といいます。プログラミングを学ぶことで、プログラムの書き方を覚えるだけでなく、パソコンの画面の向こう側でテクノロジーがどのような仕組みで動いているか垣間見ることができます。それにより、IT分野に対する抵抗感がなくなるだけでなく、具体的にイメージしながら円滑に理解することができるようになるのです。

次が「ロジカルシンキングが身に付く」という点です。このロジカルシンキングはビジネス書などで重要スキルの1つとして仕事で役立つと言われている一方で、教育現場でも論理的思考力と表され、近年大切な学びとして注目されています。

ロジカルシンキングをもっと具体的にいうと、物事を切り分けて考えるのに必要な論理単位（大きさ）まで分けてとらえる「細分化」、それを適切な順序で組み立てる「順序立て」といったものがそれにあたります。順序立てでは単に順番を考えて組み立てるだけでなく、必要があれば一度組み立てた順番を修正して組み直すところまで含まれます。

この細分化や順序立てといったプロセスは、プログラミングにより何らかのシステムやソフトウェアを作り上げる過程において何度も発生します。ある目的があって作りたい作品（システム）がある場合、どのようなプログラムを組めばよいか必要要素を細分化して考え、それを順序立てて再構築し、プログラムを組んでいきます。もしプログラミング中にバグ（不具合）があった場合は、順序立てた構成の中から原因となる部分がどこかと見当をつけて修正点を探したり、いったん作り上げた部分をあらためて細分化してバグの箇所を特定したり、といった作業を繰り返していきます。このような経験を積み重ねることによって、自然と論理的に物事を捉えることができるようになり、ロジカルシンキングに必要な素養が身についていくのです。

試行錯誤する力が向上する

最後に当たるのが「試行錯誤する力が向上する」という点です。これは現代社会において重要視されている問題解決能力を包括する大切な力であると、私は考えます。

問題解決能力に含まれる一連の力として、分析して課題を発見する「分析力」、その課題がどのようなものか定義する「課題設定力」、そして定義した課題を解決する「解決力」があります。試行錯誤する力はその3つの力に関連して、課題が1回で解決しなくても繰り返し取り組む力、そして課題を解決したあとにも、再び別の課題に直面したときにも等しくポジティブにチャレンジできる力、といった力が含まれます。

変化の激しい今日では、1つの課題が1回で解決することも、課題が1つだけでスムーズに進むことも珍しく、何度も解決方法を模索し、1つ解決すれば次の課題に向かっていくことの繰り返しになります。この一連の流れは、プログラミングでも同じです。プログラミングでは、実現したい機能や処理を課題ととらえ、ゼロからその課題を解決するプログラムを作っていきます。答えがないところから、自分で課題を解決するには、少しずつプログラムを作りながら、もっと簡単に作る方法はないか、もっと処理が速いプログラムにできないか、実は別の処理や機能が求められているのではないかなど、様々なことを考えながら、作っては直し、作っては直しを繰り返して作ることになります。ほどほどのところであきらめるのか、手を尽くすことができるかは、よりよい試行錯誤ができるかということと密接に関係があるのではないでしょうか。

プログラミングの過程では、1つのバグ（うまく行かない部分）もなしにプログラムが完成することはほとんどありません。そのバグもまた課題です。プログラミングの過程では必ずバグ（課題）があり、それを見つけて解決する。そして次のバグがまた見つかるので、解決を目指して再びチャレンジする。そのようにして試行錯誤と解決を繰り返すことでプログラムが完成していきます。

プログラミングを通じてこのような経験を積み重ねることで、問題解決能力を支える「試行錯誤する力」が向上していくのです。

クリエイティブな人間になろう

プログラミングを学ぶことによって「ITリテラシー」「ロジカルシンキング」「試行錯誤する力」が身に付き、少しずつテクノロジーとの対話ができるようになっていきます。私はそれにより、「クリエイティブな人間になる」ことを目指せると思っています。

「クリエイティブ」というと、一般にはデザイナーや作家といった優れた創造性を持つ人のことを指すと思われるかもしれません。でもここでは、それだけではなく、テクノロジーと共存しながら歩める人も含めて、クリエイティブと考えています。テクノロジーの得意な部分・苦手な部分を理解し、テクノロジーの方が効率よくできることはテクノロジーを上手く活用しながら、「感情」や「概念的・抽象的」といった人間ならではの特徴を生かした部分を切り分けて、そこは人として受け持っていく。必ずしもアートや文学という領域でなくても、人生や生活の様々な局面で独創的な判断や着想ができたり、それを形にできたりするのではないでしょうか。それをここでは「クリエイティブ」と言ってみました。

結果としてクリエイティブな人は、これからのテクノロジーが発達していく社会において、AIやロボットに取って代わられてしまうといったネガティブな不安に悩むことなく、そのようなテクノロジーとタッグを組んでより豊かで自由な暮らしをしていけるようになると思うのです。

従来のプログラミング学習の課題

前述のように、学んだ人によいメリットをもたらすプログラミングですが、従来のプログラミング学習には2つの大きな課題がありました。その2つの課題と共に、それを解消するための本書で取り扱う内容を紹介していきたいと思います。

従来からあるプログラミングというと、コンピュータに対する指示をテキスト形式の命令文で記述します。この記述した命令のことを、コードもしくはプログラムコードといいます。これをコンピュータが解釈させて実行するのが基本です。

C#で記述したプログラムコードの例

```
        // 非同期で画像を保存
        static async void DownloadImgAsync(string imgUri, string outputPath)
        {
            using (HttpClient client = new HttpClient()) {
                var res = await client.GetAsync(
                imgUri,
                HttpCompletionOption.ResponseContentRead);

                using (var fileStream = File.Create(outputPath))
                using (var httpStream = await res.Content.ReadAsStreamAsync())
                    httpStream.CopyTo(fileStream);
            }
        }

        private void doneButton_Click(object sender, EventArgs e)
        {
            // 画像のuri
            string uri = textURL.Text;
            // 画像の拡張子
            string extention = Path.GetExtension(uri);

            // 画像の詳細
            string imageName = uri.Substring(uri.LastIndexOf("/"));
            int imageNo = int.Parse(
                imageName.Substring(imageName.IndexOf("."))
            );
        }
```

従来型のプログラミング言語の場合、精通している人ならプログラムコードを見るだけでおおよそどのような機能を持つプログラムなのかを類推することができます。でも、初心者の中には、英語（多くのプログラミング言語が英語ベースで構成されています）や数字記号の羅列に抵抗感や難しい印象を受ける人が多く、入門直後の早い段階で挫折を招く原因にもなっていました。

かく言う私も、初めてプログラミングに触れたのは大学の情報系の授業でした。もちろん、そこで扱ったのは従来型のプログラミング言語です。英語のような、でも英語そのものとも違う数々の英語や、数字文字の羅列に見えるプログラムコードに難しい印象を受けてしまった私は、その授業が選択性で他の単位で代替できたこともあり、途中で挫折。単位の取得もあきらめたため、必然的にプログラミングの学習からフェードアウトしてしまいました。

でも、テクノロジーが世界に浸透し、子どもも含めて広くプログラミングが学ばれる今は、ビギナー向けの**ビジュアルプログラミング**が開発され、誰でも使えるように提供されています。私も最初にプログラミングに挫折したのち、しばらくしてビジュアルプログラミングに出会い、今度は抵抗感や挫折を感じることなく楽しくプログラミングを学ぶことができ、その後もプログラミングとは深く付き合うことができています。

本書ではビジュアルプログラミングの代表的な存在である**Scratch**を使ったプログラミングを学んでいただこうと思います。Scratchを使うことにより、従来のプログラミング教育にあった難しく感じる要素をできるだけ排除し、誰でもプログラミングを学び始めることができるよう構成しています。これにより、挫折することなくプログラムを作り、プログラミングするとはどういうことかを理解し、プログラミングのカンどころを養っていただけるはずです。

子どもも使えるビジュアルプログラミングで大人も学ぶ

前項でビジュアルプログラミングは入門者向けであると紹介しました。実は、ビジュアルプログラミングにも問題点があります。「従来型のプログラミングが難しい」というのと並び、「ビジュアルプログラミング、特にScratchは実益性に欠ける」という点は、今のプログラミングにあるもう1つの問題点です。ビジュアルプログラミングが登場して以降、特にScratchに関しては様々な関連書籍が出版され、Scratchによるプログラミング学習ができるようになりました。しかし、その多くでは子ども向けに楽しくゲームやアニメーションを作れるようにはなっているのですが、一方で従来型のプログラミング言語も含めたプログラミング全般に通用する重要な基礎知識の解説には、あまり重点が置かれていなかったという印象を持っています。

そのためビジュアルプログラミングは、「楽しいけれど、次のステップへのつながりが薄い」という印象を与えてしまい、その結果、ビジュアルプログラミングは「実益性に欠ける」といったイメージを持たれてしまっているようです。

そこで本書では、楽しくプログラミングを学ぶとともに、Scratchに限らず、どんなプログラミング言語においても重要なポイントを体系的にまとめました。それも、ただ学ぶのではなく、まずはプログラムを作ってみることに重点を置き、Scratchでのプログラミングを体験していただきます。それから、そのプログラムに使われている大事な基本について解説します。いったん手を動かして作ってみる段階を踏むことで、「あれは、そういう基本的な処理を組み込んだものなのか」とイメージしやすいのではないかと考えました。それが必ず望ましい理解につながると思っています。

「何もプログラミングを学んでいないのに、プログラミングしようなんて不可能なのでは？」と不安に思う人もいるかもしれません。でも、それができてしまうのがScratchの優れたところです。本書の解説通りに操作すれば、プログラムを作る作業自体は実に簡単であると実感していただけるはずです。そして、その体験を元にプログラミングの基礎を学ぶことにより、他のプログラミング言語も含めた、次のステップにも生きる知識となります。このようにして本書ではビジュアルプログラミングを実際に役に立つ、実益を伴うものとして扱っていきます。

理想は「楽しくて役に立つ」

私はプログラミングが大好きです。それは「楽しさ」と「実益性（役に立つ）」を兼ねそろえているところに非常に魅力を感じているからです。

プログラミングは学ぶことによって、生活を便利にしたり、楽しく豊かな経験ができたり、ひいてはお金を稼ぐこともできる「役に立つ」ものです。しかも、それをゲームやアニメーションなどを通して、「楽しさ」を感じながら学んでいただきたいと思います。

「楽しくて学びになる（役に立つ）」のが理想というのは、何もプログラミングに限らず、教育全般に言えることだと思っています。本書もそれ自体「楽しくて役に立つ」コンテンツとして構成しています。ぜひ「役に立つ」プログラミングを「楽しみながら」学んでいって下さい。

Scratchはビジュアルプログラミングの代表格

本書で取り上げているプログラミング言語は、ビジュアルプログラミングの中でも世界で最も広く使用されており、その代表格と言える**Scratch**です。ここでは、その**Scratch**についてもう少しくわしくご紹介しましょう。

Scratchはビジュアルプログラミングの中でも最も標準的なブロック型ビジュアルプログラミングと呼ばれる種類のもので、プログラミング初体験の方でもすんなりと学習に入っていけるよう設計されています。

Scratchは、本書が目指すプログラミング全般に通用する知識を学ぶのにも適しています。Scratchを開発したのは、最先端の科学研究が行われている米マサチューセッツ工科大学メディアラボ。プログラミングにおいて重要な思考の多くが学べるようにと生み出されました。初めて公開されてからすでに10年以上の歴史を持ち、これまでに2度も大幅にアップデートされました。これにより、より一層プログラミングをスムーズかつ、深く学べるよう改善されてきました。本書でもScratchの持つプログラミング学習のポテンシャルを活かして、様々な重要ポイントを吸収できるように解説しています。

そうまで書かれたら「Scratchはどんな画面で、どのように操作するのかくわしく説明してほしい」と思われる方も多いでしょう。それは、第2章をぜひご覧ください。Scratchの基本的な理解ができるよう、チュートリアルになっています。ここでScratchがどのようなものか、どう操作するのか見ていただきたいと思います。

Scratchはスマホやタブレット、パソコンで利用することができます。次のQRコードをスキャンするか、URLをWebブラウザで開いて、本書で作るScratchのサンプルプログラムにアクセスしてください。

https://scratch.mit.edu/projects/490684860にアクセスしてScratchを実体験

URL https://scratch.mit.edu/projects/490684860

Webページが開くと、次のような画面が表示されます。緑の旗のボタン（スタートボタン）を押してみてください。ただし、効果音付きですので、音量にご注意ください。

✸緑の旗のボタンをクリックしてスタート

花火のアニメーションが始まりましたね。このコンピュータグラフィックで描かれる花火アニメーションは、本書の後半で皆さんに実際にプログラミングしていただく作品になります。ぜひ楽しみにしていてください。

ひとしきり花火を鑑賞したら、緑の旗の右脇にある赤い八角形のボタンを押してください。このボタンがストップボタンの役割を持ち、アニメーションを止めることができます。またスタートボタンを押せば、異なるパターンで花火の打ち上げが始まります。

では、次の章からScratchを使って実際に手を動かしながら、プログラミングを学んでいきたいと思います。そのときには、プログラムを起動する緑の旗が常に表示されています。特に指示がないところでも、ぜひ好きなタイミングでスタートボタンをクリックし、プログラムを動かしてみてください。完成前に動作させても、パソコン本体に不具合が発生するようなことはないので、安心して実行してください。毎回のように発見があると思います。これぞまさに「テクノロジーとの対話」と実感していただけるのではないでしょうか。ぜひ何度もプログラムを動かしながら、プログラミングを楽しんでください。それがあなたの偉大な一歩になるはずです。

Chapter
2

Scratchをはじめよう

本章では、Scratchの基本的な操作方法について、実際に手を動かしながら学んでいきましょう。そうしたごくごく初歩的な使い方の中にもプログラミングで大切な考え方が含まれています。その点についても解説していこうと思います。

Scratchを開こう

まず第一歩として、皆さんに使っていただくScratchを開きましょう。現在Scratchは、パソコンにインストールして利用するオフライン版と、Webブラウザで動作し、インターネット上で編集やデータの保存ができるオンライン版が提供されています。本書ではオンライン版を使って、Scratchの使い方とプログラミングについて解説していきます。オンライン版はインストールが不要。日ごろWebページを見るのに使っているブラウザ上で、Scratchを動かすことができます[※1]。なお、本書では、パソコンで操作することを前提に、パソコンで利用可能なWebブラウザでの使い方を説明しています。

※1 ただし、Scratchが動作するWebブラウザには条件があります。パソコンの場合は、Edge（バージョン15以上）、Chrome（バージョン63以上）、Firefox（バージョン57以上）、Safari（バージョン11以上）が必要です（2021年3月現在）。動作条件は変わることがあります。Webブラウザが対応していない場合は、オフライン版をインストールする必要があります。

では実際にWebブラウザでScratchにアクセスしてみましょう。アドレスバーに「https://scratch.mit.edu/」と入力して、このURLを開いてください。

すると次のようなWebページが表示されます。これがScratchの公式サイトです。

最初にScratchのトップページを開こう（https://scratch.mit.edu/）

アカウントを作ろう

オンライン版のScratchでは、専用のアカウントを用意することにより、自分の作品データをクラウド上へ保存しておくことができます。その作品データは、別のパソコンやタブレットなどで開くことができます。作成途中の作品を、別の環境で続きを作るといったこともできるし、共有機能を使って知り合いや家族などに作品を楽しんでもらうこともできるようになります。

そこで、実際にScratchを使う前にあらかじめアカウントを作っておきましょう。なお、そのためにはパソコンで利用できるメールアドレスが必要になります。

アカウントを作るには、前の図で画面右上にある「Scratchに参加しよう」をクリックします。すると、ユーザー名とパスワードを入力する画面が現れます。

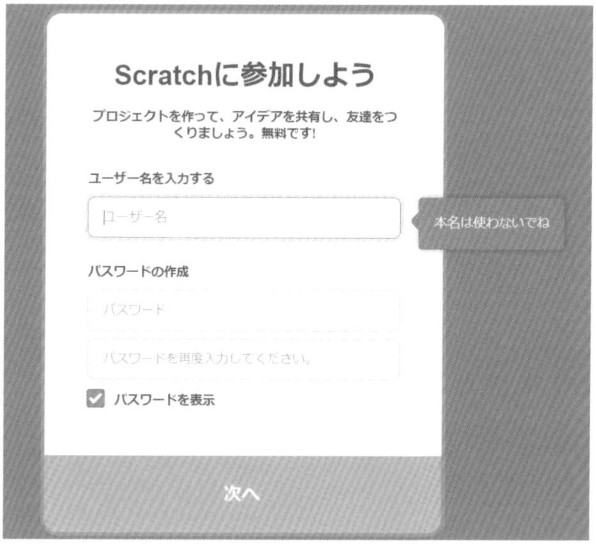

ユーザー名とパスワードを決めよう

ユーザー名は本名などの個人情報を含まないようにして、半角英数字、ハイフン(-)、アンダーバー(_)を使って自分で決めます。すでに誰かに使用されているユーザー名は使用できません。同じようにパスワードも設定して下さい。6文字以上の半角英数字、ハイフン(-)、アンダーバー(_)で作成できます。

「次へ」をクリックして先に進めると、住んでいるところを設定する画面が表示されます。「国または地域を選ぶ」をクリックしてプルダウンメニューを開き、自分が住んでいるところを選びます（日本の場合はJapanを選びます）。

✹自分が住んでいるところを選ぼう

続いて、生まれた年と月、性別を入力します。居住地と同じように、画面の指示に従って回答してください。

その次に、メールアドレスを入力する画面が表示されます。これで必要な情報の入力は完了です。「アカウントを作成する」をクリックして先に進めましょう。

✹メールアドレスを入力して設定完了

ここで、機械的に大量のアカウントをいたずらで作るのを防ぐための画面に切り替わります。画面の指示に従って、9枚の画像の中から指定された画像（次の図では信号機）をすべてクリックして選択し、「確認」ボタンを押します。

指定されたものが写っている画像をすべてクリックして選択

これでアカウントの作成作業は完了です。画面には「Scratchへようこそ！」と表示され、アカウントが作成されたことがわかります。

✸アカウントが作れた！

ここで「はじめよう」をクリックすると、アカウントにサインインした状態で、Scratch公式サイトのトップページが表示されます。

✸サインイン済みの状態でScratchのトップページが開く

実は、この段階では登録作業は完全には終わっていません。この時点で、アカウント作成時に登録したメールアドレスあてに、Scratchからメールが届いています。メールのメッセージに従ってアカウントを認証しましょう。これでメールアドレスを正しく登録できたことが実証できます。この段階を終えると、作品を共有したり、Scratchユーザー同士がコメントで交流したりといった機能を使用できるようになります。

送られてきたメールに従ってアカウントを認証する

操作の練習にプログラムを作ってみよう

では、Scratchの操作をご説明します。ごくごく簡単なプログラム「ネコ瞬間移動」を作りながら、Scratchでプログラムを作る操作に慣れていきましょう。

今は、Scratchのトップページが開いていると思います。そのためにはまず、画面左上にある「作る」ボタンをクリックします。

画面左上の「作る」をクリック

すると、画面は編集画面に切り替わります。プログラムの作成は、基本的にこの画面で行います。この画面について説明しておきましょう。各部の名称は、このあとの説明で何度も出てきます。ここで一度、頭に入れておいてください。また、各部の名称がわからなくなったら、この図に戻ってもう一度確認するといいでしょう。

ここで、Scratchを始めるときに知っておいていただきたい、3つの大事な「ス」についてご説明しておきます。3つの「ス」とは、**スプライト**、**スクリプト**、**ステージ**です。

スプライトは、実際に動作するキャラクターや物体のこと。新しくプログラムを作る際の編集画面では、ネコの形をした「スプライト1」がデフォルトで設定されています。このスプライトが動作するエリアが**ステージ**です。初期状態だと、ネコのスプライトが表示されている四角いエリアがステージにあたります。スプライトやステージを動作させるプログラムのことをScratchでは**スクリプト**と呼びます。スプライトやステージごとにスクリプトを組むことができます。

✸Scratchの編集画面

① カテゴリリスト
ブロックを分類したカテゴリのリスト。カテゴリ名をクリックすると、ブロックパレットが該当するブロックのリストに切り替わる

② ブロックパレット
カテゴリに応じたブロックの一覧が表示される。ここに表示されたブロックをドラックして、スクリプトエリアに配置することでプログラムを作っていく

③ ステージ
編集中のプログラムの実行結果を表示する。任意のブロックもしくはプログラム全体を実行することができる

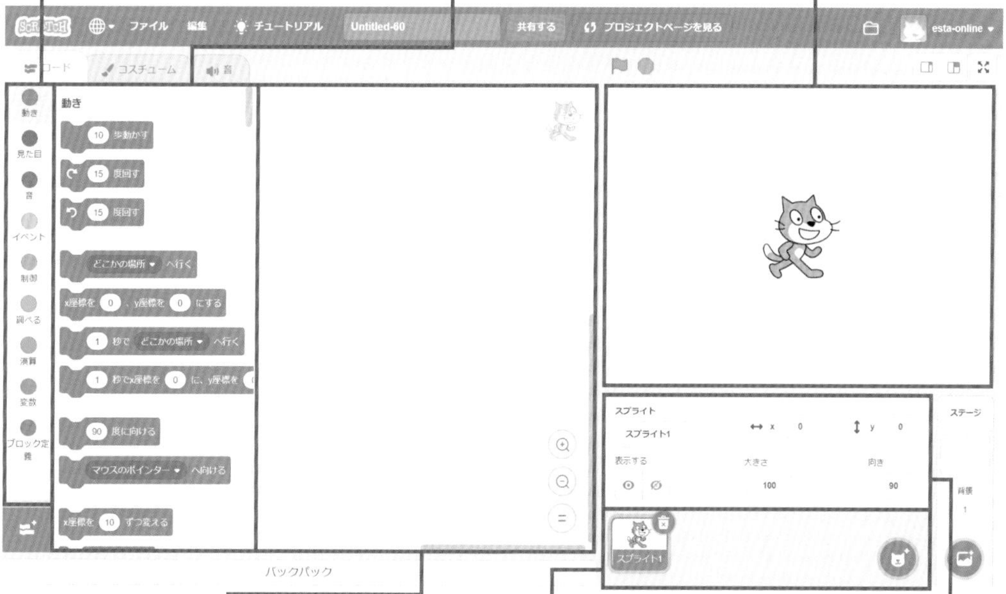

④ スクリプトエリア
ブロックを組み合わせてスクリプトを作るエリア。このエリアの右上に、現在選択されている(プログラムを作成している)スプライトが薄く表示される。ズームボタンでエリア内の表示を拡大/縮小することができる

⑤ スプライトリスト
プログラムで使用するスプライトの一覧が表示される。青く強調されているスプライトが、その時点で選択されているもの

⑥ スプライト情報
選択したスプライトの各種情報(プロパティ)が表示されるエリア。その時点でのスプライトの「座標」や「向き」、「大きさ」、「表示のオン・オフ」などを確認したり、情報を直接変更したりすることができる。スプライトの名前を変える場合は、このエリアで書き換える

COLUMUN

名称の由来は演劇から

少しでもプログラミングについて調べたことのある人ならば、Scratchの各部に使われた名称が他のプログラミング言語やプログラミングツールでは使われていない、目新しい名前であるという感想を持ったのではないでしょうか。実は、Scratchがこうした名称を採用しているのは、Scratchが「物語の演劇」をコンセプトとして設計されているからなのです。

「スプライト」は物語に登場する架空の「妖精」という位置づけから来たものです。もともと「スクリプト」には「台本」という意味がありますし、「ステージ」はそのままでもイメージできますね。「舞台」の役割になります。つまり、「妖精（スプライト）が台本（スクリプト）に従って舞台（ステージ）上で物語を紡いでいく」というように、Scratchでプログラムを作って、コンテンツを実行するという一連の流れは、演劇に模してあるのです。

「ブロックを移動してつなげる」のが基本の操作

では、Scratchで作品を作っていくときの基本的な操作について説明しましょう。Scratchでは、ブロックをつなぎ合わせるように並べていくと、それに従ってスプライトが動くプログラム（スクリプト）を作成できます。

そのブロックは、ブロックパレットから選びます。プログラムに使うブロックは、ブロックパレットからドラッグして、スクリプトエリアに持ってきます。スクリプトエリアでマウスボタンを離すと、プログラムに利用することができます。

✸ブロックパレットからスクリプトエリアにドラッグ

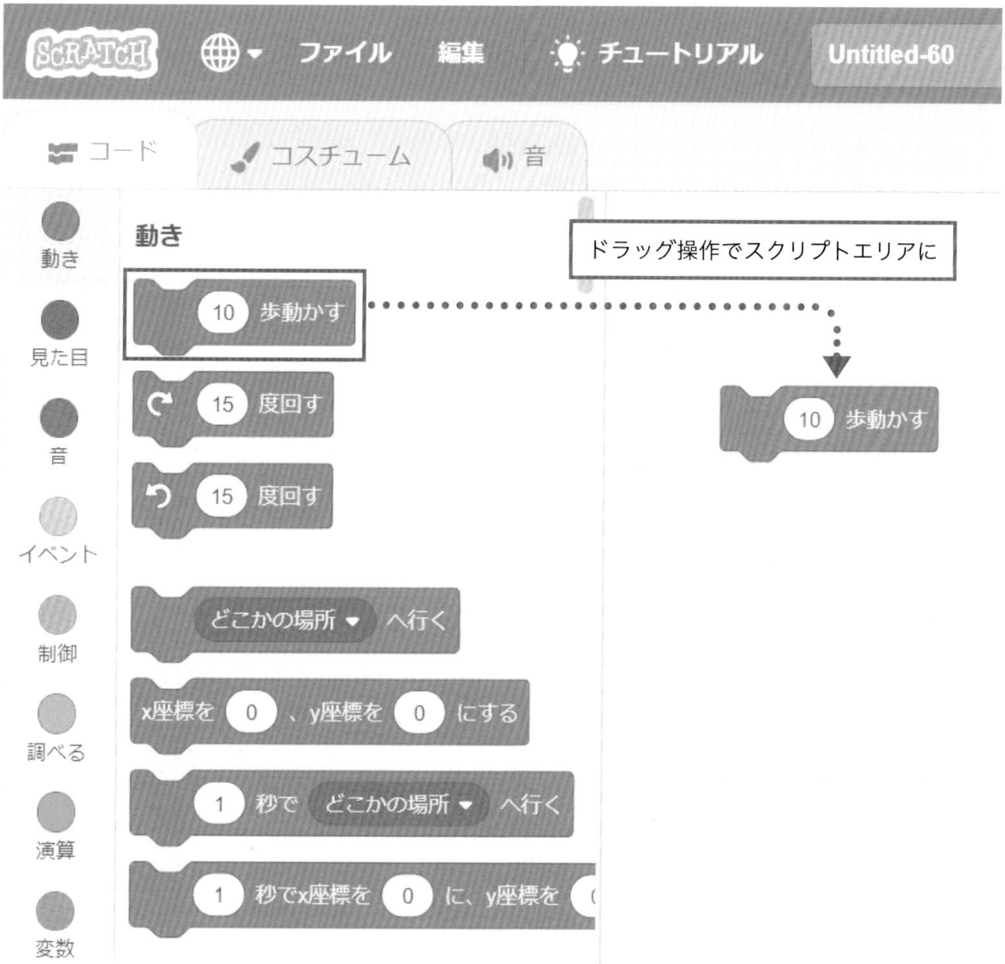

このようにして次々とブロックをスクリプトエリアに配置し、そうしたブロック同士をつなぎ合わせていくのが、Scratchにおける“プログラミング”です。

プログラムを作る過程では、スクリプトエリアのブロックを削除したいこともあります。使わないブロックを残したままにするのは誤動作にもつながりかねません。

ブロックを削除するには、配置するときとは逆にスクリプトエリアのブロックをブロックパレットの上にドラッグします。

削除するときはブロックパレットにドラッグ

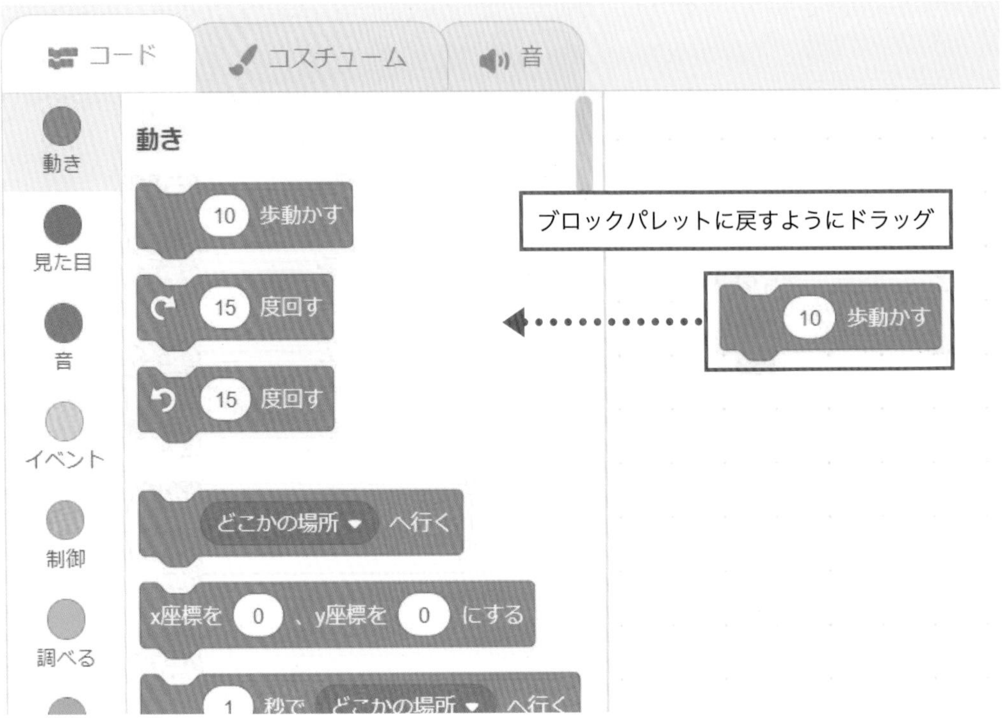

なお、カテゴリを選び直して、削除したいブロックがあったブロックパレットを開き直す必要はありません。ブロックを削除するときは、どのカテゴリでもいいのでブロックパレットの領域にドラッグして戻せば、スクリプトエリアから削除できます。

ドラッグするブロックの下につながったブロックもまとめてドラッグ

プログラムを作っていくと、スクリプトエリアには複数のブロックが並ぶことになります。これをまとめてドラッグすることもできます。移動させたいブロックの並びの先頭をドラッグすると、そのブロックから下に並んでいるブロックがセットで動きます。

ドラッグするブロックの下も付いてくる

カテゴリ名を選んでブロックパレットを切り替えよう

Scratchにはたくさんのブロックが用意されています。すべてのブロックは、9つのグループに分類されています。この分類のことを「カテゴリ」といいます。カテゴリは、画面左側に色分けされてリストアップされています。いずれかのカテゴリ名もしくは色のボタンをクリックすると、ブロックパレットの表示が切り替わり、そのカテゴリに分類されているブロックが一覧表示されます。

✸カテゴリをクリックしてブロックパレットを切り替える

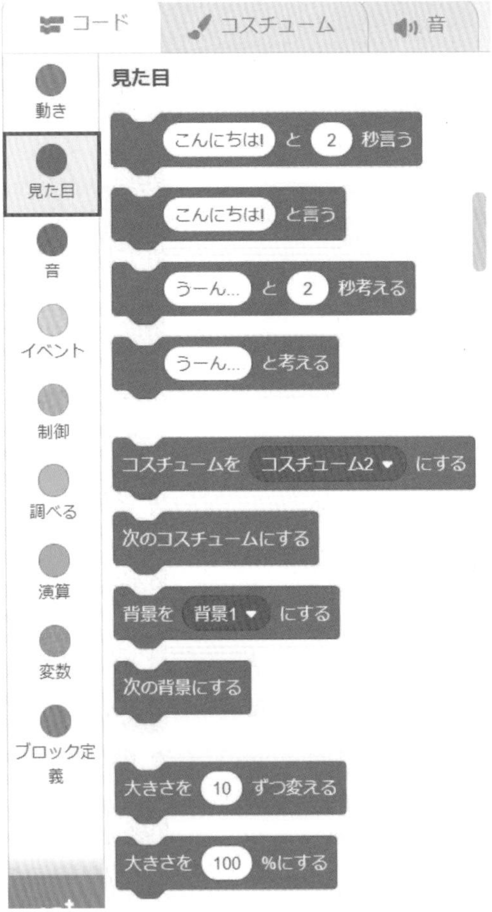

プログラムを開始するとき、終わらせるとき

プログラムが完成して、作品を楽しむときはもちろんのことですが、作成途中でも動作を確認する目的で、頻繁にプログラムを動作させせることがあります。このときに使うのがスタートボタンです。

ステージ上部にある緑の旗のマークが、スタートボタンの役割を持っています。プログラムを動かしたいときは、これをクリックします。

反対に、動かしているプログラムを止めたいときには、スタートボタンの右隣にある赤い八角形のボタンを押しましょう。すべてのプログラムが止まるようになっており、これがストップボタンの役割を担います。

プログラムの開始と終了にはスタートボタンとストップボタン

準備運動の作品「ネコ瞬間移動」を作ってみよう

ブロックパレットとスクリプトエリアでブロックをドラッグするのが基本の操作ということがわかれば、まずは十分です。ここで準備運動としてネコが連続で瞬間移動していく「ネコ瞬間移動」を作ってみましょう。もうこれで、プログラミングは始められます。

今、Scratchのスクリプトエリアに何かのブロックがある場合は、いったんそれを削除してスクリプトエリアをまっさらにしましょう。ブロックを削除する場合は……？ 不要なブロックをブロックパレットにドラッグするんでしたね？ これで、30ページで「作る」ボタンをクリックした直後と同じ状態になりました。

作品にタイトルを付けよう

ではさっそくブロックをドラッグして……と思うかもしれませんが、プログラムを作るときにはまず、適切な作品タイトルを付けることをお勧めします。作成途中の作品は自動保存されるので、名前を付けなくてもプログラミングはできます。でも、作品数が増えてきたのに自動保存にまかせたままだと、目的の作品がどこにあるのかわからなくなってしまう危険があります。そこで、作業の一番最初に名前を付けることを習慣にしておくことが大事なのです。

作品名は、画面上部の中央にあるタイトル欄に入力します。デフォルトでは「Untitled-○」（○は数字）になっています。ここを自分で付けた名前に書き換えます。ここでは、全角日本語で「ネコ瞬間移動」と入力しました。

タイトル欄に作品名を入力しよう

　ではいよいよブロックの操作です。最初のブロックの練習として、「動き」カテゴリの上から4番目にある「どこかの場所へ行く」ブロックを、スクリプトエリアにドラッグして持ってきましょう。

✸「動き」カテゴリの「どこかの場所へ行く」ブロックをスクリプトエリアに

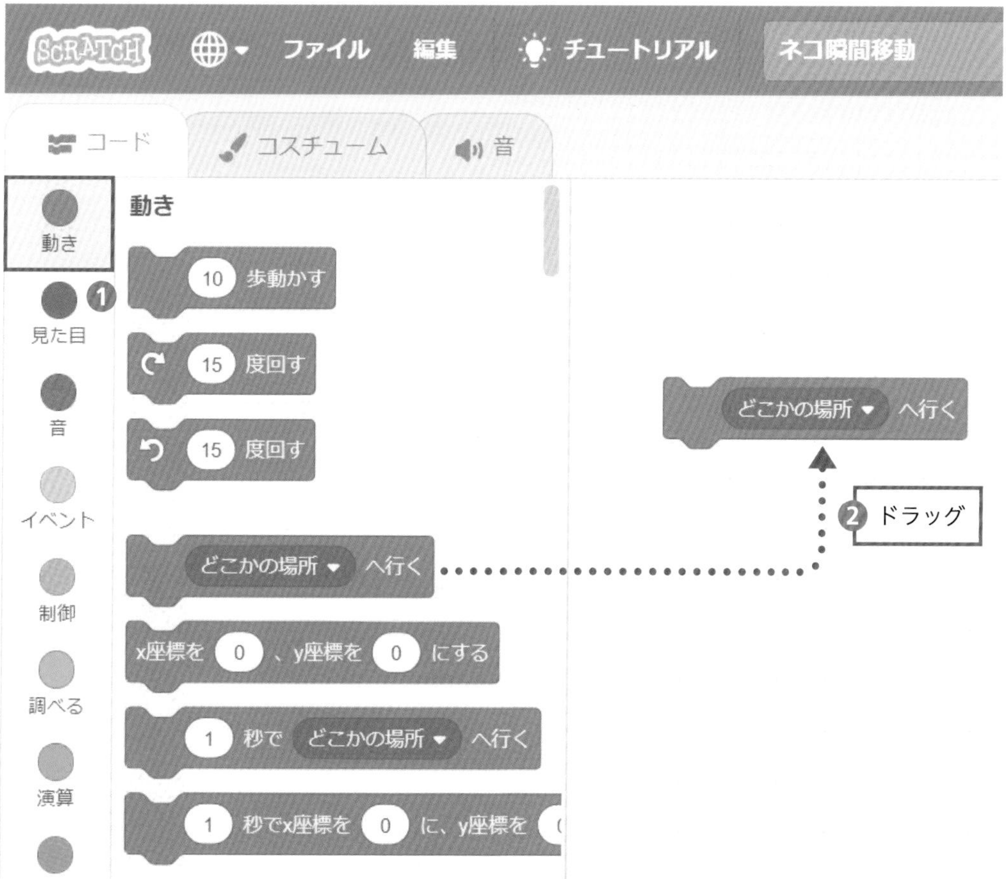

　では、スクリプトエリアに持ってきた「どこかの場所へ行く」ブロックの「へ行く」の部分を何度かクリックしてみてください。

✹持ってきたブロックの「行く」の部分をクリックすると……

すると、クリックするたびにネコの位置が変わり、瞬間移動したように見えます※2。この「どこかの場所へ行く」ブロックは、スプライト（ここではネコのキャラクター）を表示する場所をランダムに変化させる役割を持っています。ブロックをクリックすると、そのブロックが実行されます。そのため、クリックするたびに、瞬時にスプライトの場所が変化し、瞬間移動しているように見えるのです。

※2　どこに移動するかはクリックするたびランダムに変わります。このため、図と同じ位置に表示されるとは限りません。

この「どこかの場所に行く」ブロックに限らず、Scratchではそれぞれのブロックが何らかの役割を持っています。これがいわば、プログラムの部品になります。このため、Scratchではスクリプトエリアでブロックをクリックすることで、特定の部品を個別に手動で起動することができます。

さて、前にスタートボタンを紹介しました。ブロックをクリックするのと、スタートボタンを押すのとは、役割が異なります。ブロックをクリックすると、そのブロックもしくはスクリプトだけを実行するのに対して、スタートボタンではプログラム全体を最初から起動します。

ここで試しにスタートボタンを押してみてください。さて、ステージでは何が起きるでしょうか。

✸ここでスタートボタンを押してみると……

……はい、何も起こりませんね。と言っても、決して不具合ではありません、これはまだスタートボタンが押された時に始まるプログラムが組まれていないのが原因なので、むしろ動かないのが正しい動作なのです。

では、スタートボタンを押したときにプログラムがスタートし、ネコが瞬間移動をするようにしていきましょう。

画面左側のカテゴリリストの「イベント」をクリックし、ブロックパレットを切り替えます。

「イベント」カテゴリのブロックパレットに表示を切り替えよう

「イベント」カテゴリの黄色いブロックパレットが表示されました。この中から、一番上にある

を見てください。このブロックを使うことにより、スタートボタンを押したときにプログラムを動作させられるようになります。なお、本書ではこのブロックのことを、今後は「スタートボタンが押されたとき」ブロックと呼ぶことにします。

それではこの「スタートボタンが押されたとき」ブロックをスクリプトエリアに持ってきて、先ほどの「どこかの場所へ行く」ブロックの上にくっつけるように配置してみましょう。ドラッグ操作で厳密に位置を合わせる必要はありません。おおよその位置でマウスボタンを離すと自動的にブロックがつながります。

「どこかの場所に行く」ブロックの上に乗っけよう

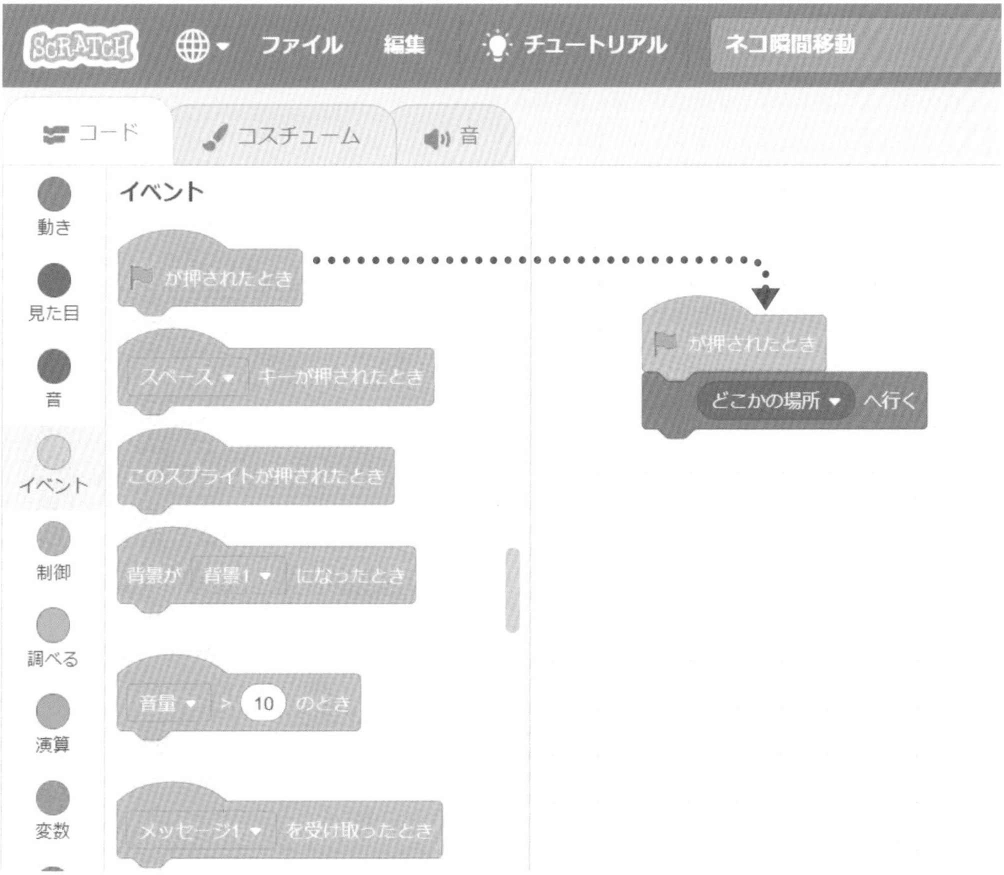

ブロックがつながったら、先ほどクリックして何も起こらなかったスタートボタンをもう一度クリックしてください。

スタートボタンを押して動作を確認してみよう

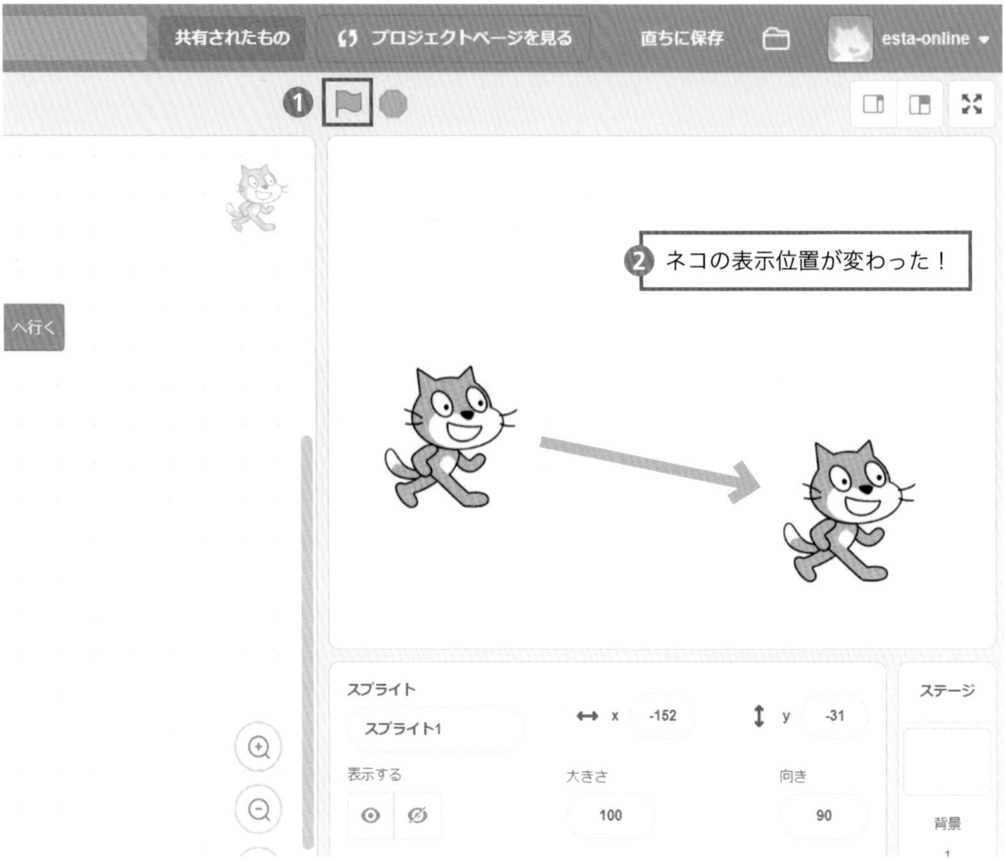

今度は、スタートボタンを押すとネコが瞬間移動するようになりましたね。繰り返し押すと、そのつどネコの表示位置が変わります。これは「スタートボタンが押されたとき」ブロックが、「このブロックがスタートボタンに反応して、下に付いているブロックを順に実行していく」という役割を持っているからです。今並べているブロックで言うと、スタートボタンを押したタイミングで、スクリプトの「スタートボタンが押されたとき」→「どこかの場所へ行く」という順番で実行されたわけです。

ではここで、3番目のブロックをつなげてみます。今度は「制御」カテゴリを選択してオレンジ色のブロックパレットを表示してください。

✸「制御」カテゴリのブロックパレットを開こう

このパレットの上から3番目にある「ずっと」ブロックを、プログラムに使います。このようにすき間が作られているタイプのブロックは、そのすき間にブロックをはさみ込める仕組みになっており、入れ込んだブロックとともに動作するようになっています。

ではまず、この「ずっと」ブロックをスクリプトエリアに持ってきて、先ほどの「どこかの場所へ行く」ブロックが、新しく追加する「ずっと」ブロックの中に入るように配置してください。

「ずっと」ブロックの中に「どこかの場所に行く」ブロックを入れよう

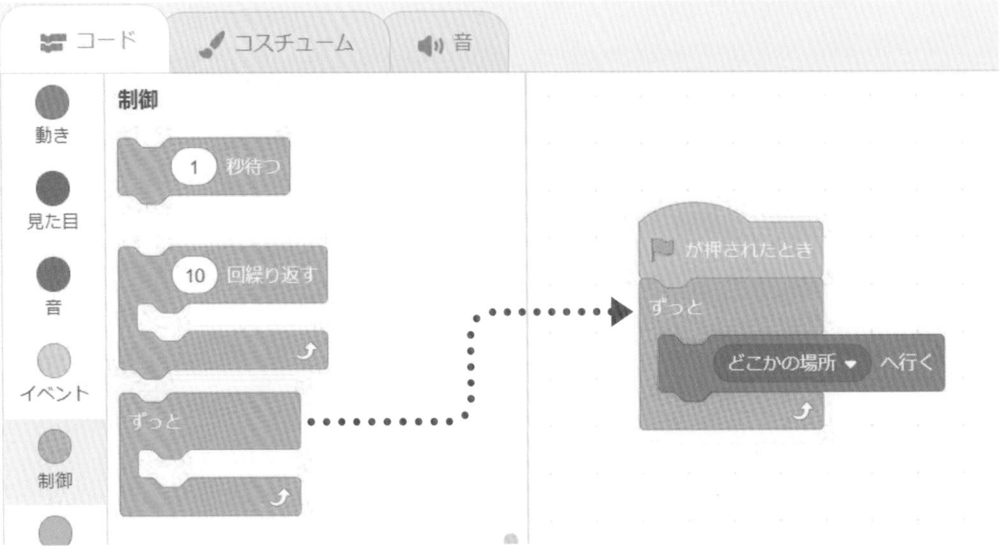

このスクリプトエリアのブロックが、この図のようになったら、ここでもう一度スタートボタンをクリックしてみて下さい。どうなりましたか？

正しくブロックが並んでいれば、目にも止まらぬ速さでネコが瞬間移動し続けるようになりましたね。「ずっと」ブロックが「中に入っているブロックを繰り返し実行する」という役割を持っているため、この動作はまさしく「どこかの場所へ行く」ブロックが連続で実行されるというプログラムの実行結果です。

ここでスクリプトエリアのブロックの周りが黄色く強調されている点に注目してください。

実行中のブロックは強調表示される

Scratchでは作動しているブロックが黄色で囲まれて表示され、プログラムの動きが把握しやすくなる機能が備わっています。そのため、「ずっと」ブロックなど連続して作動するプログラムは、動作中は常に黄色く表示され、プログラムが実行されているかどうかを確認することができるようになっています。

ではここで、ストップボタンを使ってプログラムを手動で停止してみましょう。ストップボタンを押すと、すべてのスクリプトが停止されますので、「ずっと」ブロックの周りの黄色い表示が消えるとともに、ネコも動かなくなりました。

準備運動の最後に、瞬間移動の間隔を調整して、ネコが移動する様子を目で追える速度にしてみたいと思います。「制御」カテゴリの1番上にある「1秒待つ」ブロックを、スクリプトエリアの「どこかの場所へ行く」ブロックの下にドラッグして配置してください[3]。

「制御」カテゴリの「1秒待つ」ブロックを末尾に追加しよう

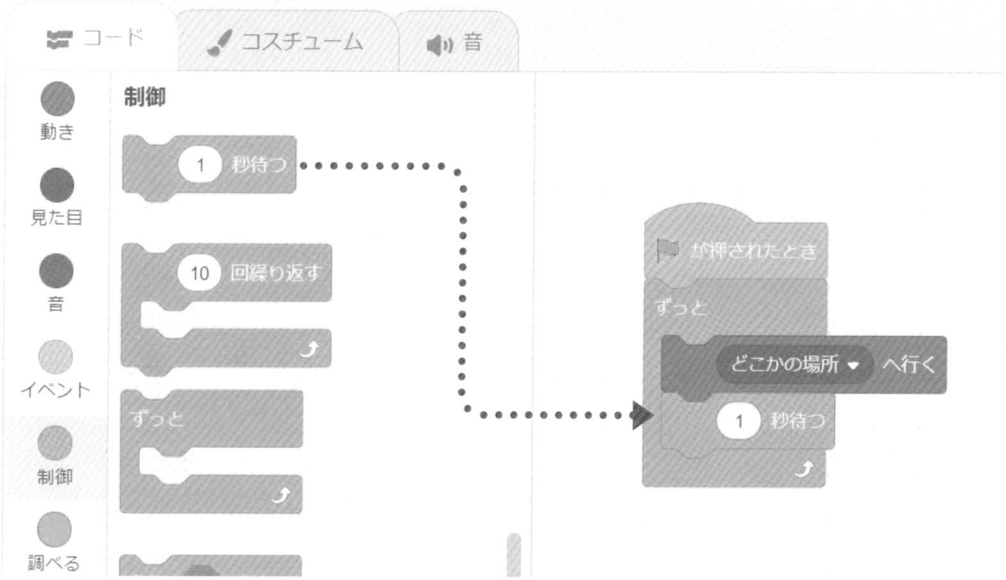

[3] この状態のプログラムは、「ネコ瞬間移動」のプロジェクトページ(https://scratch.mit.edu/projects/494985163)でも確認できます。

「1秒待つ」ブロックを追加したら、もう一度スタートボタンをクリックしてみましょう。今度は動いている様子を目で追える速度になったのではないでしょうか。これは処理を次々に行わず、このブロックに来たところで指定した時間（ここでは1秒）待ってから、次のブロックに進むようにした結果です。このプログラムでは、繰り返し「どこかの場所へ行く」処理をする際、必ず「1秒待つ」ようになったため、1秒間隔で瞬間移動が行われるようになりました。

ここまで4つのブロックで体験していただいたように、Scratchでのプログラミングは、こちらが意図する指示（Scratchではブロック）を1つずつ追加していくことによって、コンピュータの動作をプログラムとして作り上げていきます。

プログラミングの基本は順次処理

準備運動とはいえ、この「ネコ瞬間移動」も立派なプログラムです。このプログラムの中にも、どのプログラミング言語でも通用するプログラミングの基本が含まれています。ここでは、**順次処理**と**繰り返し処理**について、学んでおきましょう。まず最初は順次処理です。

Scratchのスクリプトの動きは、基本的に上から順番に実行されていました。これを「順次処理」と言い、プログラムの処理が進んでいく流れの大原則です。ちょうど運動会やセミナー、ライブやイベントなども、基本的にはあらかじめ決めておいた順番に従って、順々に進んでいくのと同じように、プログラムに記述した順に処理を実行していきます。

✵運動会のプログラムと同じように順々に処理を進めていく

今日のスケジュール

時間	スケジュール
9:20~ 9:45	受付
9:45~10:00	開会式
10:00~11:20	ドローンプログラミング
11:40~13:00	ロボットボウリング
13:00~14:00	お昼休み
14:00~15:20	ロボットレース
15:40~17:00	ストップモーション
17:10~17:30	閉会式
17:30~18:00	販売会・解散

Scratchだけでなく一般的なプログラミング言語でも、上から下に記述した順にプログラムが1つずつ実行されていきます。下から上など、方向が異なる言語もあることはありますが、一定の方向に従って順番に実行していく大原則は変わりません。

この順次処理で大切になる考え方が「細分化」と「順序立て」です。目的とする動きを実現するためには、どのプログラム（ブロック）が必要であるか、処理内容を細分化して揃えていきます。Scratchではスクリプトエリアに自由にブロックを置いておけるようになっているので、この細分化の段階ではスクリプトエリアを自由なキャンバスとして活用できるようになっています。

このため、「ネコ瞬間移動」のように途中のブロックを先に置くこともできます。まずは細分化により必要なブロックがわかったところで、どんどんスクリプトエリアに持ってくるといった使い方ができます。

細分化により必要とわかったブロックをスクリプトエリアに

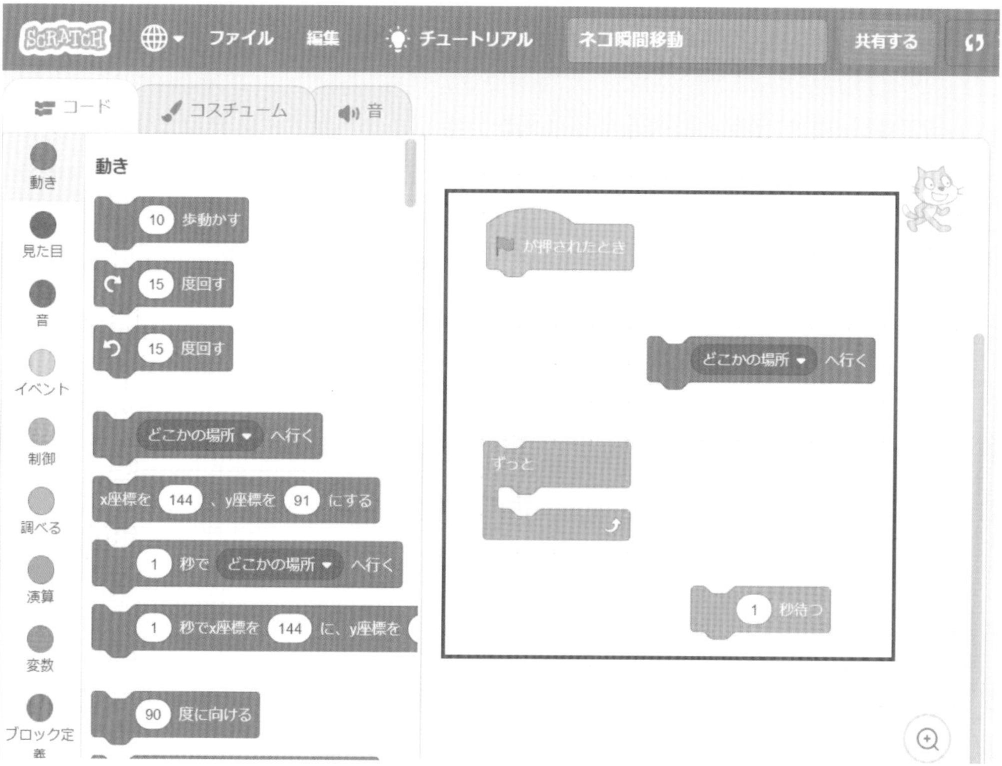

「細分化」ができたら次は「順序立て」です。どの順番でプログラムを実行すると目的の動作になるのか、順次処理を意識しながら並べていきます。必ずしも、一発で正解を引き当てる必要はありません。Scratchでは、一度並べたブロックでも、ドラッグですぐに順番や位置を入れ替えられるようになっているので、実際に動きを確かめながら並べる順番を変更できるようになっています。

プログラミングでは必須の繰り返し

準備運動の「ネコ瞬間移動」では、「ずっと」ブロックに「どこかの場所へ行く」ブロックを入れたことで、プログラムが繰り返し実行されるようになりました。このように何度も同じ処理を実行するときに活用されるのが「繰り返し」という考え方です。

コンピュータの特徴の1つがこの「繰り返し」に深く関係しています。人間と比較して、コンピュータは同じ動作を素早く正確に繰り返したり、一定の間隔で長時間繰り返したりすることが得意です。疲れてスピードが落ちてしまったり、気を取られて間隔が変わってしまったりすることも基本的にありません。このようなコンピュータの特徴を理解してプログラミングを行っていくことが大切で、「繰り返し」を上手に活用できることがプログラミングの上達につながります。

前述の順次処理の原則に従えば、10回同じ動作を繰り返すというプログラムは、次の図のように組むことでも確かに実現できます。

10回繰り返すのに同じブロックを10個並べる

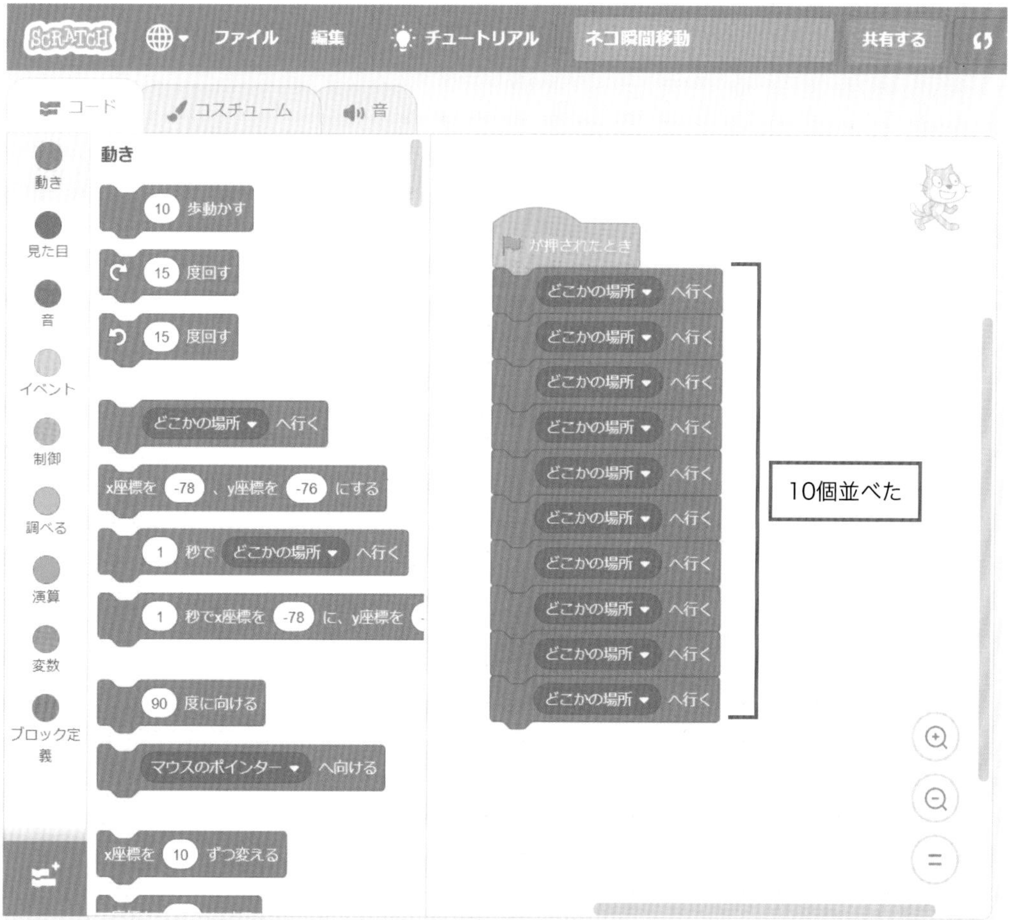

しかし、10個程度なら並べることはまあまあ苦もなくできるでしょうが、実際のプログラミングでは、100回、1000回あるいはもっとたくさん繰り返し実行することもあります。回数分のブロックを並べるのは現実的ではありません。このような場合には、回数を指定する繰り返しブロックを使用することで、プログラムを効率的に組むことができます。

「繰り返す」ブロックを使ってプログラムをすっきりと

また、回数を具体的に指定せずに「一定の条件までずっと繰り返す」といった方法も、プログラミングではよく使用されます。この場合、「画面の端に到達するまで」とか「スプライトとスプライトがぶつかるまで」などが「条件」の例です。

この「回数」や「条件」で繰り返すプログラムは、次の章で実際にプログラミング体験していきましょう。主要なプログラミング言語でもこの繰り返しは重要で、「for」や「while」というコードで記述されることが一般的です。

コンピュータが速すぎるときは遅延を使おう

順次処理や繰り返しのプログラムによっては、処理と処理の間に待ち時間を作って、少し間隔を設ける場合があります。「ネコ瞬間移動」でも、目で追える速さに調節するために「1秒待つ」ブロックを使用しましたね。このようにプログラムを意図的に遅らせたり、待たせたりする考え方を**遅延**と呼びます。これはすべてのプログラミングで使用するわけではないのですが、「ユーザーが何度もタッチしてしまうのを避けるために、あえて信号を受け付けるのを数秒遅らせる」「時間差を設けてゲーム性を演出するために数秒待たせる」など、とくに人の操作にかかわるところでは意外と大切なポイントとなります。

この遅延の考え方は、コンピュータの処理速度が人間の目や手の反応よりもはるかに速いという特徴と関係しています。プログラムによっては遅延を入れなければ1秒間に何百万回もプログラムが実行されます。この処理速度に人間は追いつけません。このため、場面によっては処理速度を上手く制御するために遅延が必要となるのです。

Scratchのデータを管理する方法

オンライン版のScratchでは、サインインした状態であればクラウド上にデータが自動保存されるようになっています。今はまだ「ネコ瞬間移動」だけなので、それほどデータ管理について意識する必要はないかもしれません。でも、今後いろいろなプログラムを作って作品を増やしていくと、効率的にデータを管理する必要が出てきます。ここでは、あらかじめScratchならではのデータ管理を紹介しておきます。

基本的にScratchは自動的にデータを保存してくれますが、自分のタイミングで作品のデータを保存したいこともあるでしょう。その場合は、編集画面左上の「ファイル」ボタンをクリックします。開いたメニューから「コピーを保存」をクリックすると、データを保存できます。

「ファイル」から「コピーを保存」

ここで「コピーを保存」を選んだのは、プログラミングの場合、ある程度作業を進めたあとで「やっぱりこうではなく、別の並べ方で作ればよかった」と思うことが少なくないためです。そんなときに以前の状態に戻せれば、追加した部分をやり直すことができます。単純にブロックを追加しただけならば、その分を削除すれば済みますが、それ以前の部分に手を入れて少しずつ作り直すといったこともプログラミングの過程ではひんぱんに行います。元の状態に戻すのは、思ったよりも簡単ではありません。データを上書き保存してしまうと、元に戻すチャンスがなくなってしまいます。そこで、ある段階までの状態はそれはそれで取っておき、新しい作業は別のファイル（この場合はコピー）で進めるというやり方がお薦めです。これはScratchに限らず、どんなプログラミング言語を使うときでも同じです。

「コピーを保存」を実行すると、自動的に作品タイトルに「・copy」が追加され、別データとして保存されます。あとは最初に名前を付けたときの要領で、この「・copy」の部分を「2.0」や「応用」、日時など、自分でわかりやすい情報に書き換えて管理するとよいでしょう。

なお、コピーを残さずに上書き保存する場合は、「コピーを保存」の代わりに「直ちに保存」を選びます。

保存したデータを読み出すには？

保存したデータを読み出したい場合は、画面右上のフォルダマークをクリックします。すると、クラウド上で保存されているデータが一覧として表示されます。開きたいファイル名の「中を見る」ボタンをクリックすると、その作品の編集画面を開くことができます。

フォルダのアイコンで保存したデータを呼び出す

サインアウトとサインイン

オンライン版のScratchでは、特に終了を意識する必要はありません。Webブラウザでページ(タブ)を閉じるだけで終了できます。ただし、共用の端末を使用する場合など、他人が同じパソコンを操作する可能性がある場合は、サインアウトする必要があります。サインアウトするには、画面右上のアカウント名をクリックし、開いたメニューで「サインアウト」を選びます。

✸サインアウトするにはアカウント名をクリック

サインアウトしている状態で再びScratchの作業に戻るときはサインインが必要です。その場合、Scratchのトップページを開いたり、編集画面を直接開いたりといったの画面では右上に「サインイン」ボタンが表示されています。ここをクリックし、自分のユーザー名とパスワードでサインインします。

✸サインインするときは画面右上のメニューから

これで、Scratchでプログラミングする準備は、環境という点でも操作の基礎知識という点でも完了です。次の章から本格的な作品を作りながら、プログラミングを学んでいきたいと思います。本章で準備運動として作った「ネコ瞬間移動」のプログラムをもとにして、「地球防衛ゲーム」というまとまった1つのゲームプログラミング作品として作り上げましょう。

Chapter 3

地球防衛ゲームを作ってみよう

本章では楽しく遊べるゲームを作品として1本作ってみましょう。「いきなり？」と思うかもしれませんが、まずはどういうブロックをどのように組み立てるのか、最初にScratchのそこを実際に体験していただこうと思います。もちろん、できあがったゲームは立派なプログラムです。そこにはプログラミングに必要な要素がたくさん含まれています。ブロックを組み合わせていくという操作により、どういう処理を積み上げているのか、わかりやすいのがScratchのいいところ。まずはプログラムを作ってください。そして、この段階では何となくでかまわないので、ゲームのどういう動作をどのように作っていくのかをイメージしてください。本章でひと通りゲームを作り終えたら、次章ではそれを受けて重要なプログラミングのポイントをじっくり解説しようと思います。

今回作る作品は、「地球防衛ゲーム」です。地球を我が物にしようとやってくる侵略者の進路をバリアで防ぎます。無事、侵略者から地球を守ることができるかという設定をゲームにしたものです。

このゲームでは、「地球」「侵略者」「バリア」という3つのスプライトが登場します。

✸侵略者の攻撃をバリアでブロック！ 地球防衛ゲーム

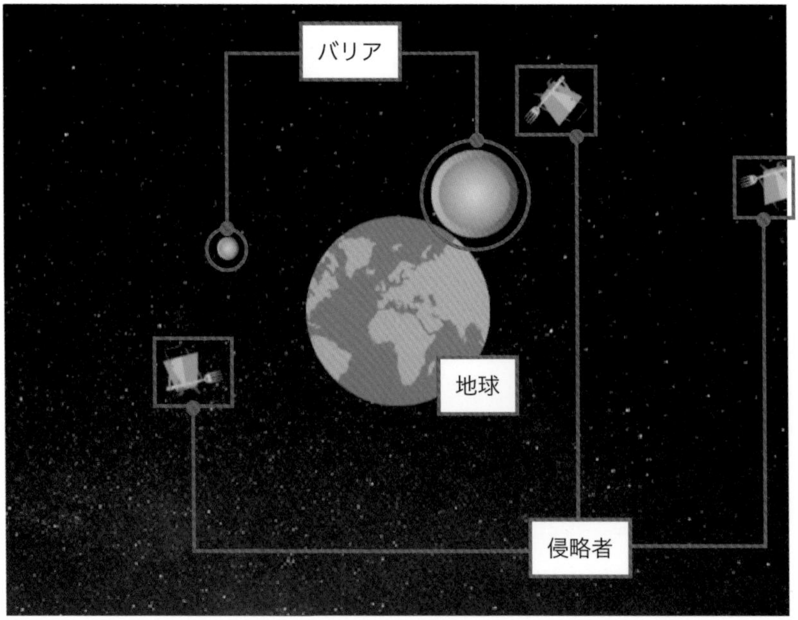

作品の大まかな流れは

ゲームがスタートすると、敵キャラの侵略者が登場して、地球に迫ってくる

↓

マウスをクリックすると、ポインターのある箇所にバリアを張ることができる

↓

バリアが侵略者に触れると、侵略者をやっつけることができる

↓

侵略者が地球に到達してしまうとゲーム終了

というものです。まずは、このゲームを作ってみましょう。実際に作るという過程の中で、プログラミングの重要なポイントを見ていきたいと思います。

3つのスプライトを作成する

まずは、ゲームの設計についてご説明します。それには、このゲームに登場するスプライトから見ていきましょう。このゲームでは3つのスプライトを作ります。まず最初に紹介するのは**地球**です。これは、

- **プレイヤーが守る対象物**
- **画面の中心に配置し、そのまま動かない**
- **開始時や終了（ゲームオーバー）時のメッセージを表示する**

という特徴や振る舞いをします。

この地球を目指して攻撃してくるのが**侵略者**です。侵略者のスプライトは、

- **地球を攻撃してくる敵キャラ**
- **画面のあちこちに発生して、地球に向かって移動する**
- **バリアに当たると消滅する**
- **侵略者が地球に到達したらゲームオーバー**

となるように作ります。

地球を守るために侵略者の行く手を阻むのが**バリア**です。バリアは、

- ▶**画面内をクリックすると、そこに発生する**
- ▶**発生直後から徐々に小さくなり、一定時間で消滅する**

というスプライトになるよう作ります。

地球防衛ゲームの遊び方

地球防衛ゲームでは、この3つのスプライトを使って、以下のように遊びます。ゲーム開始から、ゲームオーバーまでのステップを大まかに並べると、

❶スタートボタンをクリックすると「クリックバリアで地球を守れ！」と3秒間表示される

❷ゲーム開始後3秒経つと侵略者が次々に現れ、地球に迫ってくる

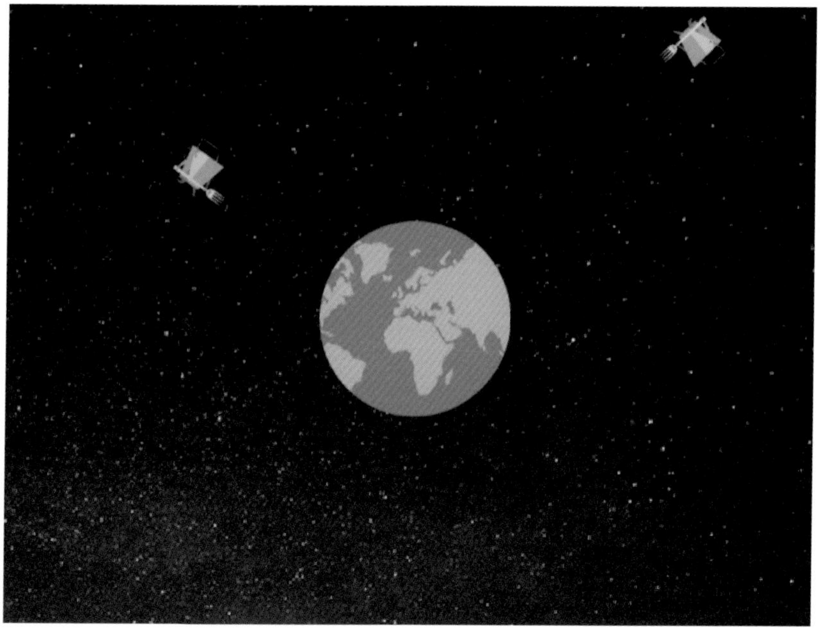

❸画面上をクリックすると、その場所に侵略者を消すことのできるバリアを作れる

❹次々に現れる侵略者の攻撃をそれぞれにバリアを作って防ぐ

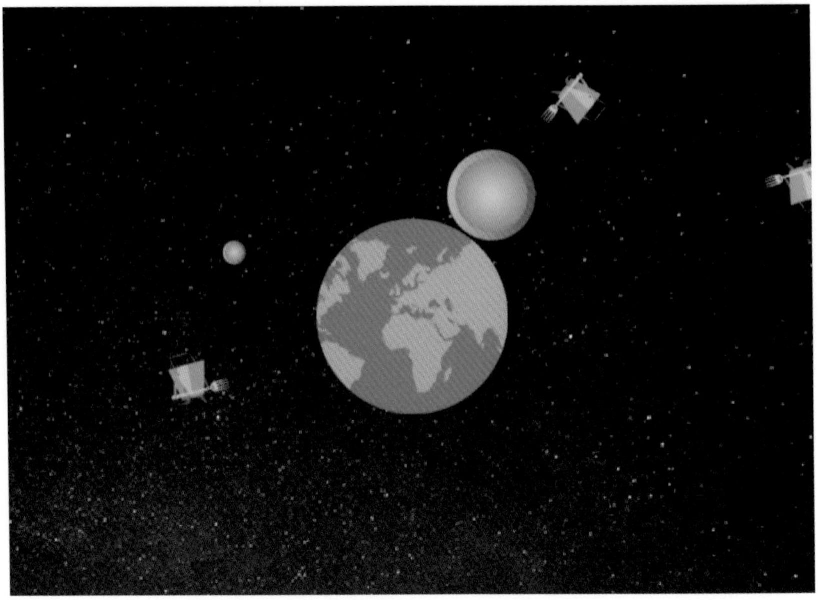

❺侵攻を防いでいる限りゲームは続く

❻侵略者のいずれか1つが地球に達してしまうと「GAME OVER」の表示が出て、ゲーム終了

準備運動の続きを仕上げよう

では、今回の作品を作っていきましょう。主として、3つのスプライトが、前述の流れに沿った動作をするように作っていきます。

実は、前章で準備運動として作った「ネコ瞬間移動」は、このゲーム用のスプライト作りの初期段階でした。そこで、「ネコ瞬間移動」を開いて、この続きの作業をしていきましょう。編集画面を閉じてしまった人は、前章を参考にもう一度開き直してください。

Scratchの編集画面では、前章で組んだコードが表示されているはずです。

「ネコ瞬間移動」のデータから再スタート

この続きを仕上げることで、地球防衛ゲームを作っていきましょう。

作品のタイトルを変更する

最初に、タイトルを今回の作品用に変更しておきましょう。画面上部のタイトル枠に「地球防衛ゲーム」と入力します。以降の変更により「ネコ瞬間移動」は上書きされてしまいます。「ネコ瞬間移動」を残したい場合は、前章で紹介した「コピーを保存」する機能を使って、別データとして保存しましょう。

タイトルを「地球防衛ゲーム」に変えよう

3つのスプライトを画面に表示

次に、ゲームに登場する3つのスプライトを画面に表示させておきましょう。

さしあたり「地球」スプライトを新規に用意します。新しいスプライトを用意するときは、画面右下のネコのシルエットの形をしたボタンをクリックします。

✸スプライトを追加するには猫のシルエット型ボタンをクリック

すると、配置可能なスプライトが一覧表示されます。

✸一覧の中からスプライトを選ぼう

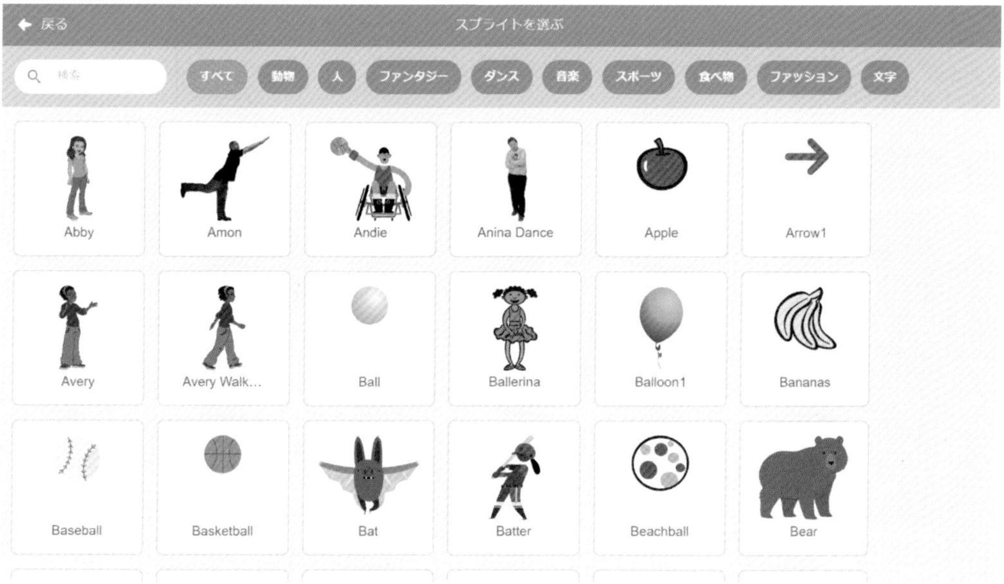

Scratchには様々なデザインのスプライトが用意されています。今後の作品のアイデアにもつながりますので、一度スクロールしてどんなものがあるのか、全体を見渡しておくことをお薦めします。

ここでは左上の検索欄に「earth」と入力し「地球」のデザインを探します。

✸地球のスプライトをキーワードで探そう

検索結果として表示された「earth」をクリックすると、ステージ上に選択したスプライトが表示されます。

✸ステージにスプライトを読み込めた

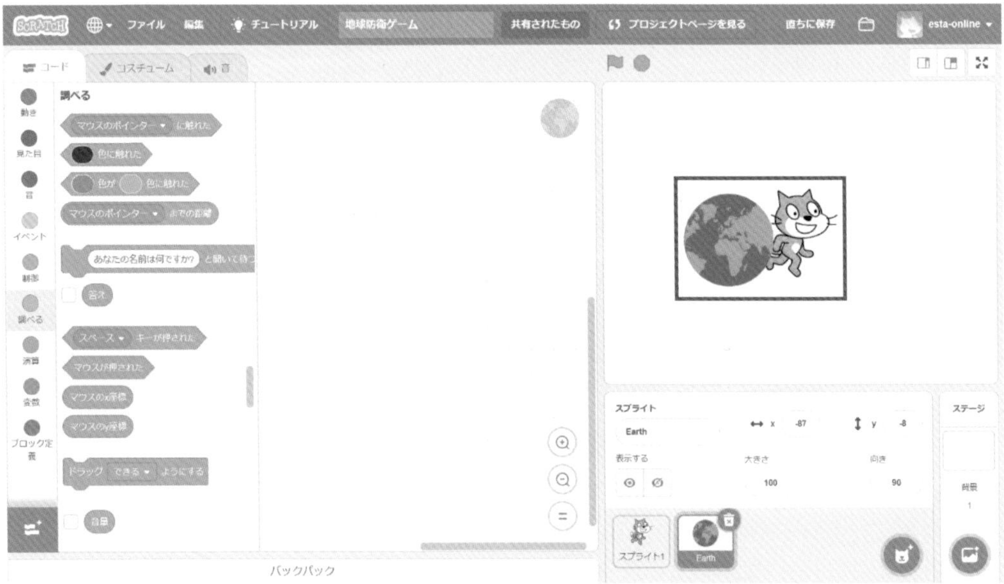

ここでスプライト名を変更しておきましょう。画面右下で「Earth」と表示されているのがスプライト名です。自分でわかりやすい名前であれば、何でもかまいません。変更する必要がないという人もいるかもしれませんね。ここではスプライト名を「地球」に書き換えました。

✹スプライト名を「地球」に書き換え

次に、地球の位置をステージの真ん中になるよう調整します。ここではスプライトの座標情報に直接入力して位置を調整しましょう。スプライト名の右にある「x」の値に半角数字で0、そのさらに右の「y」の値にも0を入力します。これにより、地球のスプライトがステージ中央に移動しました。

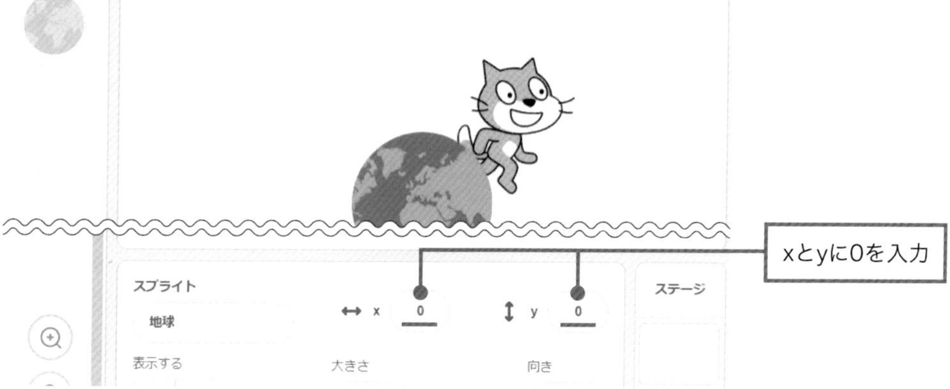

✹0を入力して地球を中央に

　このときに注意しなければならないのは、必ず0は半角数字で入力するということです。のちほどくわしく解説しますが、Scratchは全角の数字を数値として認識してくれません。この座標のように、本来数値で入力しなければならないところに全角で入力しようとしても、その文字入力は弾かれて何も入力できません。

残りのスプライトも配置する

　次に「バリア」のスプライトを用意していきます。
　地球のときと同じように画面右下のネコのボタンをクリックしてください。同様にスプライトを選ぶ画面の左上にある検索欄から探していきます。バリアの場合は、「button1」で検索してください。

✸Button1のスプライトを探そう

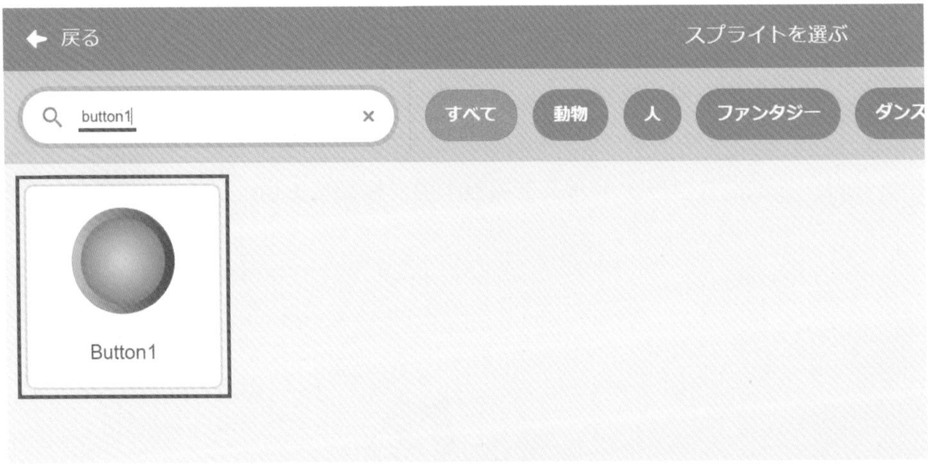

　この緑のボタン用デザインをバリアとして使います。先ほどと同じように、検索結果の「Button1」をクリックしてステージに表示し、名前を「バリア」に変えておきます。

✵Button1を配置して名前を「バリア」に

3番目のスプライトとして、現在表示されているスプライト1のネコを侵略者のイラストに変更して使用しましょう。まず、画面右下のスプライトリストにあるネコを選択します。

✵右下のスプライトリストでネコを選択

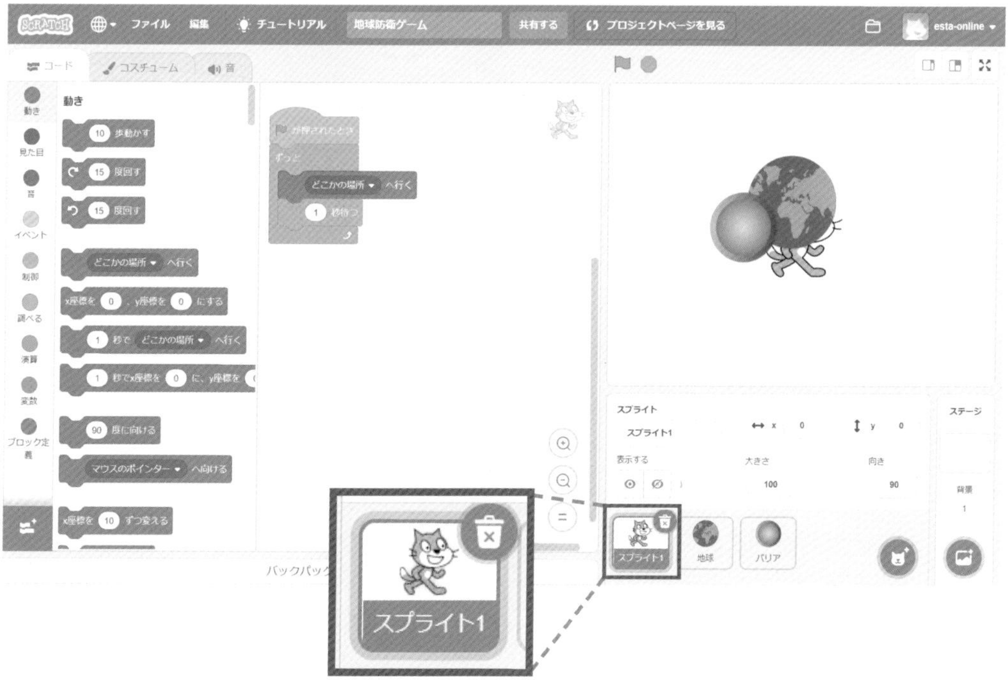

次に画面左上の「コード」「コスチューム」「音」とならんでいるタブの中から、真ん中の「コスチューム」タブをクリックして選びます。

「コスチューム」タブを開こう

このコスチューム画面では、「ペイントエディター」を使った画像編集や、「コスチューム」と呼ばれるスプライトデザインの変更などの操作ができます。なお、Scratchではこのペイントエディターを活用すると、オリジナルデザインのキャラクターを作れます。こうしたキャラクターを使うことにより、デザイン性の高い作品も可能になります。機会を作って、ぜひいろいろと試してみてください。今回の作品ではScratchにあらかじめ用意されているコスチュームを使っていこうと思います。

では、ネコのスプライトを別の絵柄に変えてみましょう。コスチューム画面の左下にあるネコのアイコンをクリックします。

✹コスチュームを追加するボタンをクリック

すると、先ほどの「スプライトを選ぶ」画面と同じく、様々なコスチューム用デザインが一覧で表示されました。

ここで左上の検索欄に「takeout-d」と入力します。

✹新しいコスチュームを「takeout-d」で検索

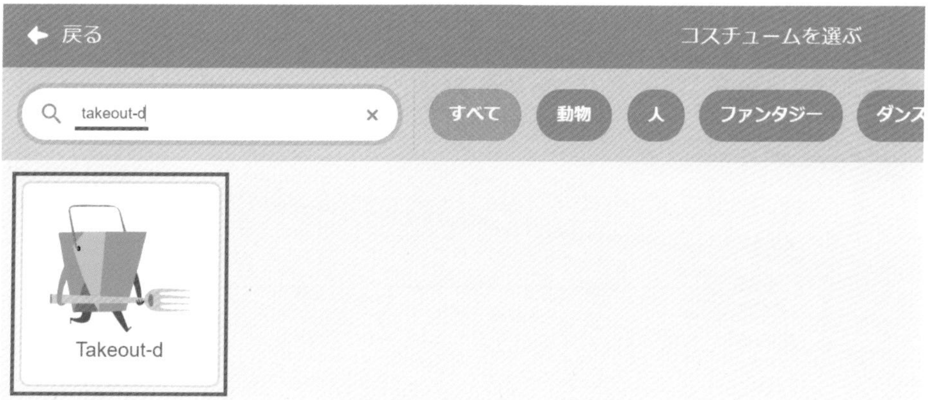

今回はこの、フォークをかまえたバケツのキャラクター（Takeout-d）を侵略者として使ってみましょう。ここで検索結果の「Takeout-d」をクリックすると、ネコのスプライトがバケツのキャラクターに変更されました。

スプライトのデザインがネコからバケツに！

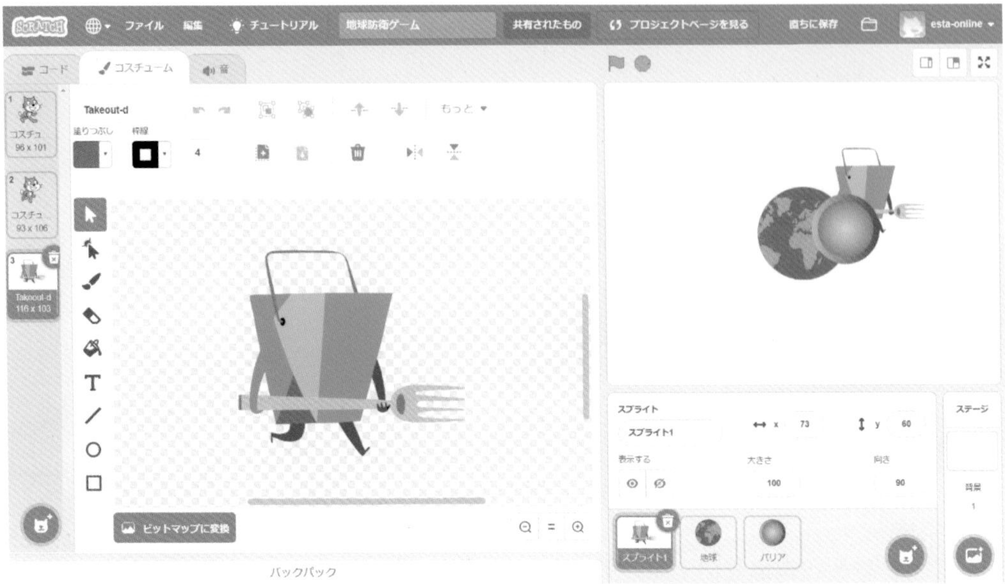

ここまでと同じように、スプライト名を「侵略者」に変更しておきましょう。配置したスプライトのリストには、スプライト名が「スプライト1」になっています。これを選択し、「スプライト1」と表示されているボックス内を「侵略者」に書き換えます。

スプライト名を「侵略者」に書き換える

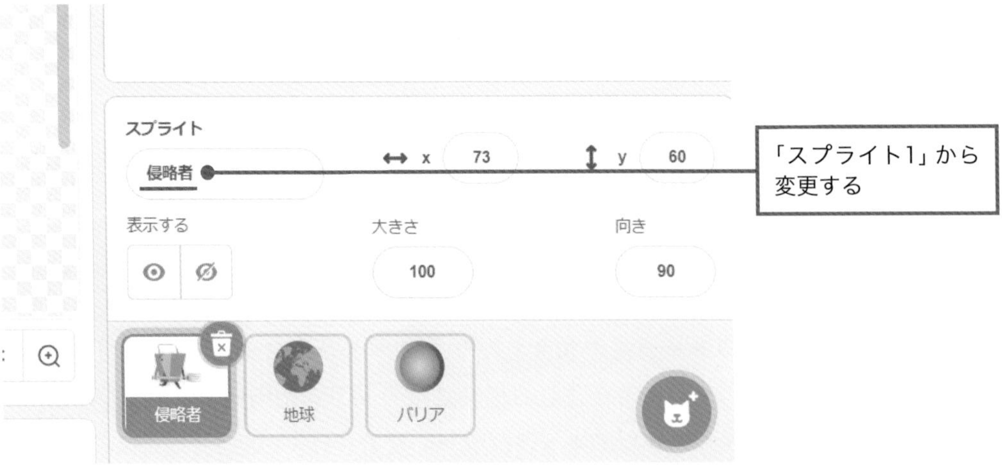

このままでは敵キャラとして大きすぎるので、スプライトの大きさも調整しておきましょう。「大きさ」の数値が100となっているので、ここを「30」にしておきます。ここも数値なので、半角数字で入力する必要があります。

「大きさ」を30に変更して小さいサイズに

Scratchでは大きさは、元の大きさに対する割合をパーセントで表しています。このため、「侵略者」のスプライトは30%の大きさまで縮小されました。

侵略者を動かすスクリプトを作る

侵略者のスプライトができあがったので、それを動かすためのスクリプトを組んでいきましょう。このままではゲームを開始した時点で、最初から侵略者のスプライトが表示されることになってしまいます。そこで、侵略者は初期状態では画面に表示されないようにしてみましょう。

まず侵略者のスプライトを選択したまま、画面左上の「コード」をクリックして、表示するタブを切り替えます。

✸タブを「コード」に切り替えよう

画面左のカテゴリリストから「見た目」を選び、ブロックパレットを下のほうにスクロールします。

✸「見た目」カテゴリを選んでブロックパレットをスクロール

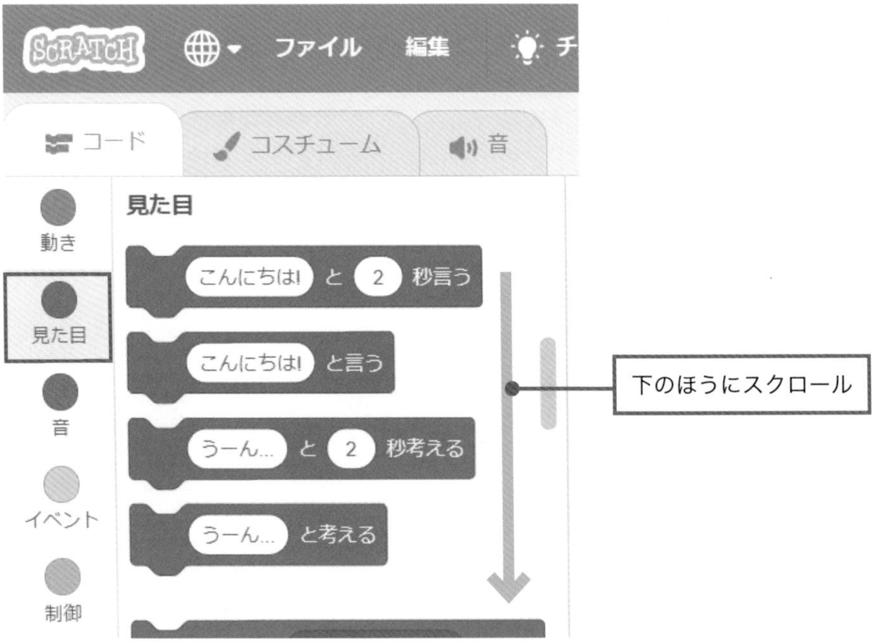

この時点で、すでに準備運動で作成したスクリプトがありますね。そこで、このスクリプトの「スタートボタンが押されたとき」ブロックと「ずっと」ブロックの間に、「隠す」ブロックを追加します。

「隠す」ブロックを現在のブロックに挿入しよう

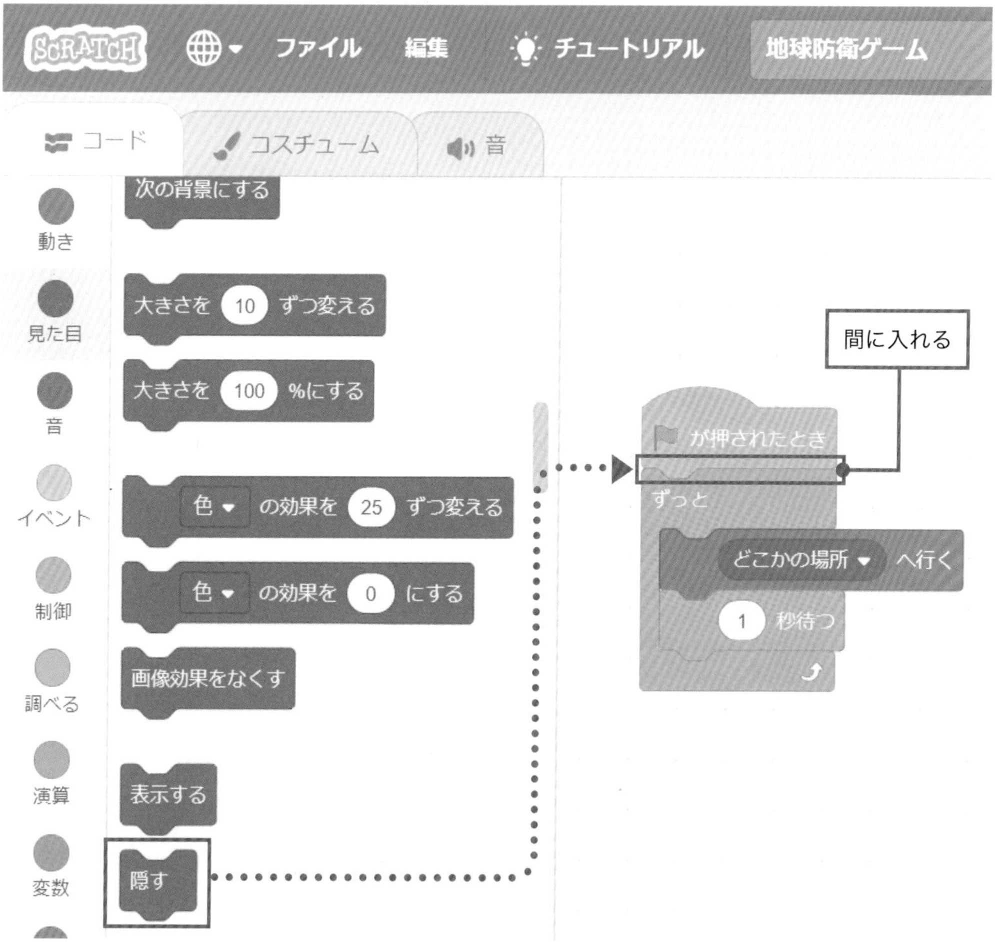

これでゲームの開始直後は、敵キャラである「侵略者」が表示されないようになりました。続けて、侵略者の動きを作っていきましょう。

表示するカテゴリを「見た目」から、その下にある「制御」に変更します。ブロックパレットにある「1秒待つ」ブロックを、先ほど追加した「隠す」ブロックの下に挿入します。

✸「制御」の「(1)秒待つ」ブロックを追加しよう

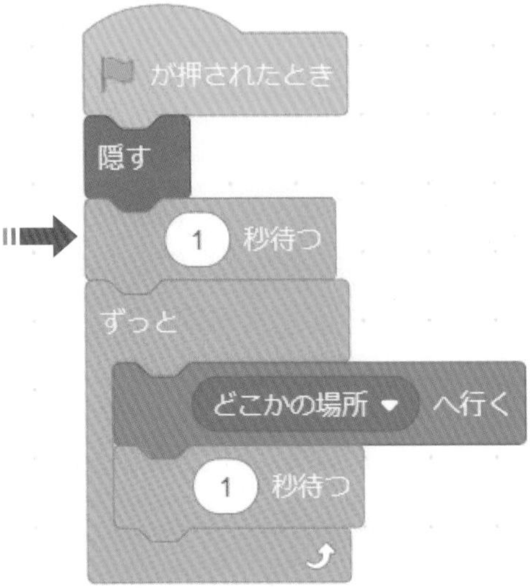

これにより、ゲームをスタートして少し経ってから、敵キャラである侵略者が出現するようにできました。「少し経ってから」というのは、地球スプライトが遊び方のヒントを表示し終わるまでを想定しています。

初期設定では、1秒後に侵略者が表示されてしまいます。これではちょっと早いでしょう。そこで今回は、スタートボタンが押されてから3秒後に侵略者を出現させようと思います。

Scratchでは数値が入っているブロックは、その数値部分を変更することができるようになっています。ここでは上部の「(1) 秒待つ」ブロックの1秒の部分を3秒に変えます。これは、通常のパソコンの操作で、数値を書き換えるようにすればOKです。

侵略者がだんだん地球に近づく動きを作る

次のステップとして「ずっと」ブロックの中の繰り返されるスクリプトを作ります。

今の時点で「ずっと」ブロックの中に入っている「どこかの場所へ行く」ブロックと「(1) 秒待つ」ブロックをスクリプトエリアの空いているところにドラッグで移動させ、いったん元のスクリプトから外しておきます。

「どこかの…」と「(1)秒待つ」をいったん外そう

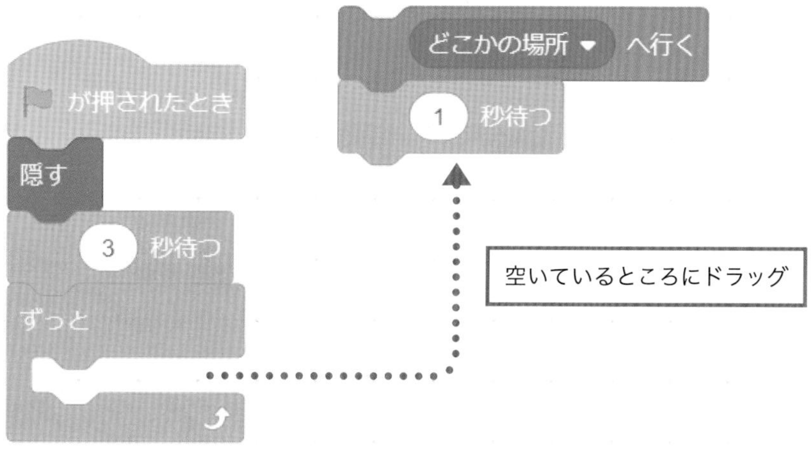

ここからは、侵略者がフィールドに出現する仕組みの部分を作成します。もし、侵略者があまりにも地球に近い場所に出現してしまうと、守る間もなくすぐにゲームオーバーになってしまうでしょう。これではゲームを楽しめません。ある程度は地球から離れた場所に、侵略者が出現するようにしようと思います。

そこで、「地球からの距離」に注目しましょう。出現する場所が遠いところになるように、2通りの条件付きスクリプトを組んでみたらどうでしょうか。

次に選ぶブロックも、先ほど開いた「制御」カテゴリにあります。この中から「もし～なら　でなければ」ブロックを「ずっと」ブロックの中に入れましょう。

「もし～なら　でなければ」ブロックを「ずっと」の中に

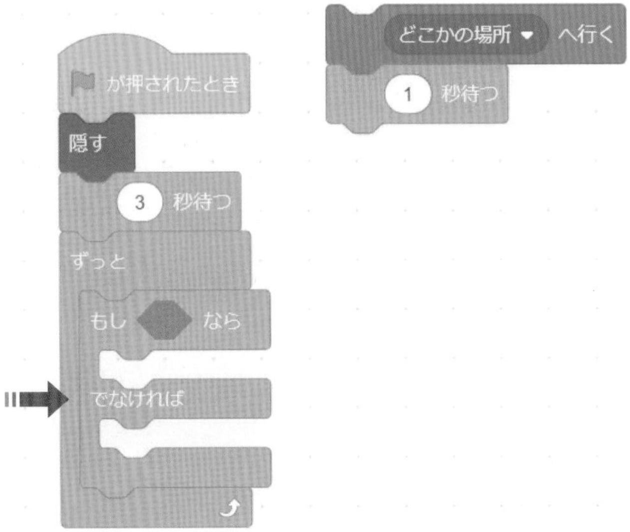

ここで先ほど外しておいた「どこかの場所へ行く」ブロックと「1秒待つ」ブロックを、「もし～なら…」の上側のすき間に入れます。

外しておいたブロックを上のすき間にはめ込もう

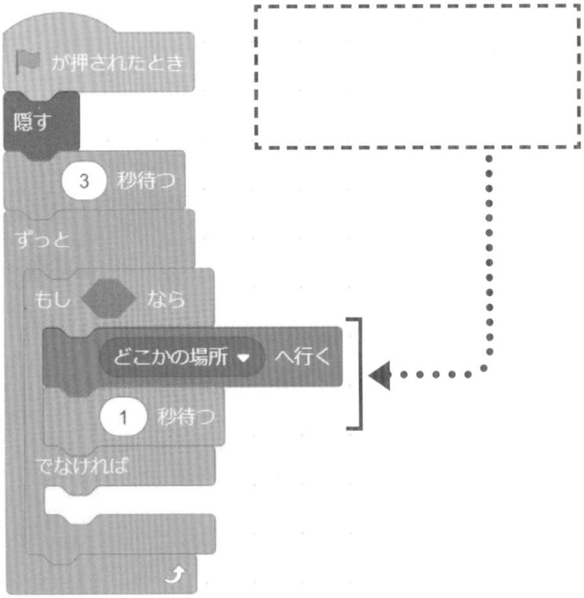

次に、1つだけでなく、いくつも侵略者を表示できるようにブロックを追加します。カテゴリは「制御」のまま、ブロックパレットを下にスクロールし、「自分自身のクローンを作る」ブロックを探してください。見つかったらこれを、「どこかの場所へ行く」ブロックの上に配置します。

クローンを作るためのブロックを「どこかの場所へ行く」の上に入れよう

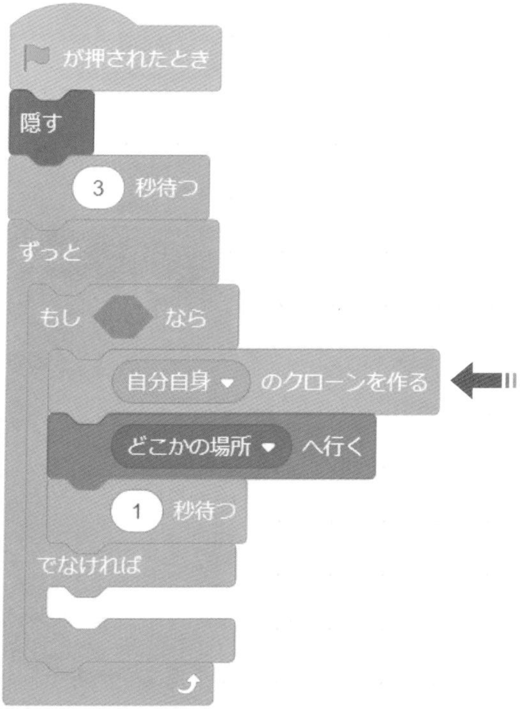

これで、一定の条件がそろった場合は、自分のクローン（分身）を作り、別の場所に移動するという動作が、部分的ではありますが作れました。ただし、その条件はまだ設定していません。そこで次に、その条件に関する作業を進めていこうと思います。

分身を作る条件を設定する

条件は、「もし～なら…」の～の部分で設定します。ここには、「演算」カテゴリにある数学の式のようなブロックを使います。具体的には、六角形の「○>50」ブロックを使います。このブロックで「○が50より大きかったら」という条件が作れます。

✹使うのは「○>50」ブロック

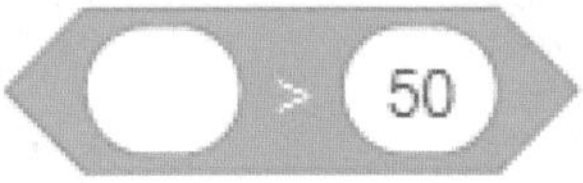

では、このブロックを使って、実際に条件を設定しましょう。カテゴリは「演算」になっていますか？ ブロックパレットから「○>50」ブロックを「もし～なら、でなければ」ブロックの～の部分（六角形のマーク）のところにドラッグします。

✹「もし～なら」の「もし」と「なら」の間にドラッグしよう

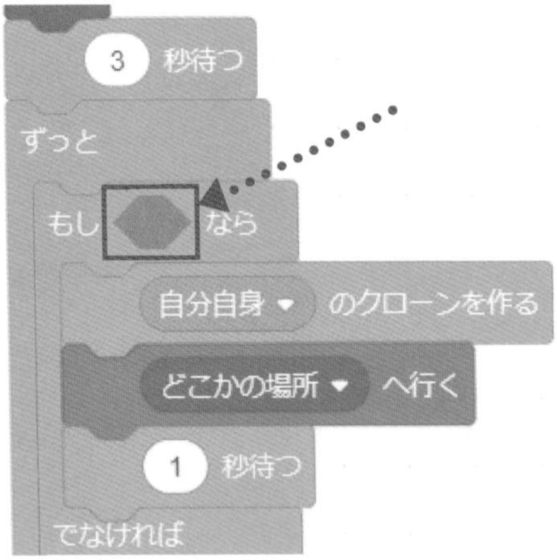

すると六角形の部分に緑のブロックがピタッとはまります。

✵六角形のスペースにピタッとブロックがはまった！

次に、「○>50」ブロックの内容を、条件に合わせて書き換えます。

まず、条件について整理しておきましょう。そもそも、侵略者が地球よりある程度は離れたところで出現するようにしたいわけです。そこで、条件は「地球からの距離が150より大きいとき」にすることにしました。150をもっと小さくすると、ゲームの難易度は上がります。これより大きくすると、フィールドの範囲を出てしまうため、あまり意味がありません[1]。そこでここでは、150を距離の目安とします。

※1 フィールドの大きさについては、第6章でくわしく説明します。

では、この条件をスクリプトに反映しましょう。先ほど「もし～なら」にドラッグしたブロックの○の部分に、「調べる」カテゴリから「マウスのポインターまでの距離」ブロックを入れます。

✸「マウスポインターまでの距離」を条件に選ぼう

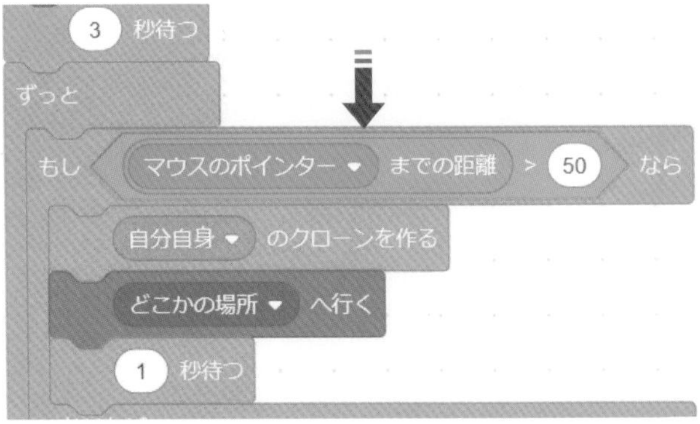

基準にしたいのは地球からの距離なので、今度は「マウスのポインター」の右側にある▽マークをクリックし、プルダウンメニューを表示します。選べるもののリストの中から「地球」を選びクリックします。合わせて、その右側の「50」を、「150」に書き換えます。ここは数値なので、半角数字にしておかないと入力できないことに注意しましょう。

✸「地球までの距離が150より大きい」という条件に書き換える

これで150より距離が離れている場合に、以降のスクリプトが有効になる条件の設定ができました。

このままだと、距離が150以下の場合は何も起こりません。そこで、上記の条件に当てはまらなかった場合の動作を決めるために、「でなければ」の下の部分にもブロックを入れていきましょう。

ここでは、侵略者を出現させるためには位置を150よりも離れている場所に変える必要があります。また、ゲームとして考えたときに決まった場所に出るのではなく、どこに出現するのかわからないほうがいいですよね。そんなときに便利なのが「どこかの場所へ行く」ブロックです。

このブロックは「動き」カテゴリにあります。これを「でなければ」の下のすき間に追加します。

✸条件に当てはまらないときは「どこかの場所へ行く」ように

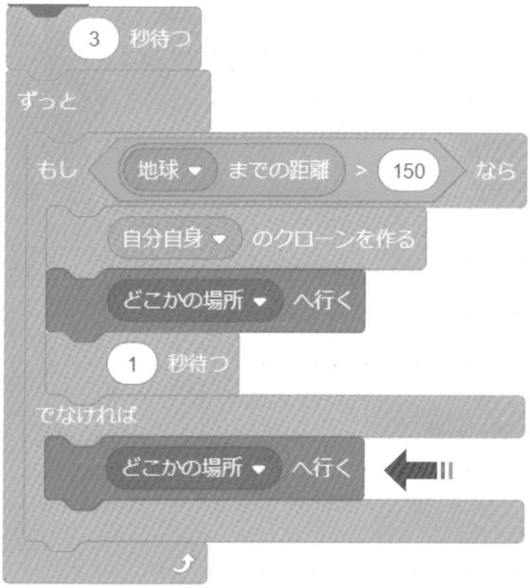

これで、ゲームの開始直後に侵略者を発生させるスクリプトができました。整理すると、

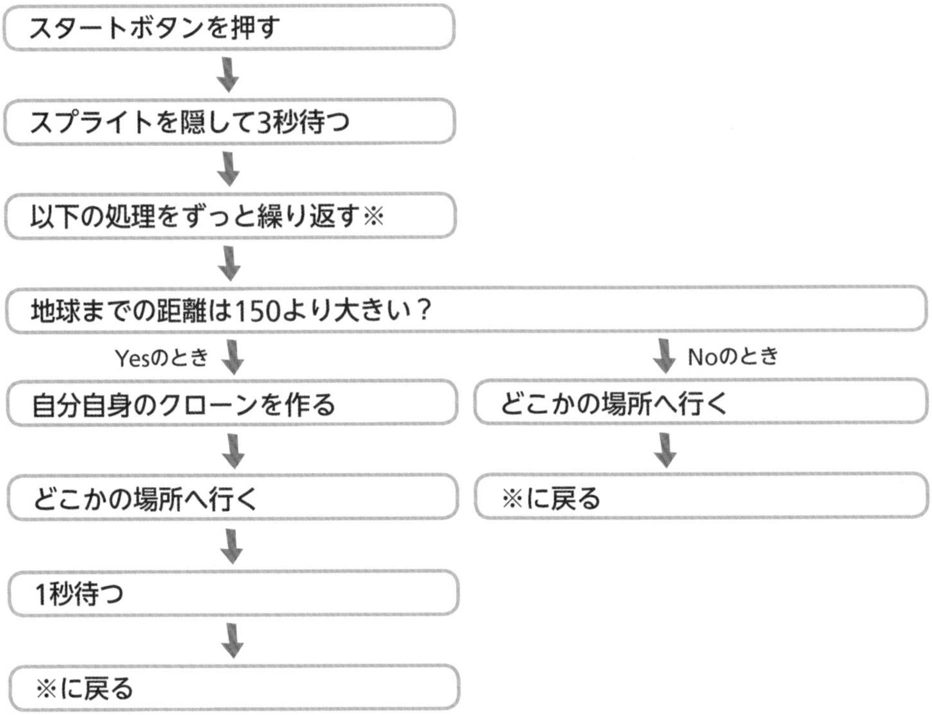

という動作になります。ブロックを並べたスクリプトとほとんどいっしょですね。このようにして、どんどんプログラムを作っていきましょう！

クローンされた侵略者を表示する

では次のステップとして、侵略者のクローンが作成されたあとのスクリプトを組んでいきましょう。今のところは、地球から遠い位置にクローンを作っただけで、表示すらされていない状態です。

新しいスクリプトを作るために、スクリプトエリアを少し右上にスクロールさせて空いたスペースを表示してください。右上が空いていない場合は別のスペースでもかまいません。

ここに「制御」カテゴリから、「クローンされたとき」ブロックを持ってきて下さい。

✸「制御」カテゴリから「クローンされたとき」ブロックをドラッグ

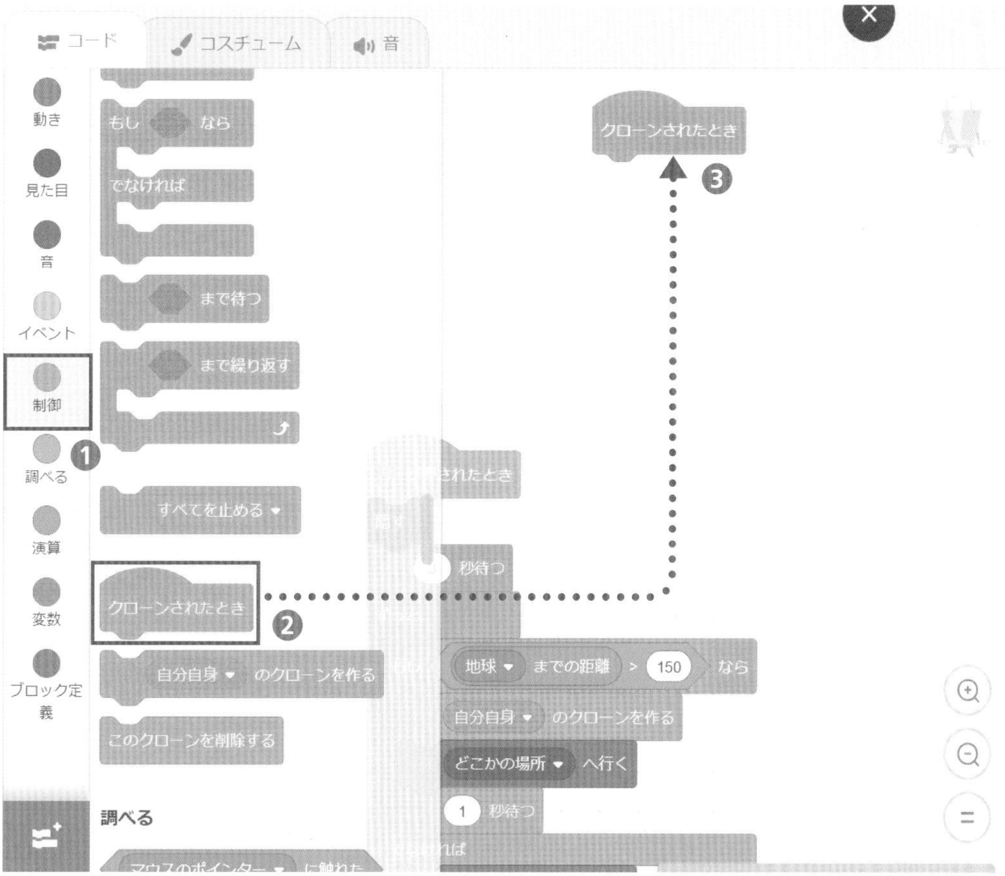

このブロックは「スタートボタンが押されたとき」ブロックと同じ形をしており、スクリプトの起点にすることができます。次に「見た目」カテゴリから「表示する」ブロックを追加しましょう。

「見た目」の「表示する」ブロックを最初につなげる

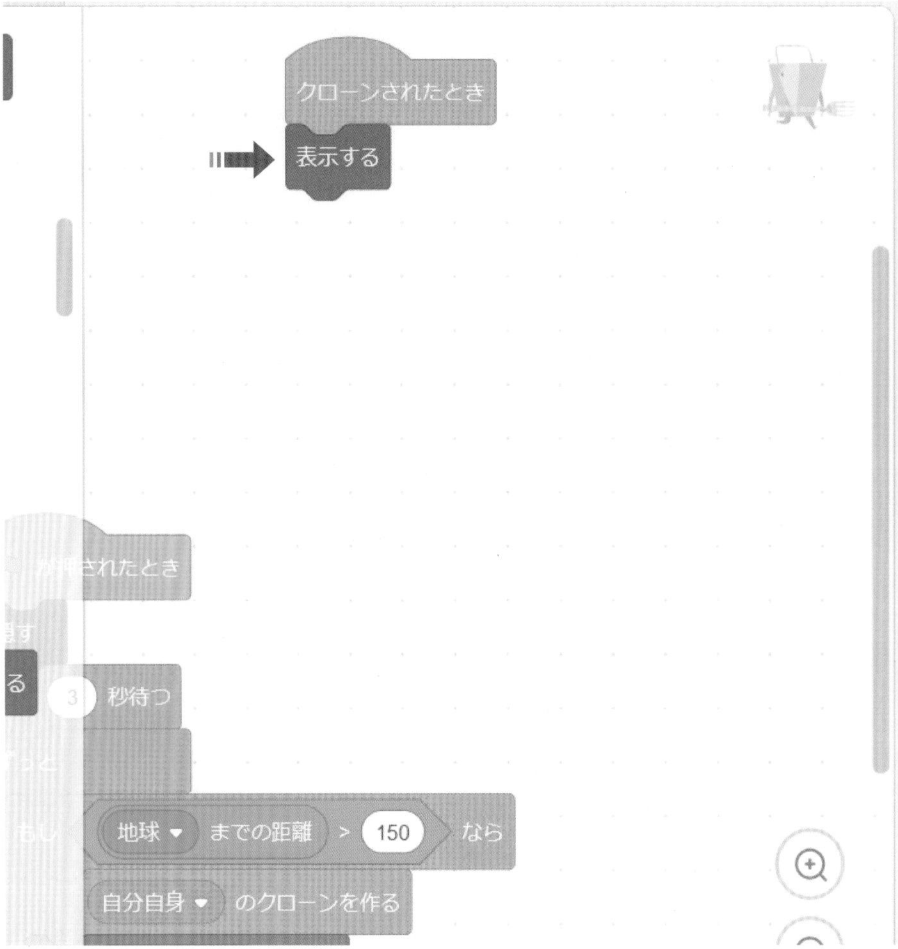

これで、クローンを作った場所で、そのスプライトを表示することができるようになりました。

侵略者を地球に向けて動かす

続いて、表示したクローンのスプライト（侵略者）を動かしましょう。今の「表示する」ブロックの下に「制御」カテゴリから「〜まで繰り返す」ブロックを追加します。

✸「制御」カテゴリから「～まで繰り返す」を追加しよう

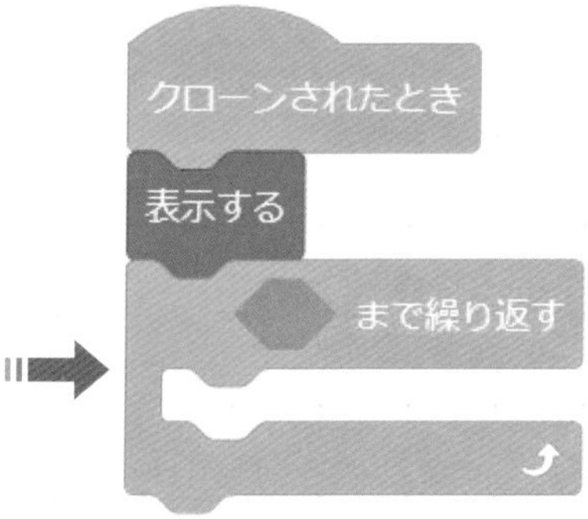

このブロックは指定した条件になるまで、同じ処理を繰り返すことができるブロックです。六角形の部分に条件に相当するブロックを入れることで、すき間に入れるブロックで示す動作を繰り返します。先ほど作った、クローンを作成するスクリプトにあった「もし～なら」ブロックでも、同じような操作をしましたね。

ここでは侵略者の動きを設定します。侵略者は表示されたところから、地球に向かって移動します。この移動させるスクリプトは、のちほど作成します。どこまで移動するかというと、地球にぶつかるまで。そこで、侵略者が地球に触れるかどうかを、繰り返すかどうかの条件にします。そのときに使うのが「～に触れた」ブロックです。

それには「調べる」カテゴリにある「マウスのポインターに触れた」ブロックを使います。これを六角形の条件部分に入れましょう。

✸繰り返し条件に「マウスのポインターに触れた」ブロック

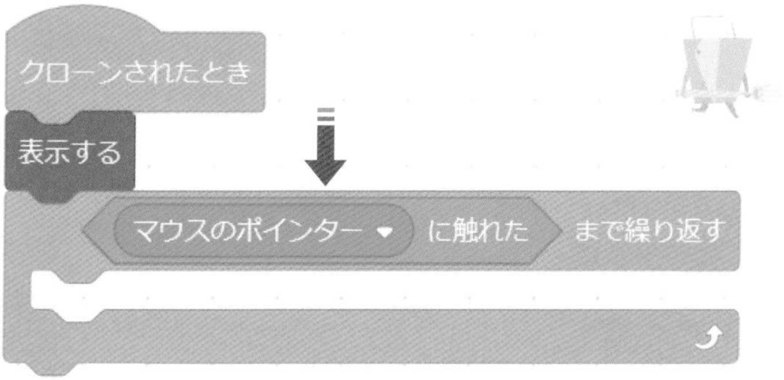

ここで「マウスのポインター」をクリックし、ドロップダウンリストより「地球」を選択します。これで「まで繰り返す」ブロックの中に入れ込んだスクリプトは、地球に触れるまで動作し続けるようになりました。ここまでのスクリプトを見ておきましょう。

「地球に触れた」まで繰り返すブロックにできた

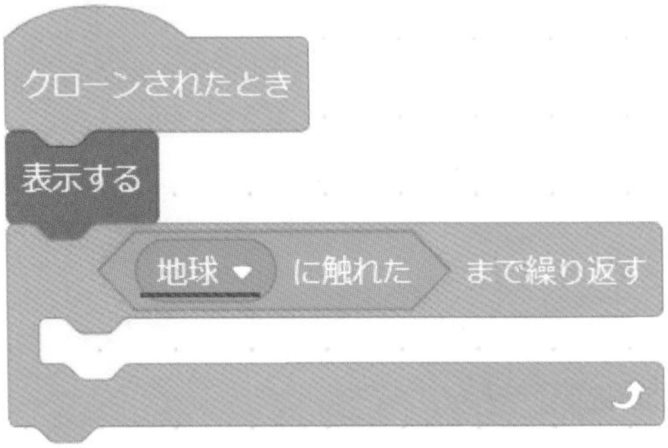

繰り返す条件は作れたので、何を繰り返すかを実際のブロックで組んでいきましょう。侵略者は地球に向かって侵攻するわけですから、表示された位置から地球に向けて移動しています。その途中でバリアに触れたら、侵略者は消滅。そして、バリアに触れずに地球まで到達したら、ゲームオーバーになるよう、スクリプトを作っていきましょう。

ではまず、「動き」カテゴリから「マウスのポインターへ向ける」ブロックを持ってきます。

「マウスのポインターへ向ける」ブロックを使おう

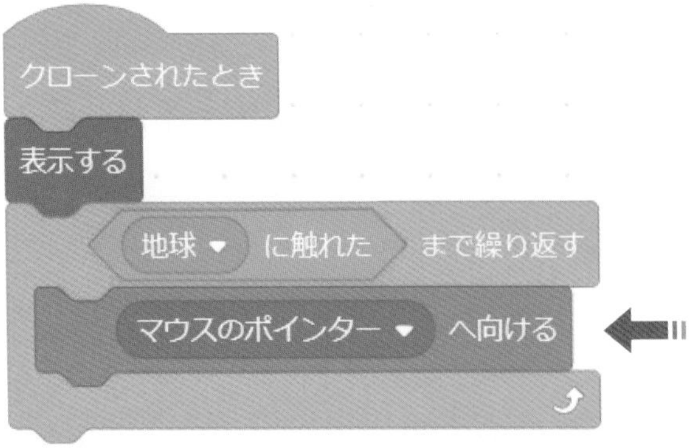

「地球に触れた」の条件を作ったときと同じように、「マウスのポインター」をクリックし、表示されたドロップダウンリストから「地球」を選んで変更します。

「マウスのポインターへ向ける」から「地球へ向ける」に変えよう

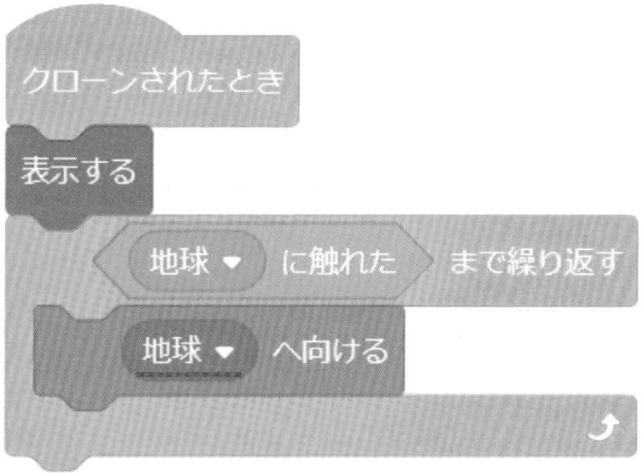

これで方向が決まりました。次に、動かし方を決めます。同じく「動き」カテゴリからその下に、「10歩動かす」ブロックを追加し、「10」を「3」に変更します。

地球の方向へ「3歩動かす」ようにブロックを追加しよう

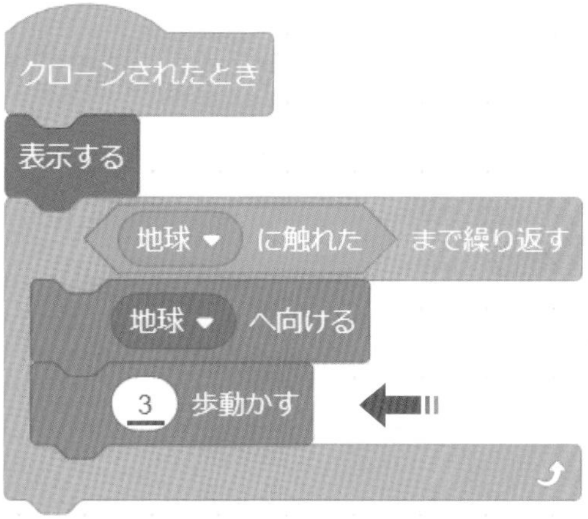

カテゴリを「制御」カテゴリに変えて、さらにその下に「もし～なら」ブロックを追加します。今回は前のスクリプトで使用した「もし～なら　でなければ」ブロックではなく、シンプルな構造の「もし～なら」ブロックを使います。

✸「もし〜なら」ブロックを下に追加しよう

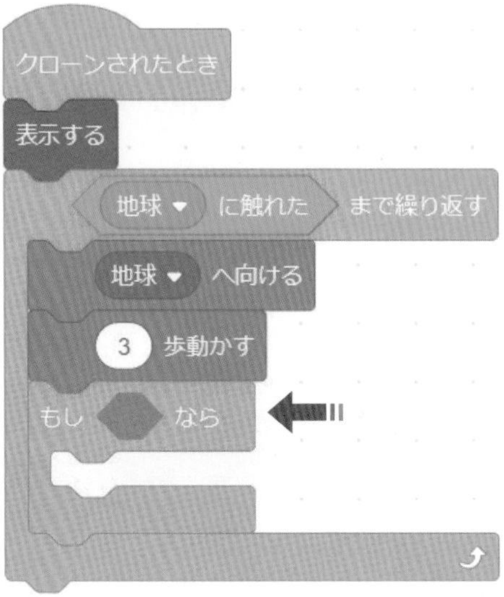

この「もし〜なら」ブロックの六角形の条件部分に、「調べる」カテゴリから「マウスのポインターに触れた」ブロックを入れます。続いて、このブロックの「マウスポインター」をクリックし、表示されたドロップダウンリストから「バリア」を選び、「マウスポインター」から変更します。

✸「もし〜なら」の条件を「バリアに触れた」に変えよう

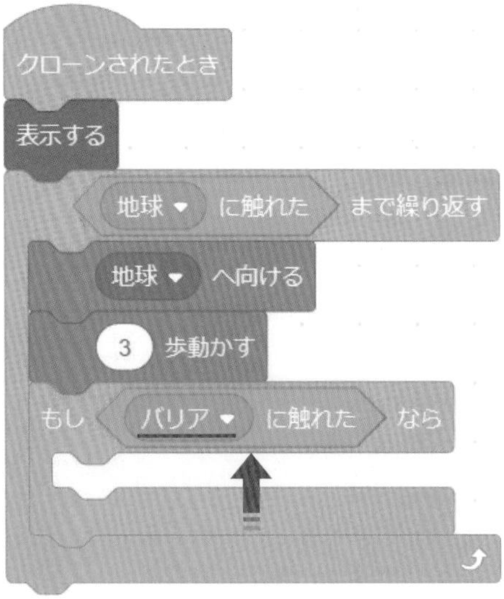

これでこの下に、侵略者がバリアに当たったときのふるまいを決めるブロックを構成すればいいわけです。バリアは侵略者の攻撃を防ぐものですから、バリアに当たったときに侵略者が消滅するようなスクリプトを作ります。

そのために必要なのは、この「もし～なら」ブロックの中に「制御」カテゴリから「このクローンを削除する」ブロックを入れるだけです。

✸バリアに当たったときに「このクローンを削除する」スクリプトに

これで、侵略者がバリアに当たったら、その侵略者（のクローン）は消滅する、という設定ができました。

では、ここまでのスクリプトが正しく作動するか、スタートボタンをクリックして、プログラムを動かしてみましょう。

✸この段階でテストしてみよう

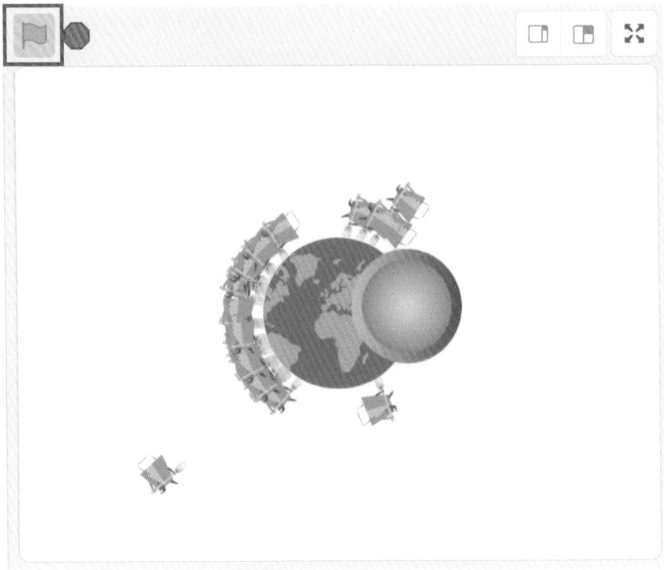

スタートボタンをクリックした時点では、地球とバリアが表示されています。地球は、スプライトを作成したときに位置を中心(座標でいうとx、yともに0の位置)に配置されています。バリアは、スプライトを作成したときに何も設定していないので、人によって位置はまちまちだと思います。上の図とは違う位置にあってもおかしいことではありません。そして3秒後から、次々に侵略者が出現し、地球へと迫ってきます。

地球へ到達した侵略者は、地球にフォークを突き立てて止まります。しかし、バリアが表示されている部分に向かってきた侵略者は消えています。

上記のような動作をしていれば、ここまでのスクリプトはエラーがないとみなすことができます。プログラミングにおいて一度で成功することのほうが稀といってもいいくらいなので、決してがっかりしないでください。うまく動いていない場合は、どこかにブロックの組み間違いがあるはずです。ひとつずつていねいに確認して、そうしたエラーを探してください。"宝探し"のつもりでやると、間違い探しも楽しくできるかもしれません。

そのときの助けになるよう、ここまでのスクリプト全体を載せておきます。

✸ここまでで作成したスクリプト

侵略者の動作が確認できたら、侵略者のスプライトの最後の仕上げとして、ここでゲームの終了に関するブロックを追加しておきましょう。

「イベント」カテゴリから「メッセージ1を送る」ブロックを「クローンされたとき」ブロックから始まるスクリプトの最後に追加します。

「メッセージ1を送る」ブロックを「イベント」カテゴリから追加しよう

ここで使っているのはScratchの「メッセージ機能」です。このブロックを使うことにより、他のスプライトや背景に合図を送ることができます。今回はゲームオーバーに関する合図を送るために、このブロックを追加しました。

では、メッセージ内容を変更しましょう。「メッセージ1」の部分をクリックし、表示されたドロップダウンリストから「新しいメッセージ」をクリックします。

「メッセージ1」を「新しいメッセージ」に変更しよう

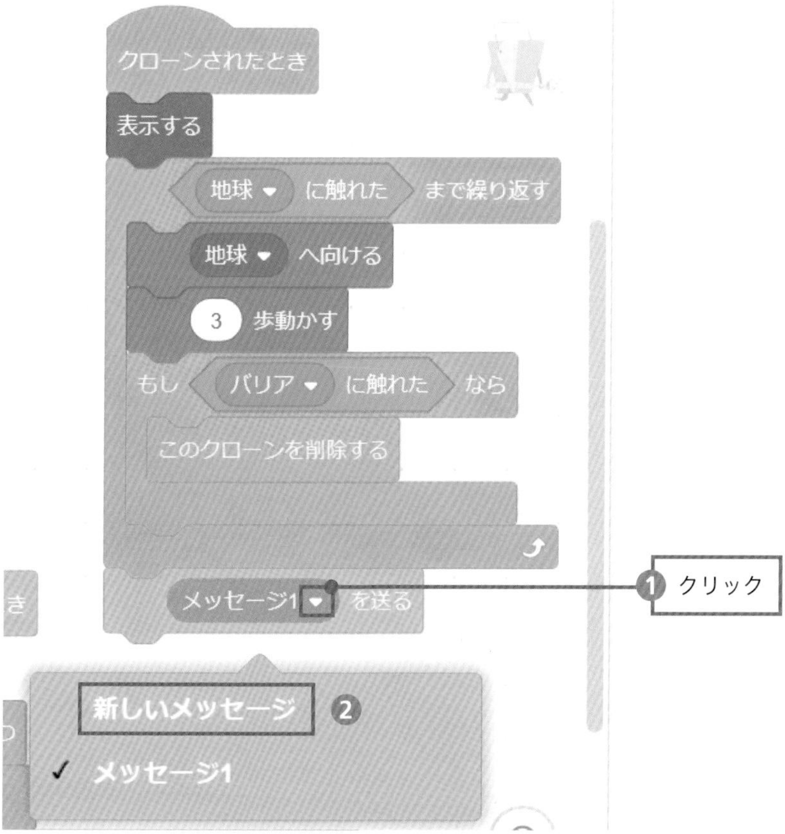

すると、新しいメッセージを自分で設定できる画面が表示されます。

メッセージの入力画面が表示される

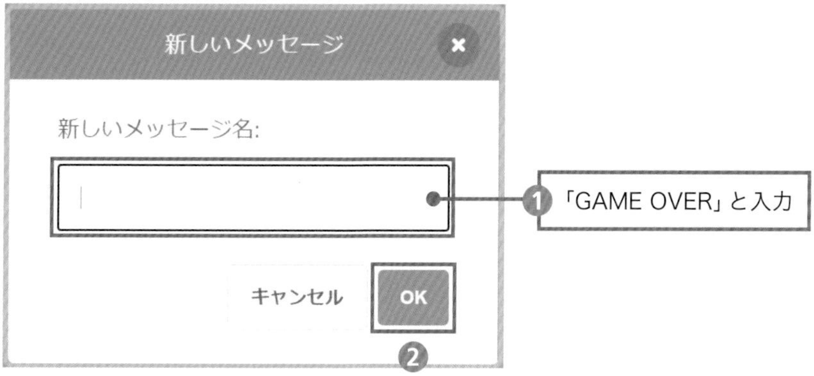

この画面の「新しいメッセージ名」欄に全角で「GAME OVER」と入力し、「OK」をクリックします。「新しいメッセージ」ウィンドウが閉じると、先ほどの「メッセージ1を送る」ブロックが「GAME OVERを送る」ブロックに変わりました。

メッセージが「GAME OVER」に

最後に「制御」カテゴリから「すべてを止める」ブロックを持ってきて、一番下に追加します。これで侵略者が地球に触れると、他のスプライトなどに「GAME OVER」の合図（メッセージ）を送ったあと、すべてのプログラムを停止してゲームを終了する設定ができました。ここまでのスクリプトを見ておきましょう。

✸侵略者の動きが完成した状態のスクリプト

地球のスクリプトを作ろう

これで侵略者のスクリプトは完成です。2番目のスプライトとして、「地球」のスクリプトに取りかかりましょう。地球については、複雑な動作は作りません。ゲームスタートとゲームオーバーのときに、それぞれの場面に応じたメッセージをプレイヤーに伝えるように設定するだけです。

では、実際にやっていきましょう。まず画面右下の「地球」のスプライトをクリックして選択します。すると、スプライト編集画面が表示されました。

「地球」のスプライト編集画面を開こう

これからスクリプトを組んでいくところなので、まだスクリプトエリアは空白のはずです。スクリプトエリアの右上に薄くスプライト（ここでは地球）の画像が表示されます。ここで編集中のスプライトが確認できると覚えておくと便利です。

では、ここに地球のスクリプトを組んでいきましょう。最初は、「イベント」カテゴリから「スタートボタンが押されたとき」ブロックを持ってきます。

✸「イベント」カテゴリの「スタートボタンが押されたとき」ブロックをドラッグ

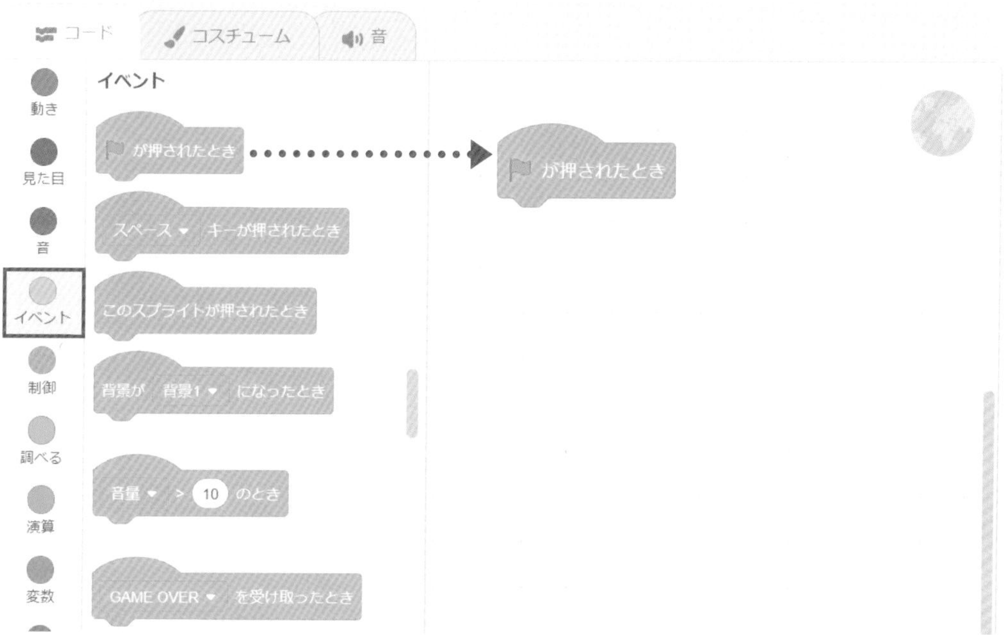

その下に「見た目」カテゴリから「こんにちは!と2秒言う」ブロックを持ってきましょう。

✸「見た目」カテゴリから「こんにちは！と2秒言う」ブロックを追加しよう

このブロックはスプライトに吹き出しを表示させ、話しているように見せることができるブロックです。ここでは「こんにちは!」の部分を「クリックバリアで地球を守れ！」と日本語で書き換えておきましょう。さらに、その右脇の秒数を表す「2」は「3」に変えておきます。ここは数値を入力する点に注意してください。

表示するメッセージと秒数を変更しよう

これでスタートボタンを押したときに、ゲームに関する簡単な情報を地球のセリフとして、3秒間、スプライトに表示させる設定ができました。

ゲームオーバーの動作を作ろう

続けて、ゲームが終わるときのスクリプトを作りましょう。「イベント」カテゴリから、今度は「GAME OVERを受け取ったとき」ブロックを持ってきて、スクリプトエリアの空きスペースに置きます。

「イベント」カテゴリから「GAME OVERを受け取ったとき」ブロックを持ってこよう

この下に、「見た目」カテゴリより「こんにちは!と言う」ブロックを付けます。ゲームスタートのときと異なり、これは時間を指定する部分がないブロックです。

❋「見た目」カテゴリの「こんにちは！という」ブロックをつなげよう

今回はゲームの終了時に表示するメッセージなので、「こんにちは!」の部分を「GAME OVER」と書き換えます。ここでは英文を全角で入力しました。

❋「こんにちは！」を「GAME OVER」に書き換えよう

これで以前組んだ侵略者のスプライトが地球に到達したときに「GAME OVER」と表示する設定ができました。ここまでのスクリプトが正常に動作するか、一度スタートボタンを押してプログラムの動きを確認してみましょう。スタートボタンを押すと3秒間だけ「クリックバリアで地球を守れ！」とゲームヒントが表示されるはずです。

スタートボタンを押して動作を確かめよう

「クリックバリアで地球を守れ！」というメッセージが表示されてから3秒ほど経過すると表示は消え、敵キャラである侵略者が現れます。この段階ではまだ侵略者を防ぐバリアを操作することはできないので、侵略者はすぐに地球に到達してしまいます。

侵略者が地球に触れると「GAME OVER」と表示され、プログラムの動きが止まります。

✹侵略者が地球に到達したら「GAME OVER」と表示

バリアのスクリプトを作ろう

　これで、侵略者、地球のスプライトが完成しました。ではいよいよ3番目、つまり最後のスプライトであるバリアのスクリプトを組んでいきましょう。画面右下のアイコンをクリックして、バリアのスプライトを選択します。

✹バリアのスプライトを選んでスクリプトを作ろう

これまでのスプライトでもやったように、「イベント」カテゴリから「スタートボタンが押されたとき」ブロックを持ってきます。

✵まず最初に「スタートボタンが押されたとき」ブロックを持ってくる

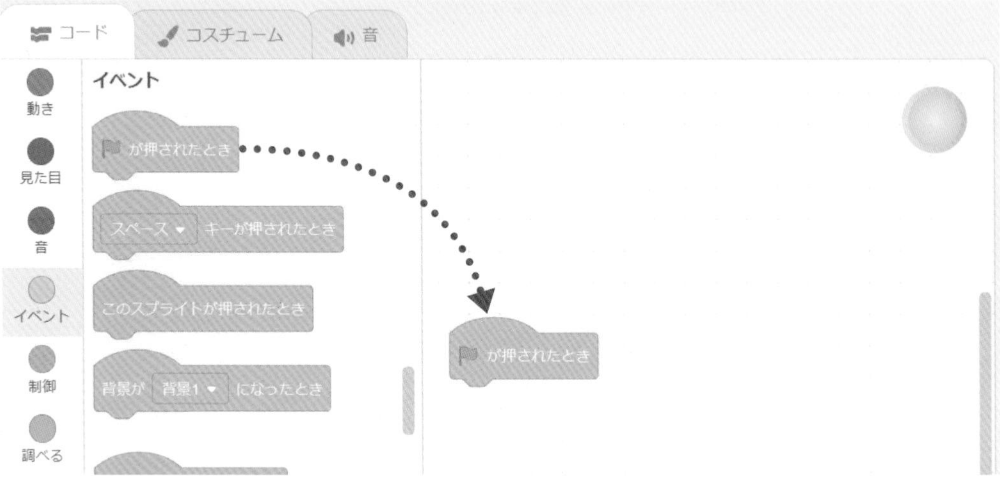

スタート直後は、バリアは使いません。そこで、まず「スタートボタンが押されたとき」ボタンの下に「見た目」カテゴリから「隠す」ブロックをつけて、表示させないようにしましょう。

✵「隠す」ブロックをくっつけよう

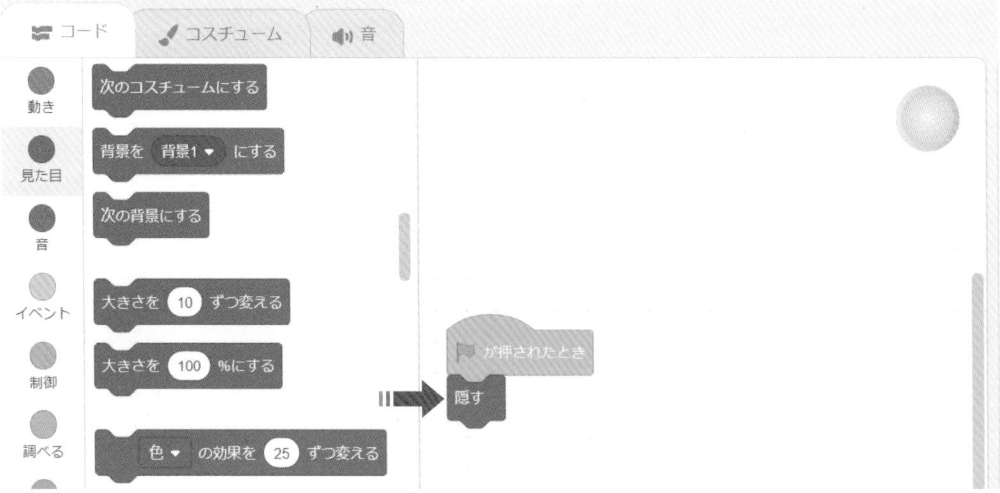

バリアを隠している間に、バリアの大きさを変えておきましょう。「隠す」ブロックと同じ「見た目」カテゴリから「大きさを100%にする」ブロックを追加します。

「大きさを100%にする」ブロックを追加する

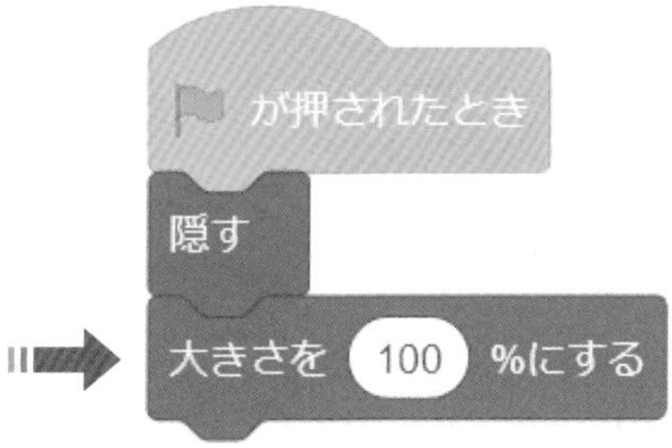

この下に続けて、バリアを表示させるようにブロックを並べていきます。まず、「制御」カテゴリから「ずっと」ブロックをくっつけます。そして、この「ずっと」ブロックの中に、同じ「制御」カテゴリから「〜まで待つ」ブロックを入れます。

「〜するまでずっと待つ」ようにブロックを並べよう

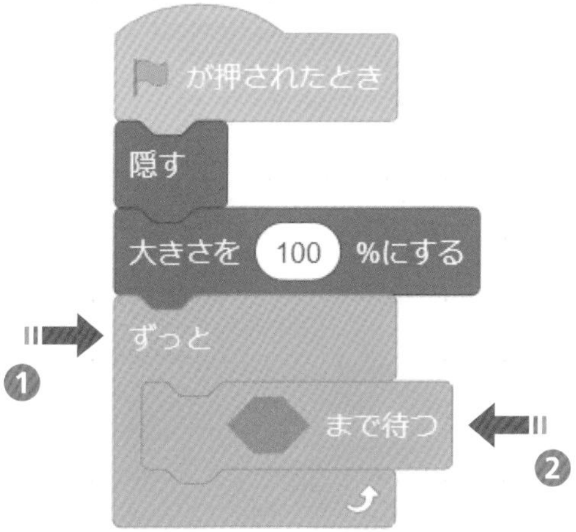

この「〜まで待つ」ブロックで空欄になっている六角形の部分に、「調べる」カテゴリから「マウスが押された」ブロックをはめ込みます。

✹「マウスが押された」ブロックをはめ込もう

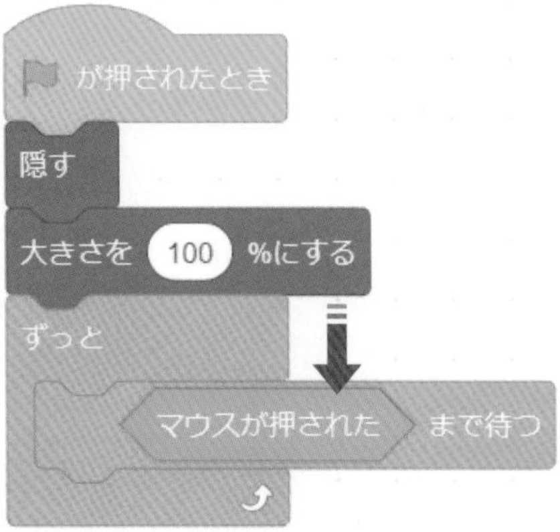

「マウスが押された」ブロックは六角形のブロックです。これをドラッグして、「〜まで待つ」ブロックの六角形に合わせてマウスボタンを離すと、「マウスが押された」ブロックがピタッとはまるはずです。

今作った「マウスが押されたまで待つ」ブロックの下には、「制御」カテゴリから「自分自身のクローンを作る」ブロックを追加します。

✹「自分自身のクローンを作る」ブロックを追加しよう

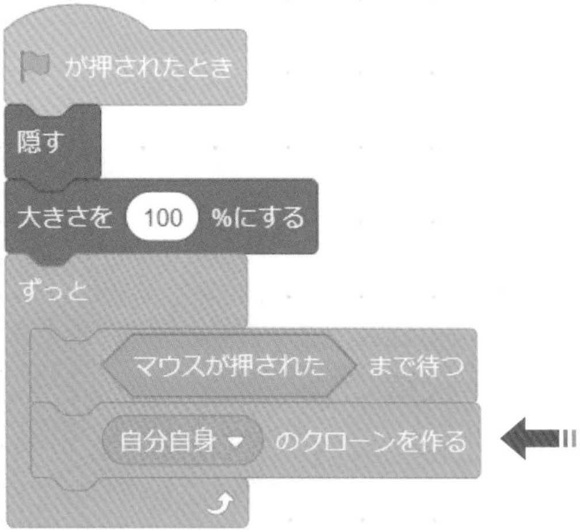

これで、「ずっと」ブロックの中が、「マウスボタンが押されるまで待って、マウスボタンが押されたときに(このスプライト=バリアの)クローンを作る」というスクリプトになります。その下に同じ「制御」カテゴリから「～まで待つ」ブロックを追加します。

クローンを作ったあとに「～まで待つ」ブロックを

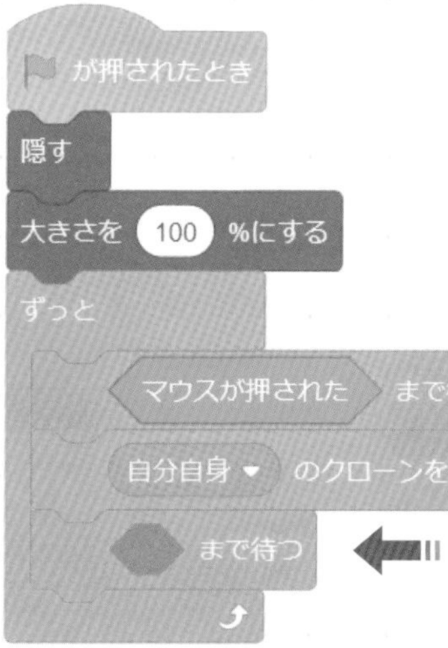

その六角形の部分に「演算」カテゴリから「～ではない」ブロックを追加します。

「演算」カテゴリから「～ではない」ブロックを持ってこよう

そしてこの緑の「〜ではない」ブロックの六角形の部分（この段階では空欄です）に、「調べる」カテゴリから「マウスが押された」ブロックを挿入します。

「マウスが押された」ブロックを空欄に

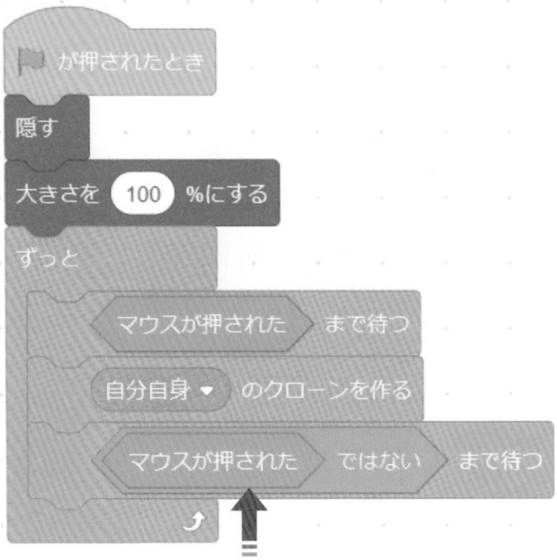

これで、ひとまとまりのスクリプトができました。このスクリプトで、マウスを1回クリックするたびに、バリアのクローンを作成する合図を出す設定ができました。「バリアのクローンを作る」というのは、ゲームの中では「その場所にバリアを張る」というアクションになります。

ここからはいよいよ今回の作品で作る最後のスクリプトです。完成が近付いてきました。もうちょっとがんばってください！

このスクリプトは、スクリプトエリアに空いている場所を見つけて、そこに作っていきましょう。この空いているスペースに「制御」カテゴリから「クローンされたとき」ブロックを持ってきます。

✸空いているスペースに「クローンされたとき」ブロックを置く

その下に続けて、「動き」カテゴリから「どこかの場所へ行く」ブロックをくっつけます。

「どこかの場所へ行く」ブロックをその下に

「どこかの場所」の右脇にある三角マークをクリックすると、ドロップダウンリストが表示されます。その中から「マウスのポインター」を選びます。

「どこかの場所」を「マウスのポインター」に変えよう

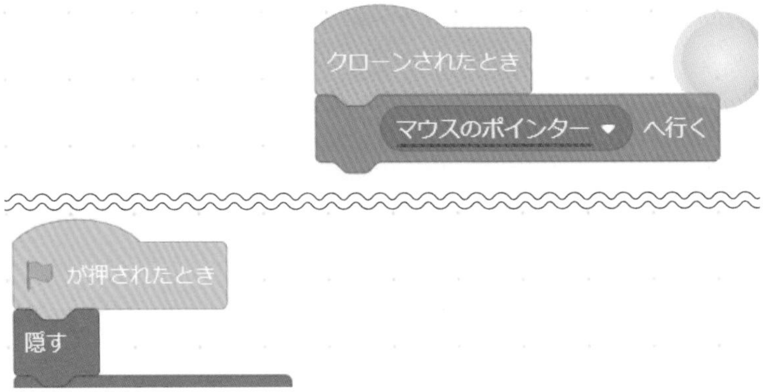

その次に、「見た目」カテゴリにある「表示する」ブロックを追加します。

「見た目」カテゴリから「表示する」ブロックを追加

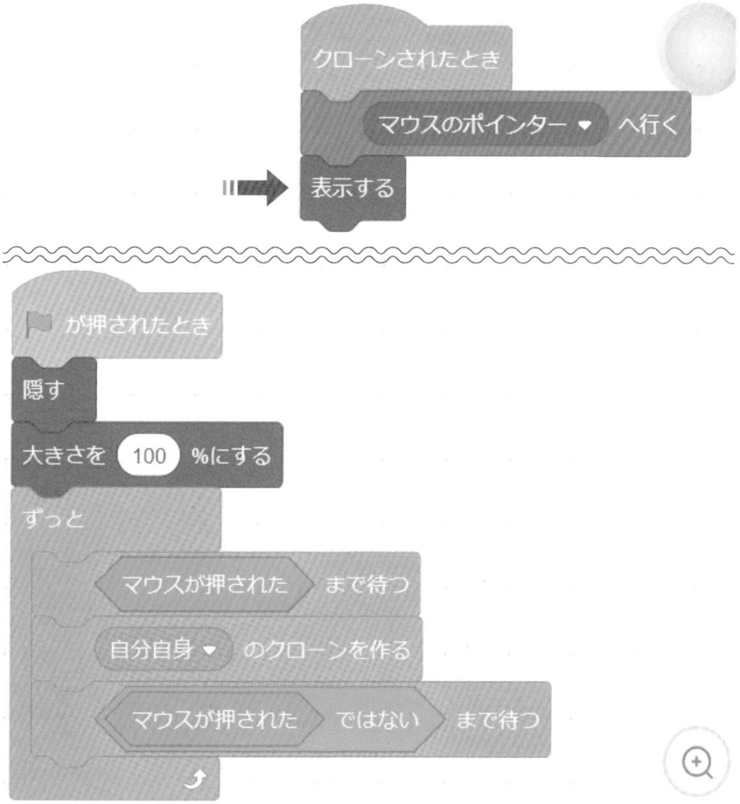

ここまでのスクリプトで、フィールド内でクリックすると、その場所にバリアを次々に張れるようになりました。ここでスタートボタンをクリックしてプログラムを動かしてみましょう。うまく動くでしょうか。

スタートボタンを押して動作を確認しよう

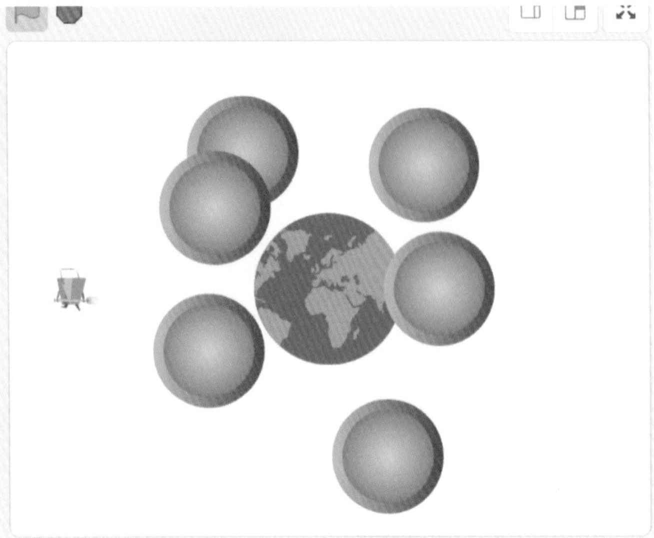

ゲームが始まってからフィールド内でクリックすると、そのたびにバリアを張ることができるようになりました。次々とクリックすると、それに従って次々とバリアを作れることを確かめてください。

バリアを消す処理でゲームを仕上げよう

ただし、今の段階ではバリアが消滅しないため、地球の周りを囲むようにバリアを張ってしまえば、すべての侵略者を防げてしまい、ゲーム性が失われてしまいます。

そこで仕上げに、バリアが自動的に消滅するような制限を作り、ゲームプログラムを完成させたいと思います。

まず、先ほどの「表示する」ブロックの下に「制御」カテゴリから「10回繰り返す」ブロックを追加します。

さっきの続きとして「10回繰り返す」ブロックを追加

今回は「10」部分を50に変更します。しつこいようですが、数値を入力するときは全角ではなく半角ですよ。

数値の「10」を「50」に書き換える

何を50回繰り返すかというとサイズを小さくする処理です。このブロックの中には「見た目」カテゴリから「大きさを10ずつ変える」ブロックを入れ込みます。そして、この数値の「10」のところを「－2」に変更します。

「大きさを-2ずつ変える」ようにブロックを設定

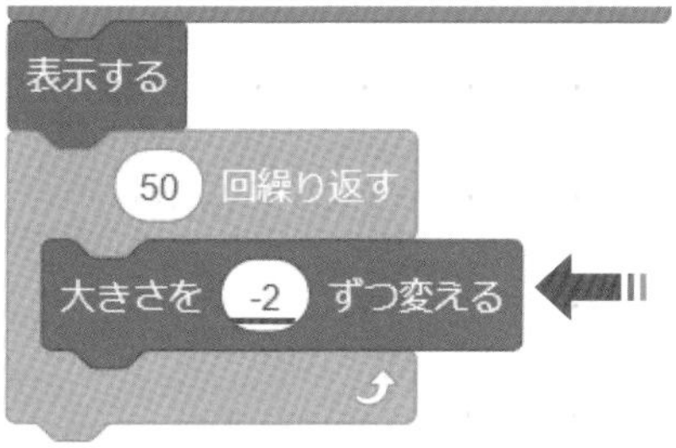

これにより、大きさを－2ずつ変える、つまり2ずつ小さくするという動作を50回繰り返します。これでバリアがちょっとずつ小さくなっていくというわけです

最後に「制御」カテゴリから「このクローンを削除する」ブロックをくっつけます。小さくなるという動作を50回繰り返したバリアは、このブロックでフィールドから消えることになります。これで今回の作品のベースとなるスクリプトは完成しました！

すべてのスクリプトが組み上がった！

さっそくゲームをプレイしてみましょう。もちろん、作品が正常に動作するかのチェックも兼ねています。

ここでScratchの作品を大きい画面で表示する機能を紹介します。画面右上の矢印が四方に広がっているボタンがありますね。これをクリックします。

画面右上にある矢印のボタンをクリック

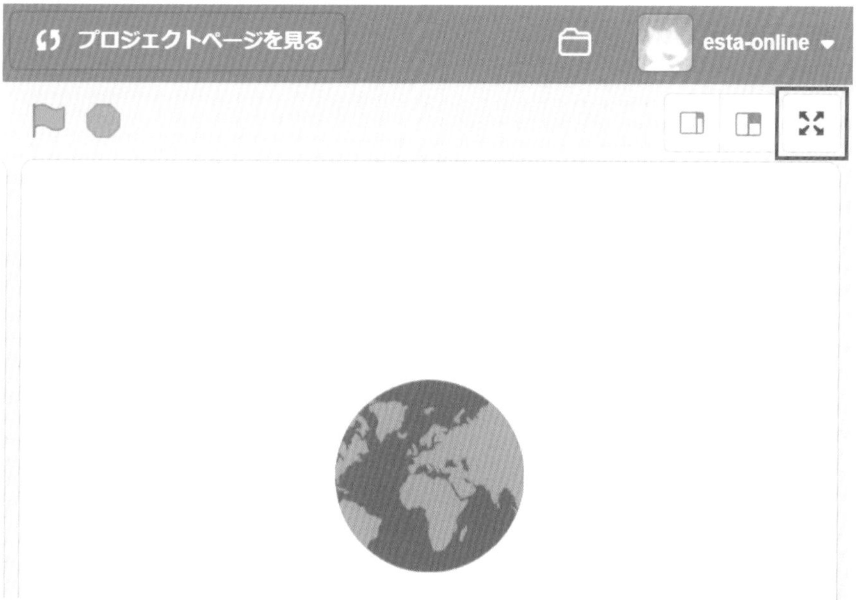

すると、スクリプトエリアやスプライトの表示が消え、スタートボタンとストップボタンを残してステージが大きく表示されました。この表示状態でスタートボタンを押してゲームをプレイしてみましょう。

最後のステップで組んだスクリプトで、バリアが表示されたあと、徐々に小さくなり、最小になったタイミングでクローンを削除する処理を追加しました。

前に確認したときは、バリアは大きく表示されたままで変化しませんでしたが、今はバリアが徐々に小さくなって消えていくようになっています。その動作を確認してください。

ゲームとしては、バリアを張ってやがて消えてしまいますから、次々にバリアを張っていかないと、侵略者から地球を守ることができません。これにより、ゲーム性を持ったスクリプトになったと言えるでしょう。

ただ、ちょっと画面が真っ白で殺風景ですね。そこで、最後の仕上げとして背景画像を設定し、今回の作品を完成させたいと思います。

画面右上の矢印が四方から集まっているボタン（さっきとは矢印の向きが逆ですね）をクリックし、編集画面に戻ります。

編集画面に戻ったら、画面の右下にある背景ボタンをクリックします。するとScratchの中に備わっている背景用のデザイン群が出てきます。

✸Scratchに用意された画像から背景を選ぼう

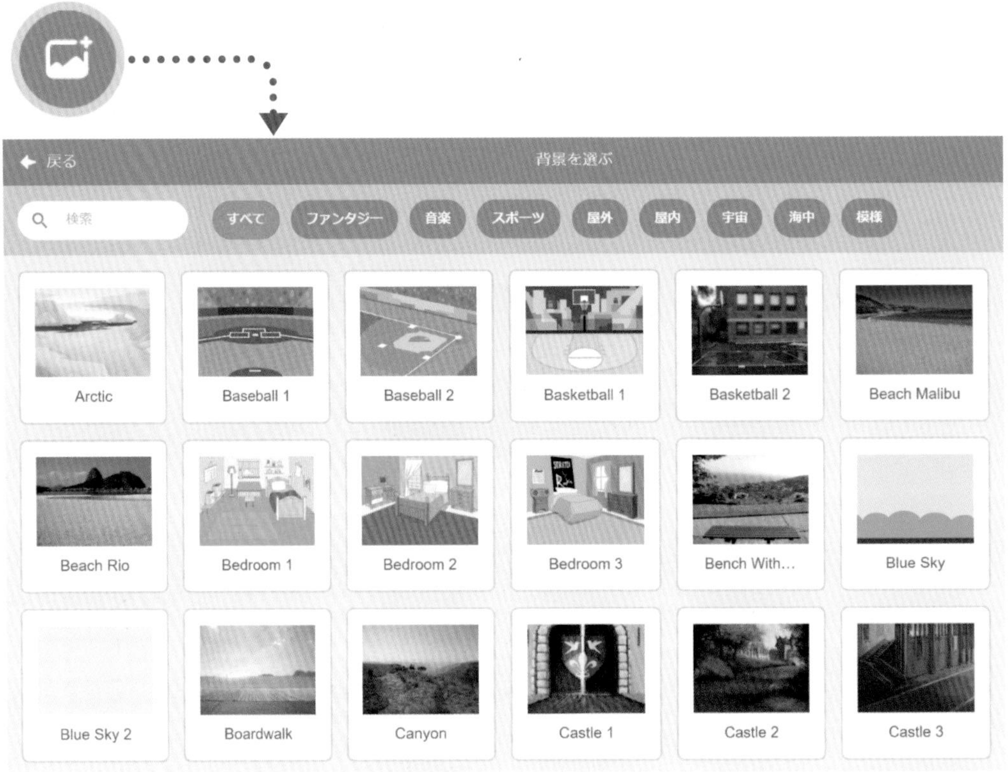

スプライトを選ぶときと似たような画面が表示されました。ここから背景画像を選びましょう。宇宙空間を舞台にしたゲームですから、ここは宇宙っぽいデザインの画像を選びたいですね。幸いScratchにはこのゲームにピッタリの画像があります。コスチュームを選んだときと同じように左上の検索欄を使って、今回は「stars」と入力します。宇宙の星々が描かれた画像が見つかったら、これを選びます。背景画像を選ぶと自動的に編集画面に戻るので、地球が宇宙空間に浮いているように見えるか、確かめてください。

これで、本当に地球防衛ゲームが完成です※2。ここで終わってもいいのですが、ここまでの過程で「設定した数値をちょっと変えてみたらどうなるだろうか」とか、「こっちのブロックを入れてみたほうがおもしろいんじゃないか」といったように、いろいろなアイデアが浮かんだ人も多いのではないでしょうか。それを簡単にやってみることができるのが、Scratchのいいところ。ぜひ、この「地球防衛ゲーム」をいろいろ改造して、あなたのアイデアを生かしたオリジナルの作品に仕上げてみてください。

※2 「地球防衛ゲーム」のサンプルプログラムはプロジェクトページ（https://scratch.mit.edu/projects/494986677）でも確認できます。

例えば、最後に選んだ背景を、他のものに変更するだけでも立派な改造ですし、キャラクターの速度や出現頻度をいじってみるのも面白いでしょう。一度完成した作品でも、自分なりのアレンジを加えてどんどん改良できるのが、プログラミングの魅力です。楽しみながら、いろいろ試してみてください。それも必ずスキルアップにつながります。

作った作品を公開するには？

作った作品は、ぜひ周りの人にも遊んでもらいましょう。コミュニケーションを深めたいとき、よい話題になってくれるはずです。

今まで開いていた画面は、プログラムを作成したり、編集したりするための画面です。他の人に遊んでもらうためには余計なものが多く、予期せずプログラムが変更されてしまうかもしれません。そこで、Scratchで作った作品をオンラインで他の人と共有する方法を紹介します。この方法を使うと、プレイするための画面だけを公開することができます。

まず、Scratchアカウントにログインした状態で、編集画面の真ん中上部にあるオレンジの「共有する」ボタンをクリックします。

「共有する」ボタンで世界に公開！

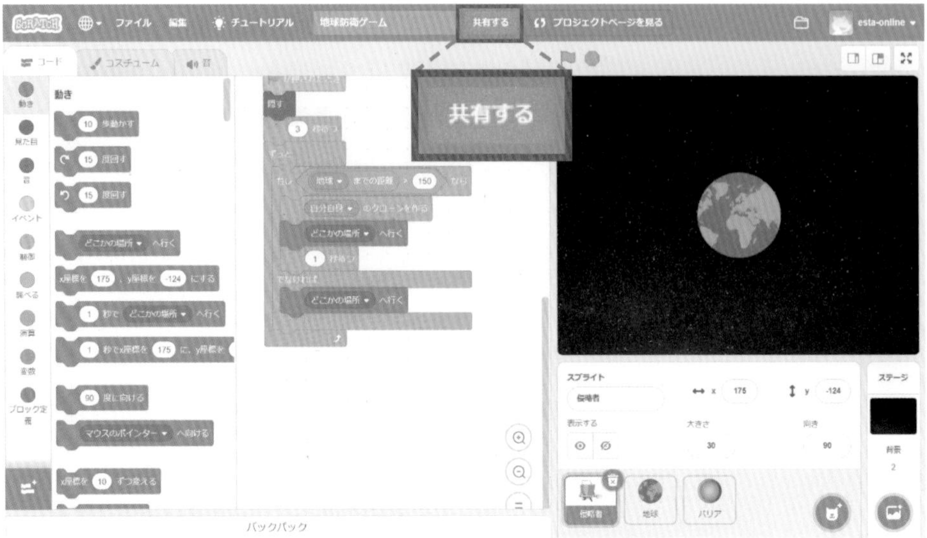

するとScratchの公式サイトのコミュニティ上に作品を公開するための設定画面が表示されます。この画面で、このプログラムを利用するためのリンクを作成できます。画面右下にある「リンクをコピー」ボタンをクリックしましょう。

ゲームを遊ぶためのリンクをコピー

すると、共有リンクが表示された「リンクをコピー」画面が表示されます。

リンクをコピーしてみんなに知らせよう！

この画面では、上の「リンク」欄にあるのがWebブラウザーなどでアクセスするためのURLで、下の「埋め込みコード」は自分のブログやホームページにリンクを張るときのコードです。

知り合いに自分のゲームを遊んでもらうには、上の「リンク」欄の右端にある「リンクをコピー」をクリックします。すると、URLをコピーした状態になりますので、メールやメッセージングアプリなどにペーストしてメッセージを送信します。受け取った人が本文中にあるリンクをクリックすると、それぞれの人が自分のパソコンやiPadなどで作品を見たり、プレイしたりすることができます。

ただし共有する場合は、ゲームの中で個人情報などを記載しないように注意しましょう。共有した作品は、Scratchの公式サイトのコミュニティ上でも紹介されます。このため、世界中のユーザーの目に触れる可能性があるためです。自分の知り合いに限らず、広く楽しんでもらえるのはいいことなのですが、知られては困る個人情報などの取り扱いは注意が必要です。これは、自分だけでなく、他人が困る情報も含みます。

ここまでかけ足で「地球防衛ゲーム」の作り方を説明してきました。自分で遊んでみてどうですか？ ちゃんと遊べるゲームが、思ったよりも簡単に作れたと実感できたのではないでしょうか。今のところは「ゲームの作り方」だけに絞って解説していますが、実はここまでのスクリプトにも重要なプログラミングの仕組みや考え方がたくさん散りばめられています。皆さんはもしかすると、そうとは気づかないうちに高度なプログラミングを駆使していたかもしれません。第4章では、地球防衛ゲームで使われている、ぜひ覚えておいていただきたいプログラミングの重要な基礎知識を解説します。「あのブロックを並べたのは、そういうことだったのか！」と新たな発見をぜひ楽しんでください。

Chapter 4

地球防衛ゲームで使ったプログラミングの基礎

本章では、前章で作った作品「地球防衛ゲーム」をもとに、プログラミングで大切な要素について学んでいきたいと思います。ぜひScratchで地球防衛ゲームを開いて、該当するブロックがどのあたりで、どのようなブロックを並べて、その結果どのようにプログラムが動作しているのか、確かめてください。理解を深めるために、必要に応じて新たにブロックを並べ、専用のスクリプトを作っているところもあります。ぜひ手を動かしながら読み進めると、より深くプログラミングを理解できるのではないかと思います。では、Scratchに限らず、どんなプログラミング言語でも必要な「値」について見ていきましょう。

プログラムが扱う一つひとつの情報が値

プログラミングでは様々な情報（データ）を駆使して、プログラムを作っていきます。この情報一つひとつのことをプログラミングでは**値**と呼びます。

この「値」で最も重要なことは、**値には複数の型がある**ということです[1]。型というのは情報の種類のことと考えてください。プログラムは、種類によって情報の扱い方を変えます。このため、プログラム中で取り扱う情報によって型を使い分ける必要があります。

プログラミング言語によって、どのような型に分類するかは異なります。少ない種類の型に分類するだけでいい言語もあれば、たくさんの型をプログラムを作るときに使い分けなくてはならない言語もあります。ここではまず、Scratchで使用する3つの型を学びましょう。細かく型を分けている言語でも、その3つをしっかり理解しておけば、応用が利きます。

[1] 型は「データ型」と呼ばれる場合もあります。

大きさや長さを表す数値

まず最初に説明したいのが、「値」と聞いてすぐにイメージしやすい**数値**です。地球防衛ゲームを作っているときにも、スプライトの大きさや位置、バリアが消えるまでの秒数などを決めるときに、数値を扱いましたね。

この「数値」は、「1」「5」「10」のようなキリのいい数だけとは限りません。「キリのいい数」と聞いて、「整数のことだな」と思い付いた人はいますか？ 数値には、正の数や「－10」のような負の数、「1.5」などの小数点を含む数などがあります。

プログラミングでは数値をさらに複数のタイプに分類し、区別して使います。数値を区別するのは、計算するときに無駄なく効率的に計算処理をするためです。どのくらい細かく分類するかはプログラミング言語によって異なりますが、ここでは大きく「整数」と「小数」とに分けることにします。本書では深くは説明しませんが、同じ数値でも分類して扱うのには意味があります。それは整数と小数では、コンピュータが計算する方法が異なるためです。プログラムの中で計算をするときに、扱う数値が整数のみなのか、小数が混ざっているかで、コンピュータは計算方法を変えなくてはなりません。だから、プログラムの中で数値を扱うときに整数と小数を区別する必要があるのです。

キリのいい数＝整数

まずは**整数**です。型として呼ぶときは「整数型」ともいいます。1や100、20000などの数を表します。－5や－16のような負の数も整数に含まれますし、0（ゼロ）も整数です。

プログラムの中では、整数型であることを示すのには一般に「int」と記述します。他のプログラム言語を学ぶときには、どんな言語であってもかなり早い段階でintが出てくることになるでしょう。言語によっては、特に大きい整数を扱うときに「int」とは区別して「long」といった記述を使用する場合があります。

1より小さい数も扱う小数

もう一つのタイプがこの**小数**です。プログラミングの世界ではこのタイプのことを、「実数型」や「浮動小数点数」といった名称で呼びます。

プログラムの中で小数の数値を扱う場合には「float」や「double」といった記述で、扱う数値が小数であることを表します。

Scratchで整数と小数の違いを実験

では、Scratchで「整数」と「小数」を体験してみましょう。Scratchはプログラミング言語としては珍しく数値の型を意識しなくてもプログラミングできる言語として作られています。それでも、整数と小数を分けて取り扱っているところはあります。例として、時間を扱う「秒」の数値と、スプライトの「座標」の数値で、整数と小数の扱いの違いを確かめてみましょう。

Scratchでは、「秒数」の数値は「小数」として扱われています。前章で作った地球防衛ゲームの「地球」では、スクリプトの中に「クリックバリアで地球を守れ！と3秒言う」ブロックを使用しました。

メッセージを表示する時間を変えてみよう

この「3」の部分を半分の「1.5」にしてみて下さい。繰り返しますが、数値なので半角数字で入力します。すると、1.5にちゃんと設定できたことがわかるは

ずです。そこでスタートボタンを押して、動作がどのように変化したか確かめてみてください。実際に、以前に動かしてみたとき（3秒）の半分程度の時間ほどでセリフが消えるようになっているはずです。

今度は、地球のスプライトの「x座標」部分を「50.5」と半角数字で入力してみてください。すると自動的に「51」と整数に変換されてしまいました。確認できましたか？ Scratchでは「座標」の数値は「整数」として扱われます。このため、小数を入力すると自動的に整数に修正されてしまいます。

このようにScratchは小数と整数を区別していますが、スクリプトを作るときには整数と小数をそれほど意識しなくてもいいようになっています。しかし、他のプログラミング言語ではタイプを間違えてプログラムを作ってしまうと、ほとんどの場合バグになってしまいます。プログラムを実行すれば、そこでエラーが発生して止まってしまうでしょう。プログラミングでは「整数」と「小数」を分けて考える、ということを覚えておいて下さい。

COLUMUN

どうして整数と小数で区別する？
～コンピュータの得意・不得意～

「数値」の解説で、プログラミングでは「整数」と「小数」を区別して扱うことが多いと説明しました。これはコンピュータには「小数」を正確に取り扱うのが少々苦手という特徴があるのが理由です。正確に表せない小数は、だいたいの数（近似値）として扱っています。

ここで、コンピュータが小数をだいたいの数として扱っていることを、Scratchを使って確かめてみたいと思います。

いきなりですが、ここで問題です。「0.1＋0.1」の答えは？ 簡単な問題失礼しました。答えは「0.2」ですね。

ではこれをScratchでも確かめてみましょう。「演算」カテゴリから「(　)＋(　)」ブロックをスクリプトエリアに持ってきます。その2つの()の部分に「0.1」を入力し「＋」のあたりをクリックしてみましょう。もちろん正解の「0.2」がポップアップで表示されましたね。

✸「(0.1)＋(0.1)」ブロック計算結果は？

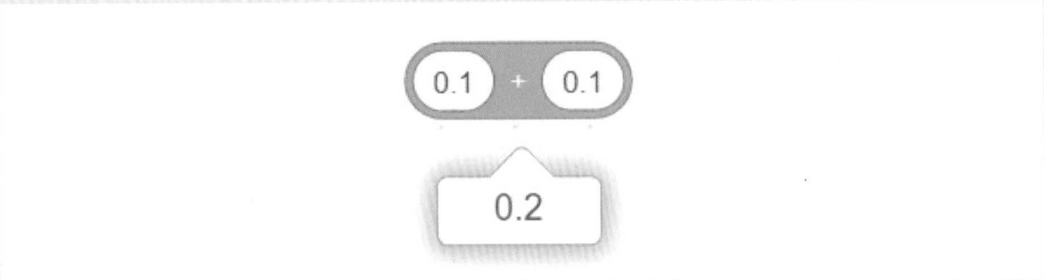

それでは、もう一つ問題です。「0.1＋0.1＋0.1」の答えは？ また簡単な問題で失礼しました。答えは「0.3」ですね。我々人間は小数の簡単な計算は暗算でもすぐに計算することができます。もしかすると、いったん頭の中で「1＋1＋1」と整数に置き換えて計算した人もいるかもしれませんが。でもまあ、「0.1＋0.1＋0.1」が「0.3」であると計算できることには変わりありません。

では、先ほどと同じようにScratchでも確認の計算をしてみましょう。

もう一つ「() + ()」ブロックを新たにスクリプトエリアに持ってきましょう。新しく持ってきたブロックの左側の(　)内に、先ほどの「(0.1) + (0.1)」ブロックを入れ込みます。残った右の()部分には「0.1」を入力します。

これで「(0.1) + (0.1) + (0.1)」が計算できるようになりました。0.2のときとと同じように「+」の部分をクリックして答えを表示させてみましょう。さて……？

✸では、0.1＋0.1＋0.1の計算結果は？

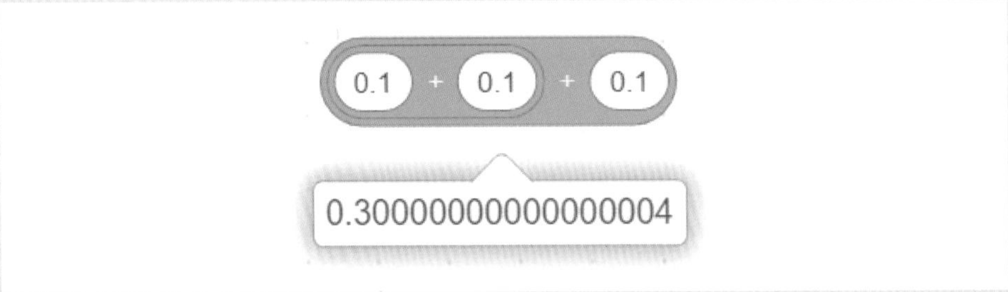

いかがですか？ 想定した正解の「0.3」ではなく、「0.30000000000000004」と限りなく小さいですが(ビジュアル的にはインパクト大ですね)、小数点17位に4の誤差が含まれて答えが表示されました。

この誤差の原因の一つとして、コンピュータが「2進数」という、我々が日常的には使わない方法で計算を行うことが挙げられます。実はこれ、小数点以下の計算には不利な計算方法なのです。ここでは解説しきれないので、興味がある方は「2進数　コンピュータ」などのキーワードで調べてみてください。

一方、OSに付属の電卓アプリやExcelなどでは、正しく0.3と計算できます。それは、そのまま計算すると誤差が出てしまうことを踏まえた上で、ソフトが計算を修正するように作られているため。本質的には、コンピュータの0.1＋0.1＋0.1は0.3にはならないのです。これはScratchだけではなく、PythonやJavaScriptなど他のプログラミング言語を使ってコンピュータに計算させても同じです。このように、コンピュータには小数計算が苦手という一面があるのです。

文字を表す文字列

数値に続いて説明する値は**文字列**です。これは、その名の通り文字からできている「値」です。

地球防衛ゲームでは、ゲーム開始時に表示するようにした「クリックバリアで地球を守れ！」や、ゲーム終了時の「GAME OVER」などを表示するためのブロックで、それぞれの文字列を入力しましたね。これをScratchは文字列型の値として扱います。この「文字列」は上記の日本語文字ばかりでなく、アルファベットなど様々な文字や記号、そして数字も含みます。数字も数値ではなく、文字列として扱う場面があります。そのときは文字列型の値として扱うことになります[2]。

[2] 文字列として扱う数字は、数値ではないので計算には使えません。これは、プログラミングを勉強していく過程で、多くの人がハマるポイントです。

文字列というと、複数の文字でできているようなイメージがあるかもしれませんが、「あ」「a」などの1文字でも文字列です。前述の「クリックバリアで地球を守れ！」のような短い文章はもちろんですが、複数の文章からなるもっと文字数の多い情報も「文字列」として扱います。

他のプログラミング言語では「文字列」であることを表すために、文字列の前後を「クォート」と呼ばれる記号の「’」や「”」で囲んで扱います。その場合、この中に記述された数字も「文字列」として扱われます。Scratchでは「全角」で入力した値は、その時点で基本的に「文字列」として扱われるため、数値として認識してもらえません。Scratchはエラーになるようなミスをしにくいように設計されているプログラミング言語ですが、数字の扱いは入力ミスによりエラーとなりやすいポイントなので注意してください。数字を入力するときは、それを「文字列」として利用するのか、「数値」として利用するのか、その違いを意識することが大切です。

正しいか、間違っているかを表す真偽値

3番目の型として説明したいのが**真偽値**です。これは、「正しいか、違っているか」を表す「値」です。正しいときに真偽値の値は**真**となり、間違っているときは**偽**となります。英語では「真」のことを**true**、「偽」のことを**false**で表します。プログラミング言語によっては「bool」もしくは「ブール値」と呼ばれることもあります。プログラミングでは、この真偽値がとても重要な役割を果たしています。

まず、この真偽値がどのようにその値を決めているかを見てみましょう。Scratchでもこの「真偽値」は様々なところで活用しています。実際に試してみましょう。

どのスプライトでもいいので、「調べる」カテゴリのブロックパレットを表示します。

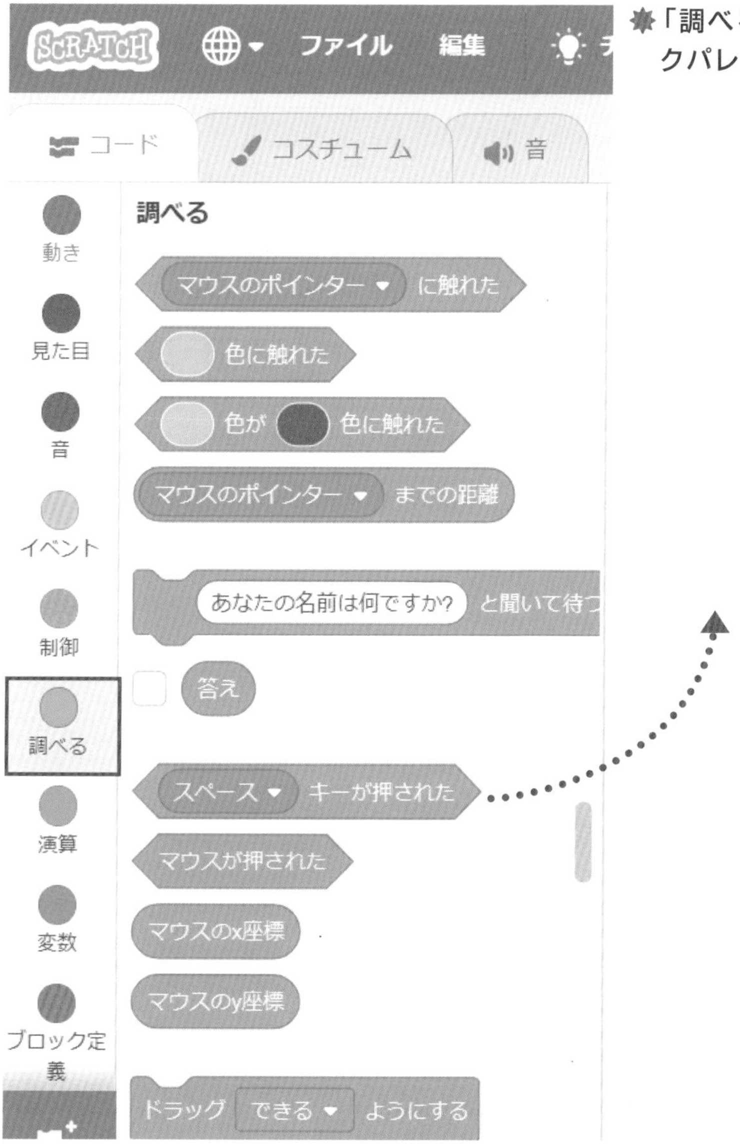

「調べる」カテゴリのブロックパレットを開こう

その中から「スペースキーが押された」ブロックをスクリプトエリアに持ってきて、ドロップダウンメニューから「スペースキー」を「上向き矢印」に変更し、「上向き矢印キーが押された」ブロックにします。

まずそのままブロックをクリックしてみてください。すると「false」と表示されます。

「上向き矢印キーが押された」ブロックの結果はfalseに

これは、このブロックをクリックして動作させた時点で、上向き矢印キーは押されていない状態だからです。このため、「上向き矢印キーが押された」ブロックが状態を調べた結果、このキーは押されていないため、「間違っている」すなわち「偽」となり、「false」と表示されるわけです。

では、キーボードにある「上向き矢印キー」を押しながら、ブロックをクリックしてみましょう。

上向き矢印キーを押したままクリックすると「true」に

すると今度は「true」と表示され、「上向き矢印キー」が押されている状態であるとブロックが判断したことがわかりました。

この「真偽値」は後述する「条件分岐」と合わせて使われることが多く、いっしょに考えると理解しやすくなります。このため、真偽値だけではもしかするとピンと来ないかもしれません。でも、今はあまり気にしないでおきましょう。trueとfalseについては、「条件分岐」の解説でもう一度説明します。ここでは、真偽値はtrueとfalseのいずれかを持つということを覚えておいてください。

計算や判別などがコンピュータの演算

プログラミングでは様々な計算や判別を行います。そうした計算処理のことを**演算**と呼びます。プログラムの中では、どのような演算をするかをコンピュータに指示するために**演算子**を使います。どういった演算をするかにより、様々な演算子が用意されています。プログラム言語により演算子の書き方は違うこともありますが、演算そのものは言語にかかわりなく共通している部分がたくさんあります。今回はScratchでもよく使われており、他のプログラミング言語でも重要な3種類の演算子である、算術演算子、比較演算子、論理演算子について学んでいきましょう。

四則演算は算術演算子で

最初に取り上げる演算は**算術演算**です。プログラムの中では「算術演算子」を使って、算術演算を実行します。

これは算数・数学の中に出てきた「たす(+)」「ひく(−)」「かける(×)」「わる(÷)」の四則演算が代表的なもので、数値と数値を計算して、結果を数値として扱います。

注意点としては、プログラム上での記述と数式での書き方の違いです。プログラミングでは「+」「−」の記号は数式と同じように使いますが、「×」の代わりに「*」、「÷」の代わりに「/」の記号を使用します。Scratchの「演算」カテゴリにある算術演算子のブロックも、プログラム用の表記になっています。

Scratchの「たす」「ひく」「かける」「わる」

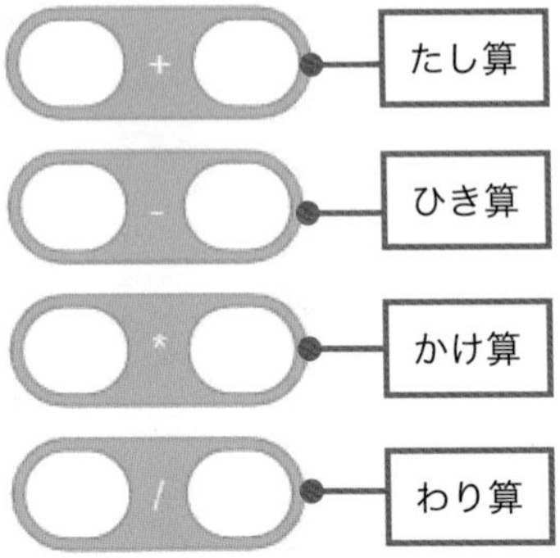

試しに「○+○」ブロックに1と2を半角数字で入力し、ブロックをクリックしてみましょう。

「1+2」ブロックの計算結果は？

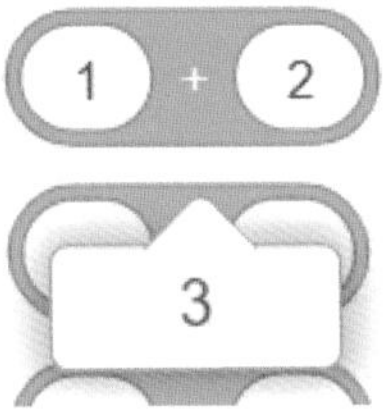

ちゃんと「3」と、計算の答えを正しく表示してくれました。このように、「算術演算子」は数値と数値を計算し、数値として答えを返すタイプの演算子です。

一方、残る2つの演算子は真偽値を返すタイプの演算子です。

2つの値を比べる比較演算子

2番目の演算は**比較演算**です。2つの値が「同じ」かどうか、あるいはどちらが「より大きい」かなど、比較した結果を真偽値として答える演算になります。このときに使用するのが**比較演算子**です。代表的なものでは、算数・数学で出てきた等号（=）不等号（<や>）などを使用します。地球防衛ゲームでも、侵略者と地球の距離を判別するのに使用しましたね。Scratchでは比較演算子に相当するものに「○>○」「○<○」「○=○」のブロックがあります。

✸Scratchで比較演算をするためのブロック

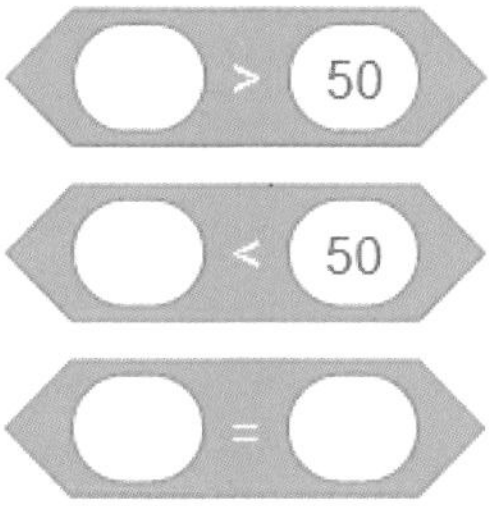

例として「○=○」のブロックの両側に「1」を半角数字で入力し、ブロックをクリックしてみましょう。

✸「1=1」の実行結果は？

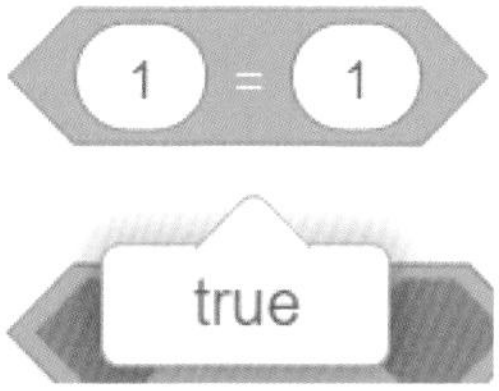

両側の数値が同じであったため、「true（真）」が演算の結果として表示されました。このように値を判別し、真偽値として返すのが「比較演算」です[※3]。「<」や「>」の不等号の演算子は数値のみを比較しますが、「=」の等号の演算子は文字列なども判別できます。例として先程の「○=○」ブロックに「a」と「b」を入力して、ブロックをクリックしてみましょう。

✸「a=b」の実行結果は？

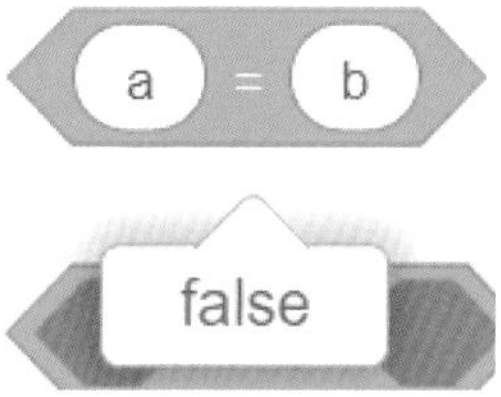

※3　Scratchではtrueもしくはfalseと表示されますが、プログラミング言語によってはTrueもしくはFalseと先頭を大文字にする必要があります。この場合、大文字、小文字は区別されるので注意しましょう。

右辺と左辺の値が違っているため、「a＝b」は成り立ちません。このため、「false（偽）」と演算結果が真偽値として返されました。

このように、比較演算子は値と値を比べて判別し、真偽値として返す演算子になります。

判定に不可欠な論理演算子

3番目の演算は**論理演算**です。真偽値を元に判別を行い、それを真偽値として返す演算になります。この「論理演算」で使用するのが**論理演算子**です。と、これだけではわかりにくいですね。もっと具体的に見ていきましょう。

代表的な論理演算としては「NOT（ではない）」「OR（または）」「AND（かつ）」が挙げられます。もちろんScratchでも、この演算を行うためのブロックが「演算」カテゴリに用意されています。

✸Scratchに用意された論理演算のブロック

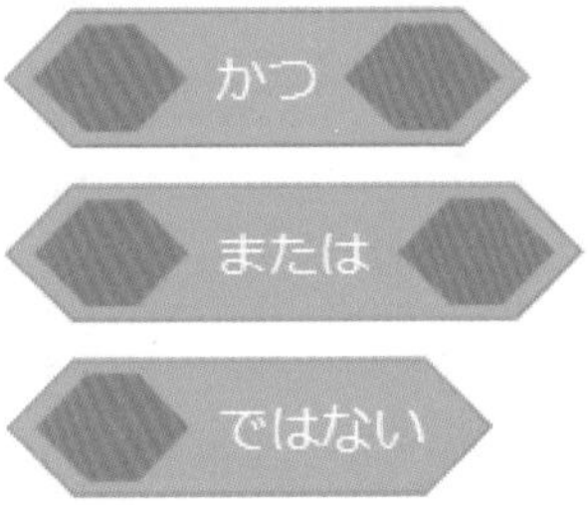

地球防衛ゲームでは、マウスが押されたあとに、一度マウスが押されなくなったことを判別するために使用しましたね。ここで使用したのが「NOT」である「～ではない」ブロックでした。

「マウスが押された、ではない」ブロックでマウスボタンを離したことを検出

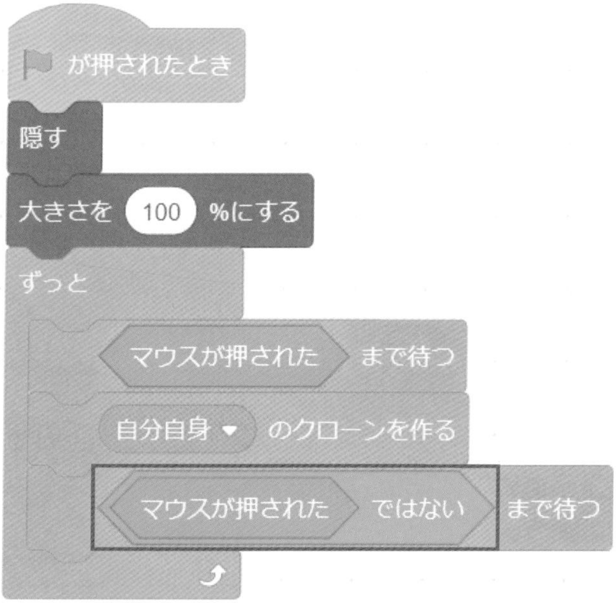

この「NOT」の場合は、元になる入れた真偽値とは反対の真偽値を返します。元の真偽値が「true」であれば「false」を、元の真偽値が「false」であれば「true」として、逆の真偽値を返します。だから、「マウスが押された、ではない」、すなわち「マウスボタンが押されていない」状態がtrueになります。プログラムとしては、このブロックから「trueが返ってくるまで待つ」という動作になるのです。

次に「OR」と「AND」、日本語で言うと「または」と「かつ」について見てみましょう。この2つは見比べながら見たほうがわかりやすいと思います。次の図のようなブロックを作ってみてください。「～かつ～」ブロックも、「～または～」ブロックも、「ではない」同様、「演算」ブロックから選んできましょう。「上矢印キーが押された」ブロックは、先ほど使いましたね。そのブロックを使い回したり、同じ手順でブロックを作り直したりして、「～かつ～」や「～または～」ブロックと組み合わせましょう。

「かつ」と「または」の演算結果を確認しよう

図の順で見ていきましょう。

Scratchでいう「～かつ～」ブロックは、前と後ろの演算結果である真偽値が両方とも「true」の場合のみ「true」を返します。それ以外の場合は「false」を返します。前の図でいうと、上向き矢印キー“も”下向き矢印キー“も”押されていたときのみ、「true」になります。2つのキーを押しながらクリックしなければならないので大変ですが、ぜひ試してください。

一方、「～または～」ブロックの場合は、前後の真偽値のうちどちらかが「true」であれば「true」を返します。唯一、両方が「false」であった場合のときだけ「false」を返します。言い換えれば、両方が「false」のとき以外は「true」を返すと考えてもいいかもしれません。このように「論理演算」は真偽値をもとに何らかの判別をして、その結果を真偽値で返す演算といえます。

ある条件が成り立つかで場合分けする条件分岐

第2章の準備運動で、「順次処理」や「繰り返し」という、要素を学びましたね。ここではもう一つ**条件分岐**というプログラムの動きを制御する要素を学んでいきましょう。

「条件分岐」とは、プログラムの流れを2つ以上に分ける場合に使用するものになります。ある一定の条件を決めておき、その条件に当てはまる場合のプログラムを用意し、その後の動きを分岐させます。ちょうど列車のレールが別れて行くように、条件に従ってプログラムのルートを切り替えるイメージです。地球防衛ゲームでも、侵略者のスクリプトで「もし～なら」「もし～なら　でなければ」ブロックを使用しました。

✸地球防衛ゲームで使った条件分岐のブロック

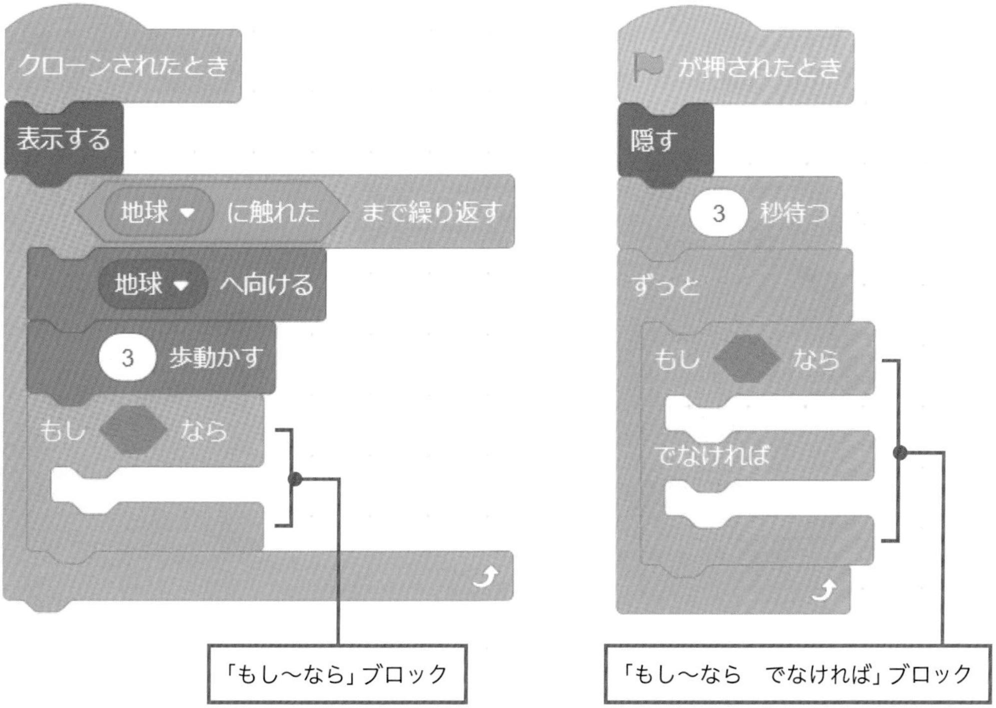

Scratchではこの2つのブロックが「条件分岐」として用意されています。ここではその2つのブロックから条件分岐の基本的な考え方を紹介します。

if文の作り方

条件分岐の中で一番基本的なものが「if文」です。Scratchでは「もし〜なら」ブロックを使って、if文にあたるスクリプトを作ります。この「if文」は決めておいた条件のときのみ、if文の中で記述した処理を実行します。条件に当てはまらなければ何もせずに、次の処理に移ります。

地球防衛ゲームでは侵略者のスプライト部分で、「『もしバリアに触れたなら』その時のみ、このクローン（侵略者）を削除する。」といった場面で使用しました。この場合、バリアに触れなければ、次のブロック（繰り返しにより「地球に向ける」「3歩動かす」）がすぐに実行されます。

侵略者が「バリアに触れたなら」消滅する条件分岐

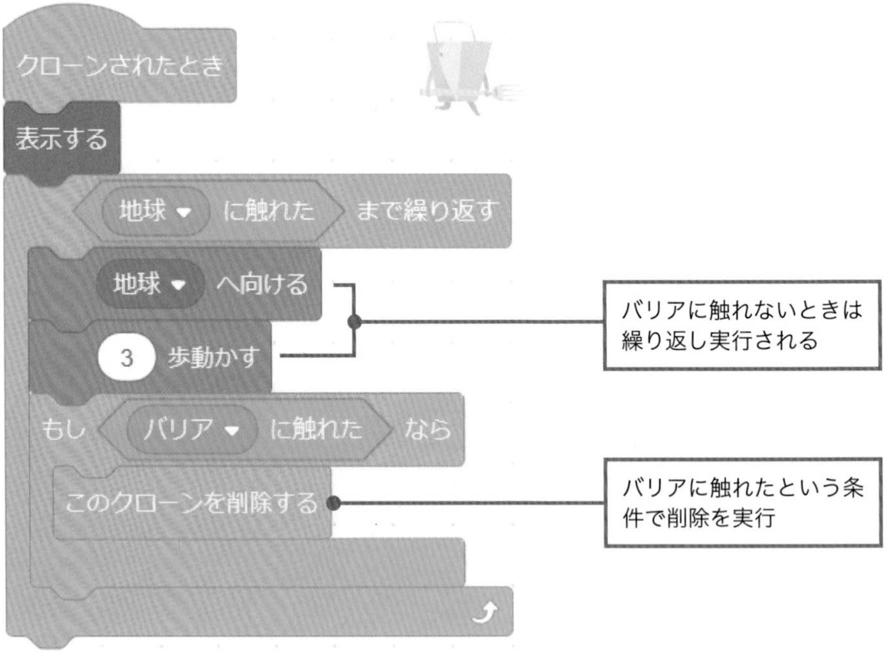

条件に合わないときの処理は「if-else」文で

もう一つの条件分岐の基本形が「if-else文」です。Scratchでは「もし～なら　でなければ」ブロックが担当しています。「もし～なら」の部分がif 、「でなければ」の部分がelseを表しています。

この「if-else文」は、Scratchのブロックの表記通り、「でなければ」という、「もし」部分の条件に当てはまらなかったときの処理も記述できるのが特徴です。そのため、条件に当てはまった場合は、if（もし～）に続いて記述した処理が、条件に当てはまらなかったときはelse（でなければ）に続いて記述した処理が実行されます。

地球防衛ゲームでは、侵略者を画面内に表示する処理のスクリプトで「もし～なら　でなければ」ブロックを使用しました。

地球からの距離で侵略者を発生させるかを決めるスクリプト

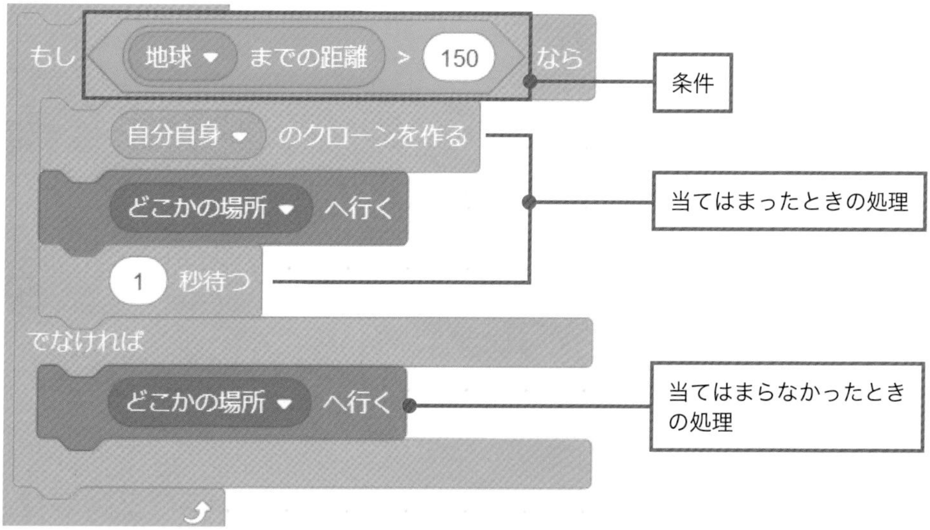

あまりにも地球に近いところに侵略者が発生してしまうと、すぐにゲームが終わってしまいます。そこで、侵略者の発生地点が地球からある程度離れたところにする必要がありました。

そこで、画面内のランダムな位置に行った侵略者のスプライトが「地球までの距離が150より離れている」ことを条件にして、この条件に当てはまるときはクローンを作る（＝侵略者を発生させる）ブロックを実行します。

一方、「地球までの距離が150より離れている」という条件に当てはまらない場合は、クローンを作らず、「どこかの場所へ行く」ブロックが実行されるというわけです。この図では上下は見えませんが、この「もし～なら、でなければ」ブロックは繰り返しブロックの中に記述されているため、「どこかの場所へ行く」ブロックのあと、移動先の場所で地球との距離が150より離れているかどうかを調べる処理が再び始まります。

この条件分岐では、前述の「比較演算子」を使用して、「真偽値」がtrue（真）かfalse（偽）か判別し、それを元に条件を分岐させています。真偽値のところでは、条件式が成立する、つまり条件に合っている場合に値がtrue、条件式が不成立、つまり条件に合っていない場合に値がfalseになると説明しました。この「もし～なら」ブロックでは、～に入る条件の真偽値を見て、trueなら「もし～なら」に続く処理を実行し、falseなら何もせずに次に進みます。「もし～なら　でなければ」ブロックの場合は、「でなければ」の処理を実行するというわけです。そしてその「真偽値」を判別するために「比較演算子」や「論理演算子」を活用していきます。

プログラミング言語によっては、最初の「もし～なら」（if）で設定した条件だけでなく、第2、第3の条件を追加する記述もできるようになっています[※4]。

※4　この場合、最初の条件を記述するifと区別するために、「else if」や「elif」などに続けて条件を記述します。

Scratchには2番目以降の条件を作るためのブロックはありません。そこで、次の図のように「もし～なら」ブロックの中にさらに「もし～なら」や「もし～なら、でなければ」のブロックを入れる形で、条件分岐のブロックを組み合わせることができます。これにより、複雑な条件分岐で処理をきめ細かく分けることができるようになっています。

条件分岐のブロックを組み合わせて複数の条件を作れる

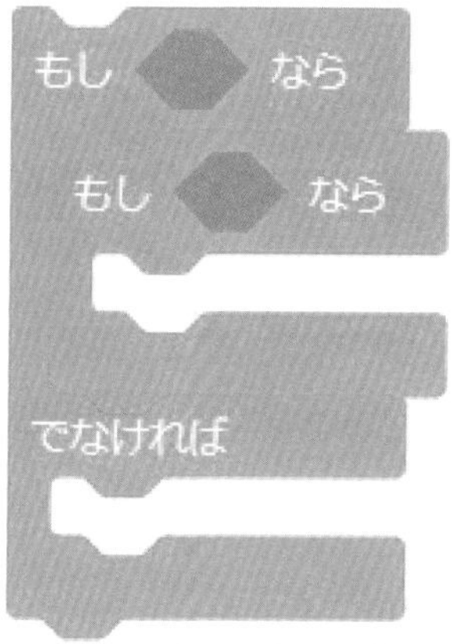

用意した処理を動かすきっかけになるイベント

プログラミングでは、記述した処理がスタートするきっかけを**イベント**と呼びます。

Scratchでも「スタートボタンが押されたとき」などの、スクリプトの先頭に置くブロックがそれにあたり、地球防衛ゲームでも何種類か使用しました。

使用するプログラミング言語や扱うシステムによって「トリガー」「エントリーポイント」「メッセージ」などの機能がイベントに関係しています。Scratchでは他のスクリプトに合図を送るために「メッセージ」という言い方をしています。

イベントは特にゲームプログラミングでよく使われます。例えば、キャラクターが現れるタイミングや、表示を切り替えるタイミングなどを、イベントをもとに決めます。ゲームプログラミング以外でも、「登録ボタンを押す」「次のページへというリンクをクリックする」など、プログラムを使う人（ユーザー）の操作をイベントとして扱い、処理が次々と実行されるようになっています。

この、クリックしたタイミングなどで関係するのが、次に紹介する「入力・出力」です。

ユーザーからの入力、外部への出力

プログラムされたものを使う人（ユーザー）がプログラムの実行中に何らかのアクションをすると、コンピュータはそれを**入力**として認識します。例えば地球防衛ゲームでは、「マウスが押された」ブロックを使いました。これは、マウスボタンが押されたことを入力として感知するということです。マウスボタンの操作以外にも文字や数値を入力する、マイクで音声を入力するなど、パソコンやスマートフォンの操作を通じて、プログラムは様々な入力を受け取ります。そしてプログラミングではしばしば、この「入力」を前述の「イベント」として設定します。

一方、プログラムが処理した情報やデータを、プログラムの外へと出すことがあります。これが「出力」です。コンピュータで文章や図などを作成して、印刷することがイメージしやすいかもしれません。紙としてコンピュータの外に情報を出すことなので「出力」と表現されます。実際には、モニターの画面上に表示するだけでも、プログラムの外に情報を出しているので「出力」といいます。

他のプログラミング言語では出力のために、例えば「print」という命令が使えるようになっています。この命令を使って情報を出力します。出力先がディスプレイなら表示することになり、プリンターなら印刷することになります。ファイルに書き出すことも「出力」ということがあります。

Scratchでは、地球防衛ゲームでも使用したスプライトにセリフとして表示させることが、1つの「出力」となります。

ゲーム終了時の「GAME OVER」は画面への出力

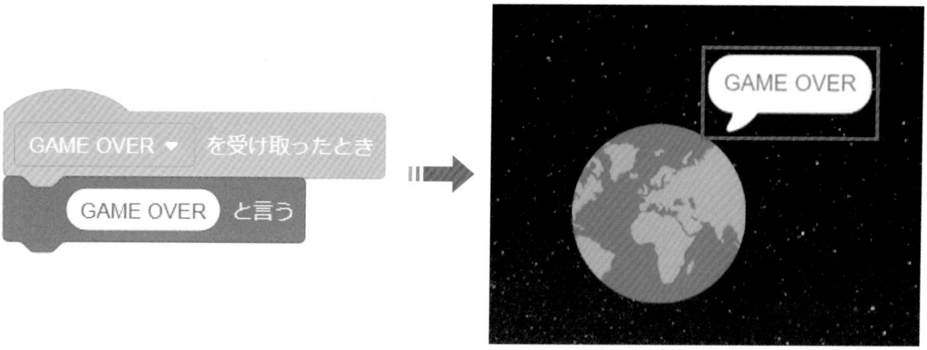

普段あまり意識することはないかもしれませんが、私たちの身の回りには、コンピュータから出力されたものが多数存在しています。

Chapter
5

花火アニメーションを作ってみよう

プログラミングには、まだまだおさえておきたい基本があります。本章では、第3章に続いてもう1つ、Scratchで作品を作っていただこうと思います。この作品にも、プログラミングを学んでいくうえで重要な基本がいくつも含まれています。まずは、作品を作ってみて、その中で使われている基本的な処理について学んでいきましょう。

本章で作る作品は、ゲームというよりはアニメーション作品です。「打ち上げ筒」「花火」のスプライトが登場し、画面内の3カ所からランダムに花火が打ち上がるアニメーションです。花火には効果音も付けてみましょう。

今度は花火アニメーションを作ってみよう！

作成するのは2つのスプライト

花火アニメーションでは、2つのスプライトを作り、それぞれにスクリプトを作成します。最初に作るスプライトは「打ち上げ筒」です。画面内の3カ所に設置され、この打ち上げ筒から花火が打ち上がるようにプログラムを作ります。

毎回同じ位置から花火が打ち上がるのでは面白みがありません。そこで、プログラムを起動するたびに、打ち上げ筒の位置はランダムに変わるようにしようと思います。

もう1つが何かはもう想像が付いたかもしれませんね。そう、筒から打ち上げられる「花火」本体です。花火は、3秒ごとに1発が、3カ所に設置された打ち上げ筒のいずれかから、ランダムに打ち上げられるようにします。

プログラムの大まかな動作を確認しよう

では、この2つのスプライトを使って、どういったアニメーションにするのか、プログラムの大まかな動作について説明しましょう。

まず、スタートボタンを押した段階で、打ち上げ筒の位置を決めます。打ち上げ筒は3つ配置するので、3カ所の配置を決める必要があります。

それから、打ち上げ筒のうち、いずれか1つを選びます。どれを選ぶかはランダムに決めることにします。選んだ打ち上げ筒から花火が射出され、1秒間かけて上昇します。

花火は1秒かけて上昇したのち、効果音とともに爆発します。このとき、どのくらい大きな花火になって広がるのかはランダムに決めることにします。

空中に咲いた花火は徐々に消え、射出からちょうど3秒後に次の花火が打ち上がるようにします。ここで、3カ所の打ち上げ筒のうち、いずれか1つをランダムで選び……というところに戻ります。この一連の花火の様子を繰り返して、花火が次々に打ち上がるアニメーションにしようというのが、本章のプログラムです。

新規のファイルを作成するところから作業スタート

では、Scratchで新規の作品を作っていきましょう。Scratchにサインイン[1]した状態で「ファイル」をクリックし、開いたメニューにある「新規」をクリックします。

「ファイル」の「新規」をクリックして新しい作品作りをスタート

[1] これからサインインする必要がある場合は、第2章の「サインアウトとサインイン」（56ページ）を参照してください。

最初にタイトルを「花火アニメーション」に変えよう

新しいプログラムの作成画面が開いたら、画面中央上側のタイトル部分に「花火アニメーション」と入力しましょう。これが作品タイトルになります。

タイトルを「花火アニメーション」に書き換えよう

まずスプライトをそろえよう

ではまず、花火アニメーションに登場するスプライトを揃えていきましょう。この時点ですでに読み込まれている「スプライト1」は使用しませんので、削除します。

スプライトを削除するには、画面右下のスプライトリストで、「スプライト1」を選択します。すると、その右肩に×マークのごみ箱アイコンが表示されます。ここで、このゴミ箱アイコンをクリックすると、「スプライト1」を削除できます。

「スプライト1」を削除しよう

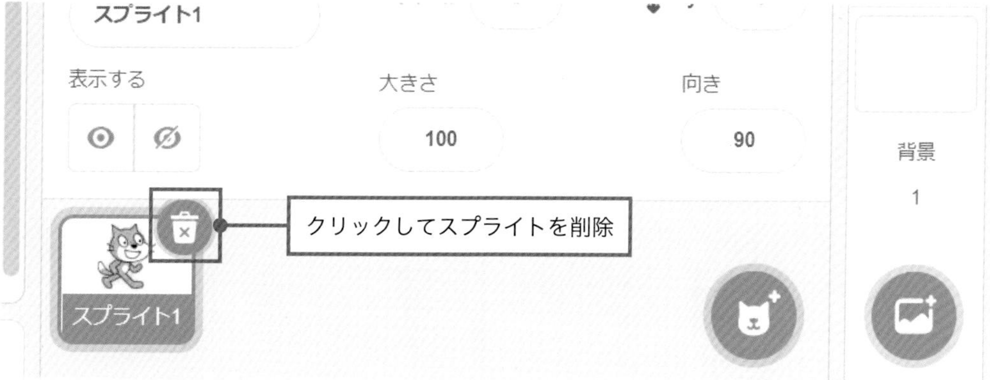

作成するのは、打ち上げ筒のスプライトと、花火のスプライトです。ではまず、花火のスプライトを用意していきます。

新しいスプライトを追加する操作は地球侵略ゲームでもやりましたが、ここでもう一度おさらいしておきましょう。画面右下の「スプライトを選ぶ」ボタンをクリックします。

「スプライトを選ぶ」ボタンで新しいスプライトを読み込もう

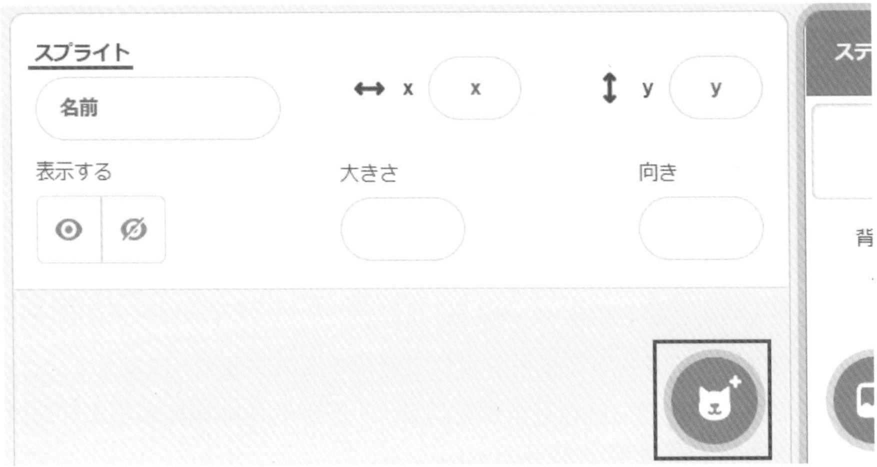

スプライトの一覧画面が表示されたら、その中から「Ball」を選びます。もしBallが一覧から見つからなかったら、検索欄に「Ball」と入力して探してください。

スプライト一覧から「Ball」を選ぼう

新しいスプライトを読み込んだら、すぐに名前を「花火」に変更しましょう。一緒に、大きさも「20」に設定し直します。自分でプログラムを作るときは、スプライトの大きさにはいったん仮の大きさを設定しておきます。あとでいろいろな設定値を試しながら、ちょうどいい大きさを見つけるといいでしょう。

✵スプライトの名前と大きさを変更しよう

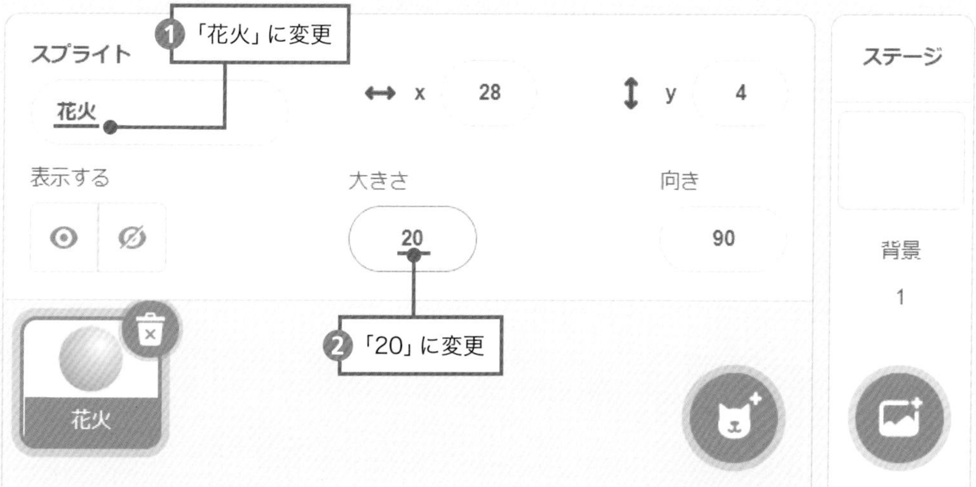

もう一つのスプライト「打ち上げ筒」も新しく作りましょう。「スプライトを選ぶ」ボタンで一覧を表示したら、スプライト検索欄に「tabla」と入力します。

✵打ち上げ筒用に「Drums Tabla」を選ぼう

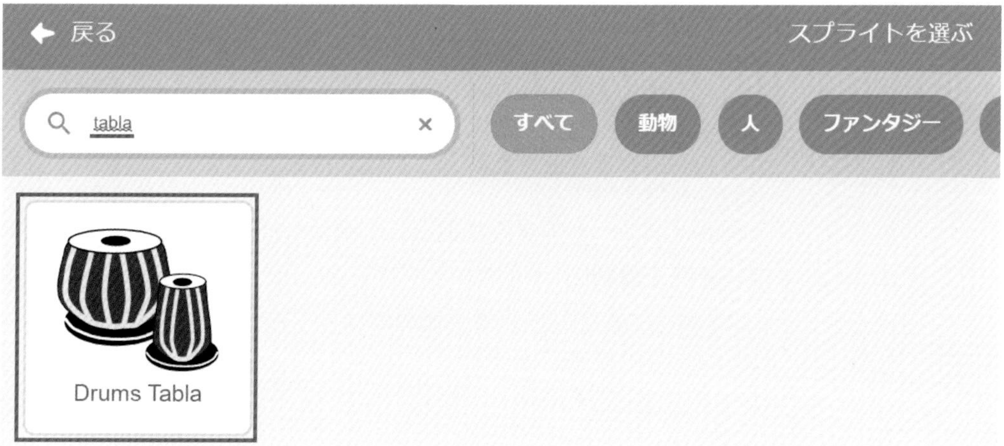

「Drums Tabla」のスプライトが表示されました。本来これはインド北部の伝統的な楽器（太鼓）なのですが、今回の作品では、これを打ち上げ筒に見立てて使おうと思います。こういった工夫は、皆さんいろいろやってみるといいでしょう。スプライトを読み込んだら、名前を「打ち上げ筒」に変更します。大きさは「30」にしておくことをお薦めします。

✸打ち上げ筒も名前と大きさを最初に変更しよう

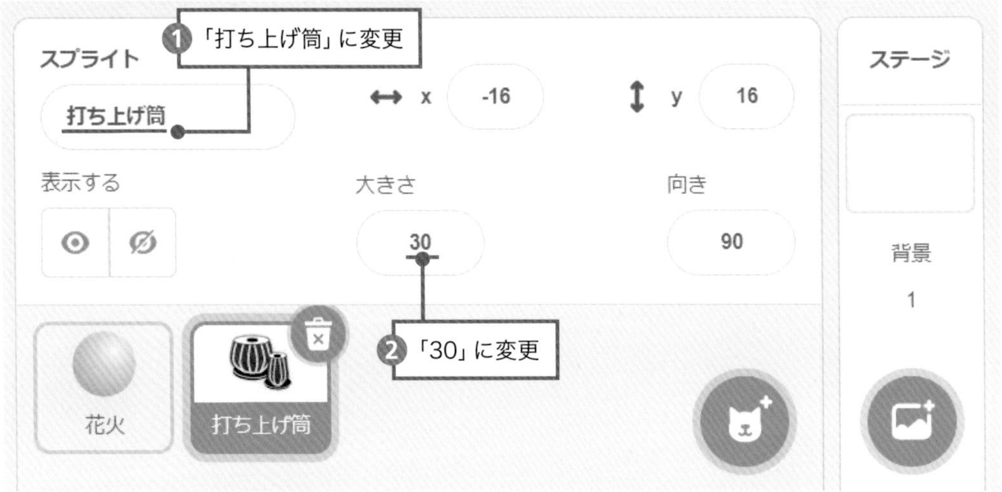

打ち上げ筒のスクリプトを作ろう

花火と打ち上げ筒のスプライトが用意できました。ここまで説明してきた通りに操作していれば、打ち上げ筒のスプライトが選択されているはずです。そこで、打ち上げ筒のほうからスクリプトを組んでいこうと思います。

打ち上げ筒は、ゲームを起動するごとにランダムに位置が変わります。そのためにスクリプトでは、スタートボタンが押された直後に打ち上げ筒の位置が決まるようにします。そこで最初に、「イベント」カテゴリから「スタートボタンが押された」ブロックを持ってきて、これを先頭のブロックとして使います。

✹打ち上げ筒のスクリプトの先頭に「スタートボタンが押された」ブロックを配置

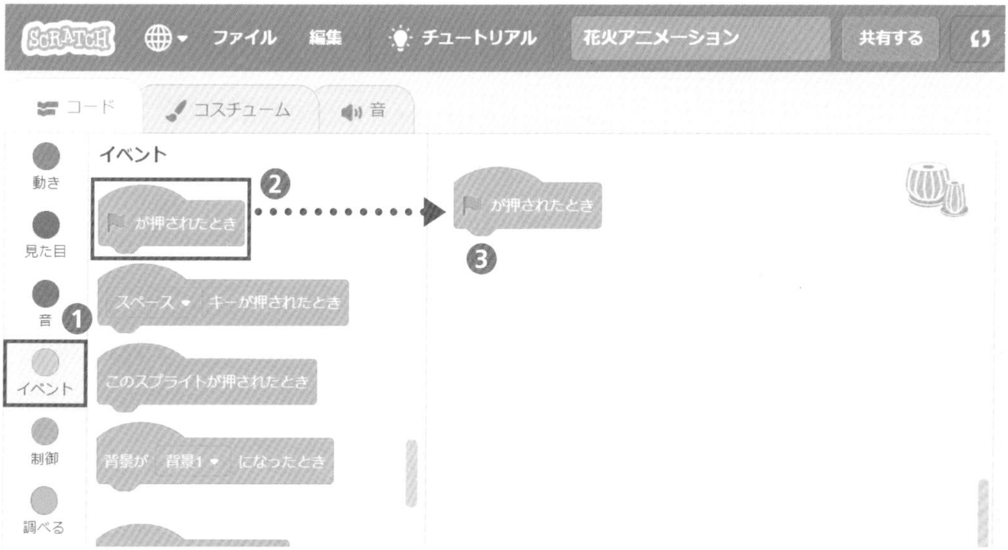

今回の作品では「打ち上げ筒」の場所を、「リスト機能」を使って制御します。そこで、「変数」カテゴリを表示して「リストを作る」ボタンをクリックしましょう。

✹「変数」カテゴリの「リストを作る」ボタンをクリック

「変数」も「リスト」も新しく出てきましたね。くわしくは次章で説明しますが、両方ともどのプログラミング言語でも重要な、プログラミングの基本です。まずここでは、「リストを使うのだ」ということだけわかってもらえればそれでかまいません。そのうえで、どのような操作でリストを作り、作ったリストをどう利用するのかを先に実体験していただければと思います。

操作に戻りましょう。「ブロックを作る」ボタンを押すと、「新しいリスト」作成画面が開きます。「新しいリスト名」部分に「打ち上げ位置」と全角で入力します[※2]。

新しいリストの名前を「打ち上げ位置」に

※2 本来リスト名は自由に付けられるので、好きな名前を付けてかまいません。ただし、ここで付けた名前をスクリプトの中で何度も使うことになります。異なる名前に変えた場合は、他のブロックで「打ち上げ位置」を使っているところ全部で、自分で付けた名前に読み換える必要があります。

「新しいリスト名」欄の下の項目では、「すべてのスプライト用」が選択されているのを確認してから「OK」ボタンを押します。

すると、「変数」カテゴリのブロックリストに、ここで使ったリスト「打ち上げ位置」に関するブロックが12個追加されました。

✸作成したリストを使うブロックが追加された！

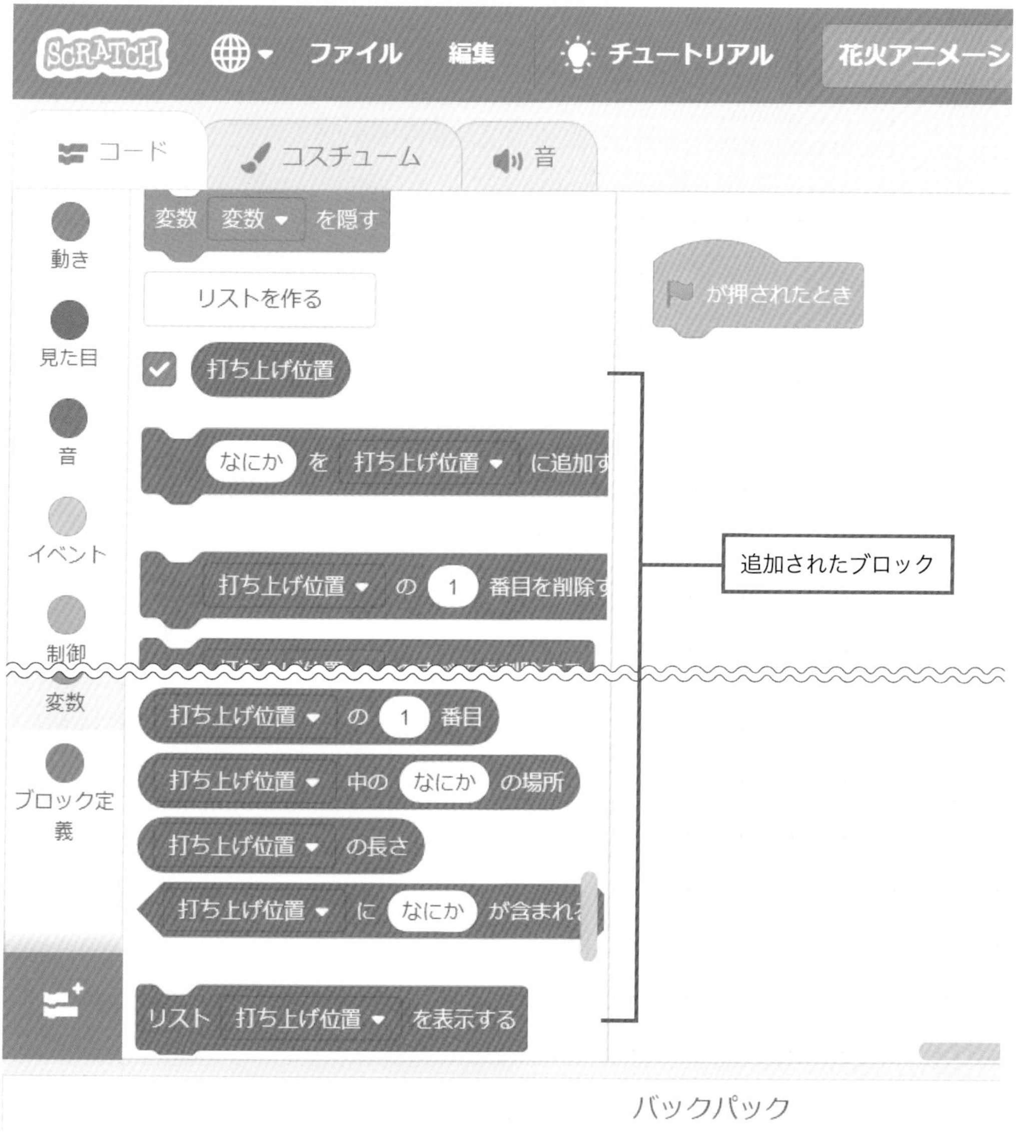

それでは、追加されたブロックの中から「打ち上げ位置のすべてを削除する」ブロックを持ってきて、「スタートボタンが押されたとき」ブロックにつなげます。このブロックは、毎回プログラムを起動するたびに、「打ち上げ位置」の情報をクリアして、新たに設定し直す役割をします。

❋「打ち上げ位置のすべてを削除する」を2番目のブロックに配置する

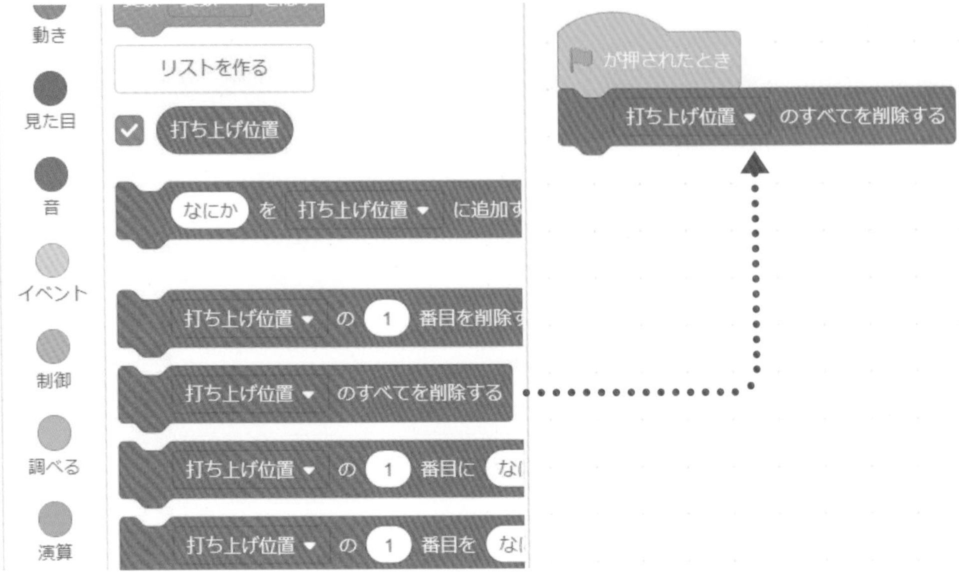

次に、「制御」カテゴリから「10回繰り返す」ブロックを持ってきて、その下に追加します。それから、繰り返しの回数を変更しましょう。この繰り返しのブロックは、打ち上げ位置を決める処理を複数行うために使います。今回は「打ち上げ位置」を「3」カ所にするので、繰り返す回数の「10」を「3」に変更します。

❋「10回繰り返す」ブロックを追加して「10」を「3」に変えよう

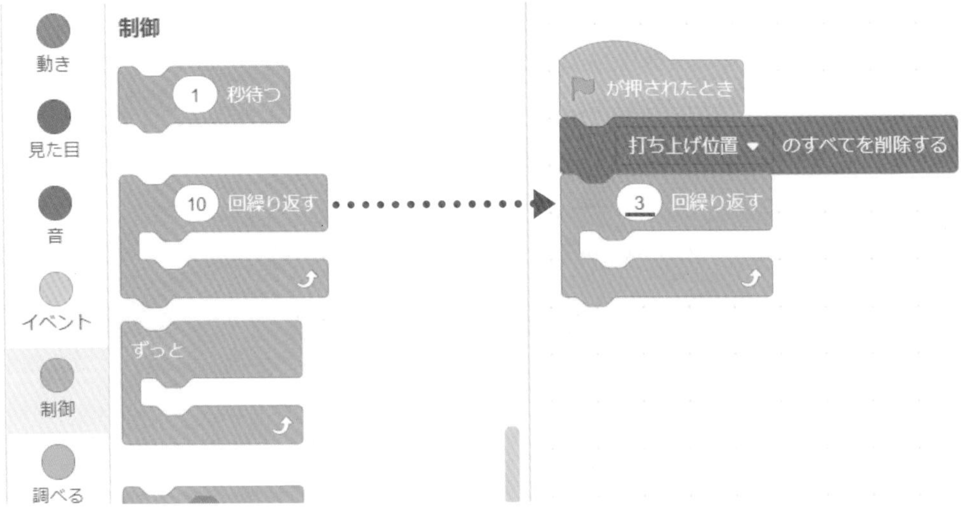

再び「変数」カテゴリに切り替えて、「なにかを打ち上げ位置に追加する」ブロックを、「3回繰り返す」ブロックの中に入れます

繰り返し処理の中に「なにかを打ち上げ位置に追加する」ブロックを入れよう

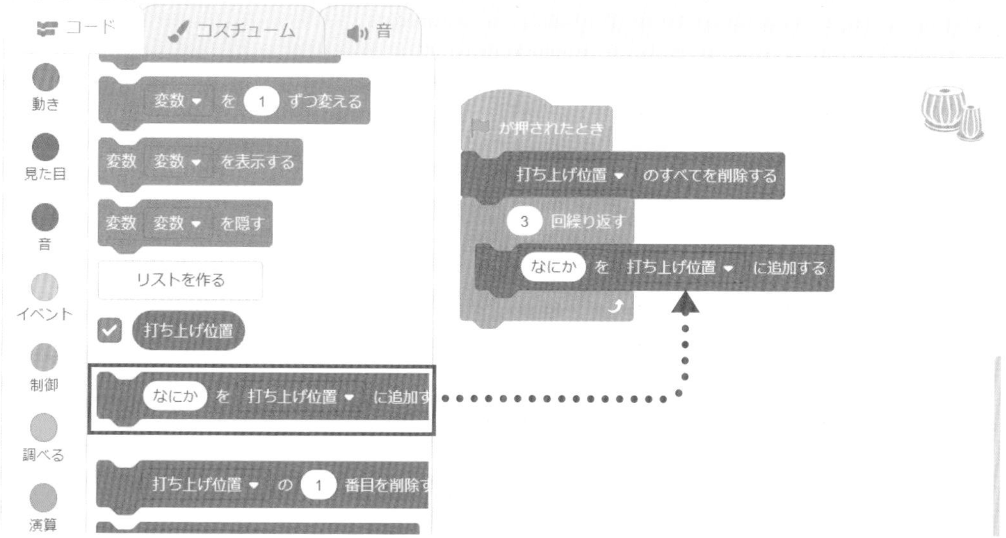

この「打ち上げ位置」の情報はx座標の数値として扱います。その数値はランダムに決まるようにしましょう。そこで、「演算」カテゴリの「1から10までの乱数」ブロックを使います。このブロックを「なにかを打ち上げ位置に追加する」ブロックの「なにか」の部分に入れ込みます。

「なにか」の部分に「1から10までの乱数」ブロックをはめ込む

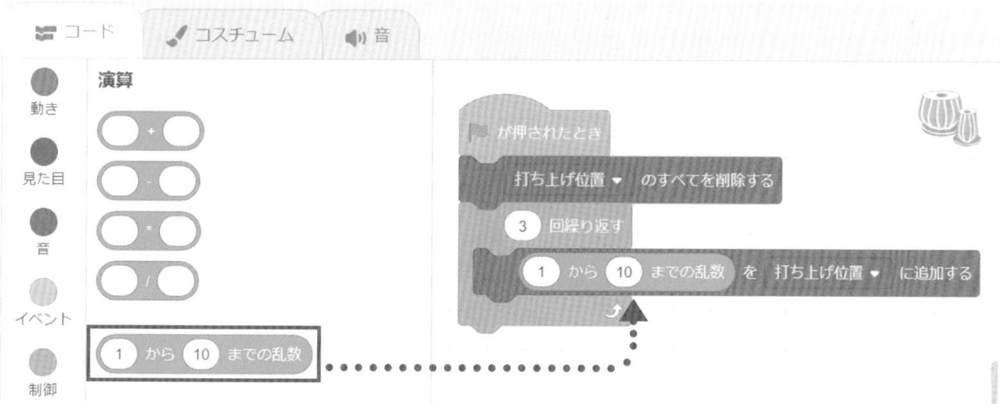

前述の通り、この乱数ブロックは打ち上げ位置を設定するために使用します。打ち上げ位置はx座標、つまり横軸の位置として扱います。Scratchのx座標の有効範囲はおよそ−240 〜 240ですが、あまり両端に近すぎると花火が見えづらくなるので、今回は−200 〜 200の数値で指定することにしました。これも、試行錯誤の末に見つけた範囲です。もし興味があったら、この数値もいろいろ書き換えて、見え方を試してみてください。

設定に戻りましょう。この段階で「1から10」になっているところの「1」を「−200」に、「10」を「200」に設定します。数値だけでなく、「−」(マイナス)の記号も半角で入力する必要がある点に注意しましょう。

✸「−200から200」の間の乱数になるよう設定する

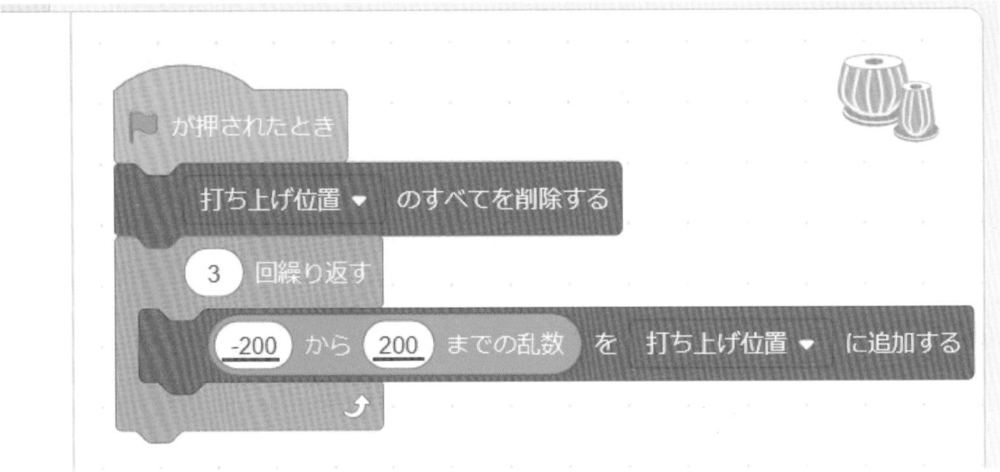

ここまでのスクリプトが組めたら、一度プログラムを動かしてみましょう。画面上部のスタートボタンをクリックします。

ここまでのところで動作を確認しよう

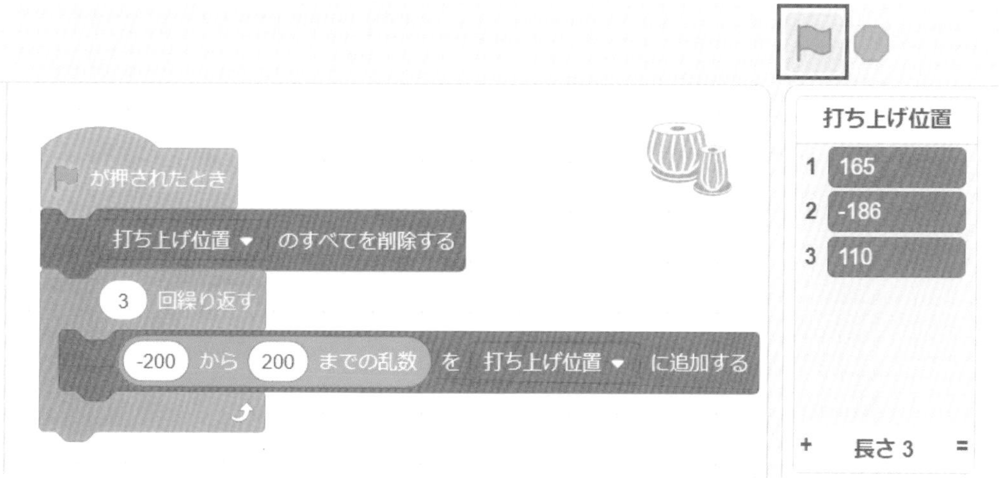

すると、ステージ上に表示された「打ち上げ位置」のリストに3つの数値が入りました。これが、－200から200までの範囲でランダムに選んだ数値です。この3つの数値はスタートボタンを押すたびに乱数で決まるので、毎回変化します。何度か押して、数値がどう変化するか、確かめてみてください。

打ち上げ筒の位置を決めるスクリプト

では次にこのリストの数値に従って打ち上げ筒の位置が決まるように、スクリプトを組んでいきましょう。

「動き」カテゴリから「x座標を○、y座標を○にする」ブロック[№3]を「3回繰り返す」ブロックの下に追加します。このとき縦軸の位置を表すy座標の部分は、「—160」と入力します。これは打ち上げ筒が下端に表示されるように設定するためです。また、－160で固定することにより、上下方向にばらつかず、横方向はそろった状態で配置することができます。

「x座標を○、y座標を○にする」ブロックを追加しy座標を書き換える

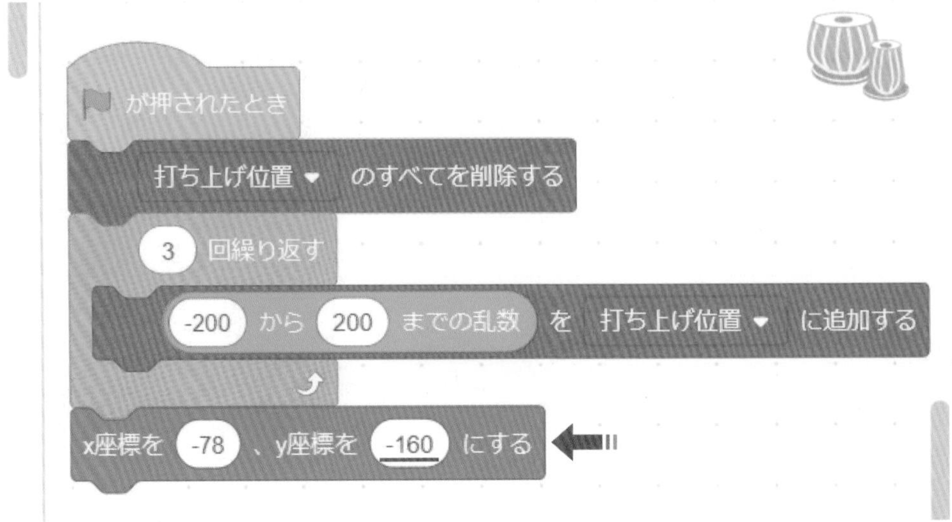

N3 このブロックに表示されるx座標とy座標の初期値はScratchが自動的に決めるため、毎回変わる可能性があります。掲載した画像の通りとは限りません。

次にこのブロックのx座標部分には、リスト「打ち上げ位置」から値を読み込むようにします。これで、横方向の配置は、ランダムに3カ所を指定できるというわけです。

そのためのブロックは、「変数」カテゴリから選びます。ブロックパレットを下にスクロールすると、「打ち上げ位置の1番目」ブロックが見つかるはずです。これをx座標の値（図では−78のところ）としてはめ込みます。

「打ち上げ位置の1番目」ブロックをx座標に設定しよう

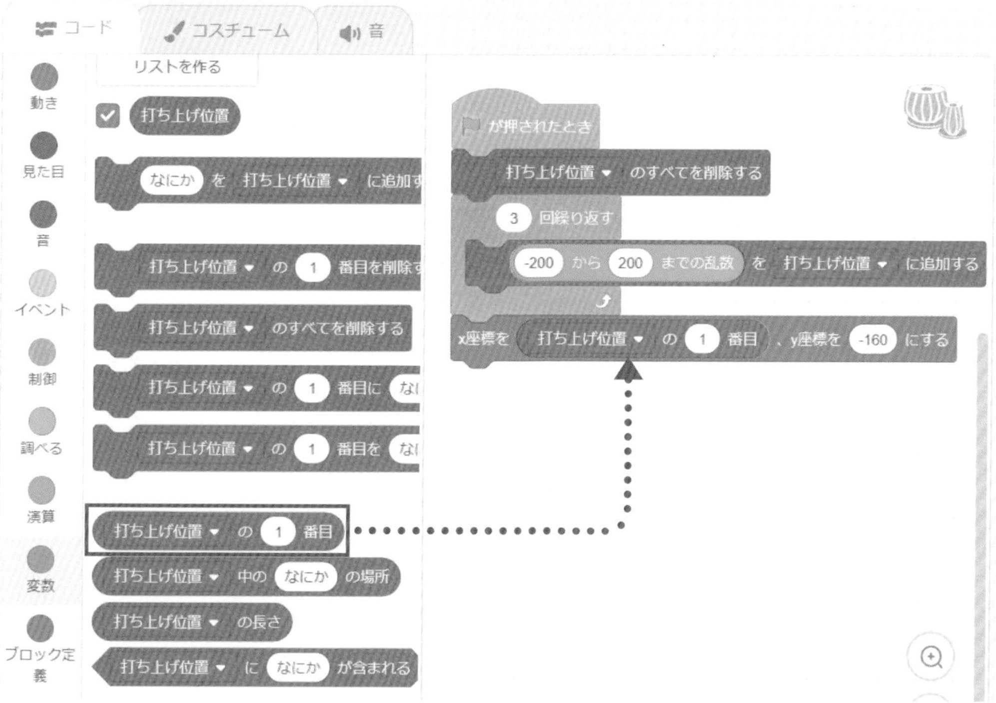

これで、打ち上げ筒の位置を設定できました。打ち上げ筒を表示するために、ここで打ち上げ筒のクローンを作ります。「制御」カテゴリから「自分自身のクローンを作る」ブロックを持ってきて、スクリプトの最後に追加しましょう。この操作は地球防衛ゲームでもやりましたね。

打ち上げ筒は、3つ作ります。このため、

- **x座標をリスト「打ち上げ位置」の2番目にしてクローンを作成**
- **x座標をリスト「打ち上げ位置」の3番目にしてクローンを作成**

というブロックも作る必要があります。1番目と同じ手順でブロックを新たに並べてもいいのですが、すでに同じ組み合わせのブロックは作ってあるので、これをコピーして使いましょう。Scratchに限らずプログラミングでは、一度作った部分をコピーし、必要最低限の部分だけ書き換えることで手間を省くことが少なくありません。

Scratchでブロックをコピーするには、コピーしたい範囲の一番上のブロックで右クリックします。今回のケースでは、「x座標を打ち上げ位置の1番目、y座標を−160にする」ブロックです。表示されたメニューから「複製」を選びます。すると、右クリックしたブロックから、そのスクリプトの最後のブロックまでがコピーされます。この場合は、「自分自身のクローンを作る」ブロックまでなので、2つのブロックの組み合わせがコピーできます。

✸コピーする範囲にある先頭のブロックで右クリック

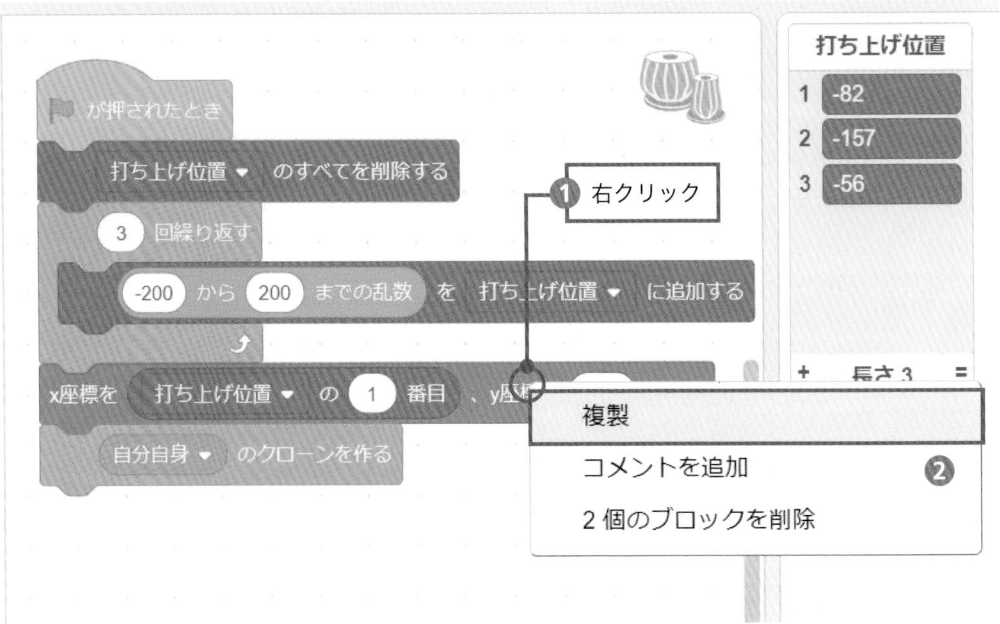

コピーされたブロックはスクリプトエリア上に仮置きされ、ドラッグできる状態になります。これを1番目の「自分自身のクローンを作る」ブロックの下に持っていきます。これでスクリプトに追加できました。コピーしたブロックは2番目の打ち上げ筒用の処理なので、リストの2番目の値を読み込んでくるように「1番目」の数値を書き換え、「2番目」にします。

❋コピーしたブロックを追加して「2番目」に書き換えよう

同じ要領で、3番目の打ち上げ筒を表示するブロックも追加しましょう。今度は、x座標を「打ち上げ位置の3番目」に変更して、「x座標を打ち上げ位置の3番目、y座標を−160にする」ブロックになるよう設定します。

❋コピーしたブロックを追加して「3番目」に書き換えよう

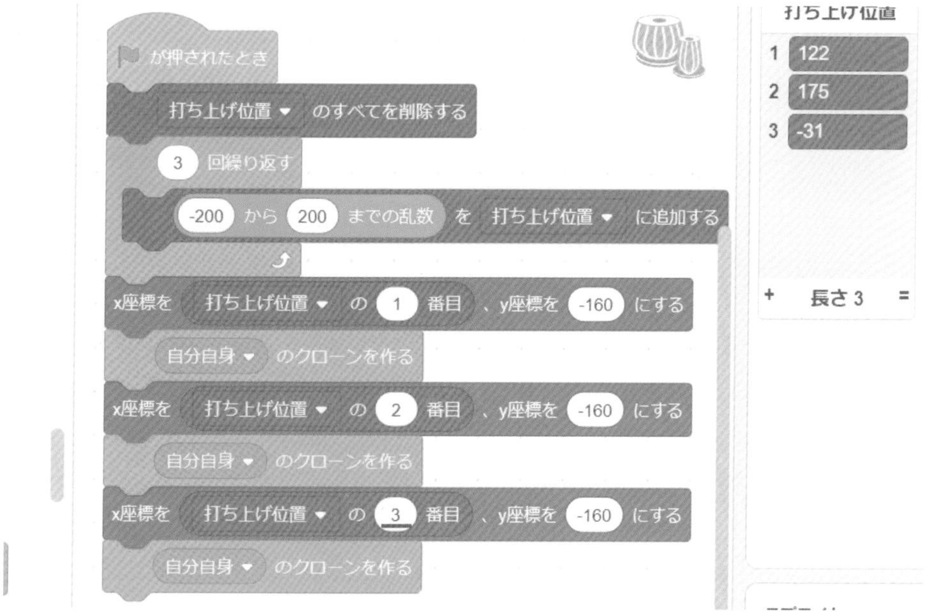

ここまでのスクリプトが組めたら、プログラムを動かして動作を確認しましょう。先ほどのテストでは、スタートボタンを押すたびに打ち上げ位置リストの値が変わりました。今回はそれだけでなく、実際の打ち上げ筒も位置を変えて表示するようになっています。

✸3つの打ち上げ筒がランダムに配置されるのを確かめよう

ここまでで、打ち上げ準備に必要な処理のスクリプトは組めました。ここまでのブロックに続けて、1秒ほど時間を置いてから、「花火」スプライトにメッセージで合図を送るところまで作って、「打ち上げ筒」のスクリプトを仕上げたいと思います。

まず、1秒時間を置く処理を組み込みましょう。「制御」カテゴリから「1秒待つ」ブロックを持ってきて、ここまで作ったスクリプトの下に付けます。その次に「イベント」カテゴリから「メッセージ1を送る」ブロックを追加します。

1秒待って、メッセージを送る処理を作ろう

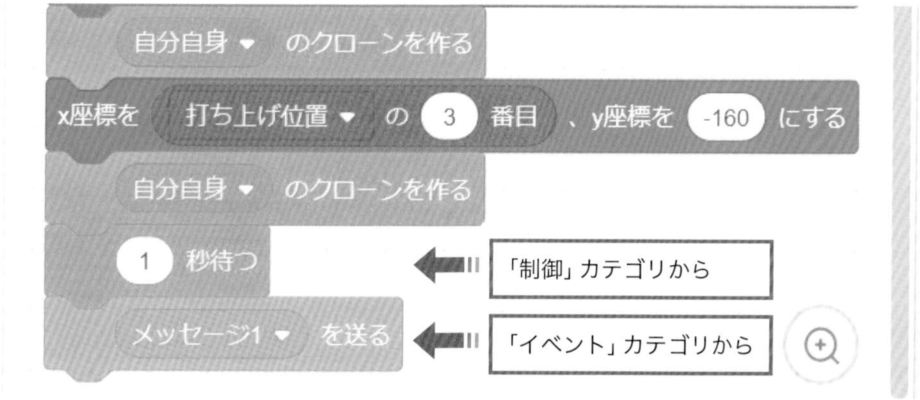

この「メッセージ1」では、後でこのメッセージを使うときに紛らわしいかもしれません。そこで、わかりやすいメッセージ名に変えておきます。三角のマークを押してドロップダウンメニューを表示します。その中から「新しいメッセージ」を選びます。メッセージ名を入力する画面では、「打ち上げ開始」と入力し、メッセージ名を設定します。この操作は、地球防衛ゲームでもやりましたね。ここでは画面は省略しますので、手順をおさらいする場合は、96ページを参照してください。

メッセージ名を変更したあとスクリプトを見ると、最後に追加したブロックが「打ち上げ開始を送る」に変わったことがわかります。

メッセージが「打ち上げ開始」に書き換わった

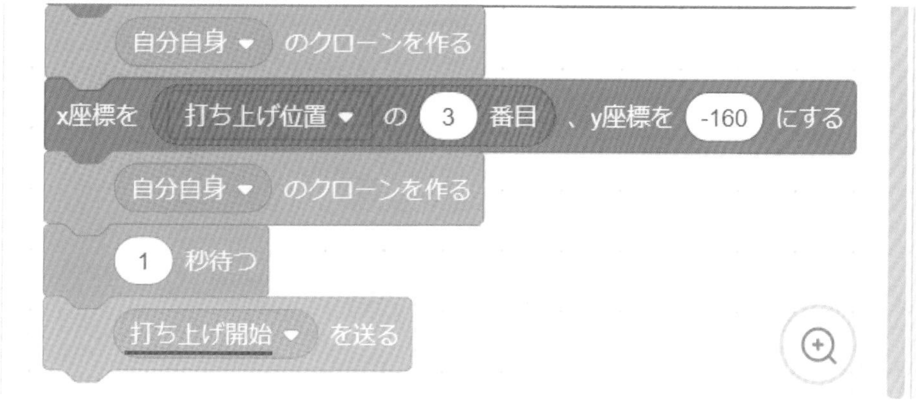

花火のスクリプトを作ろう

これで打ち上げ筒のスクリプトはいったん完成とします。いよいよ、花火アニメーションのメインとなる「花火」スプライトのプログラムに取り掛かりましょう。画面右下のスプライトリストで「花火」スプライトをクリックして選択し、「花火」スプライトのスクリプトエリアを表示します。

✸「花火」のスプライトを選択して作業開始

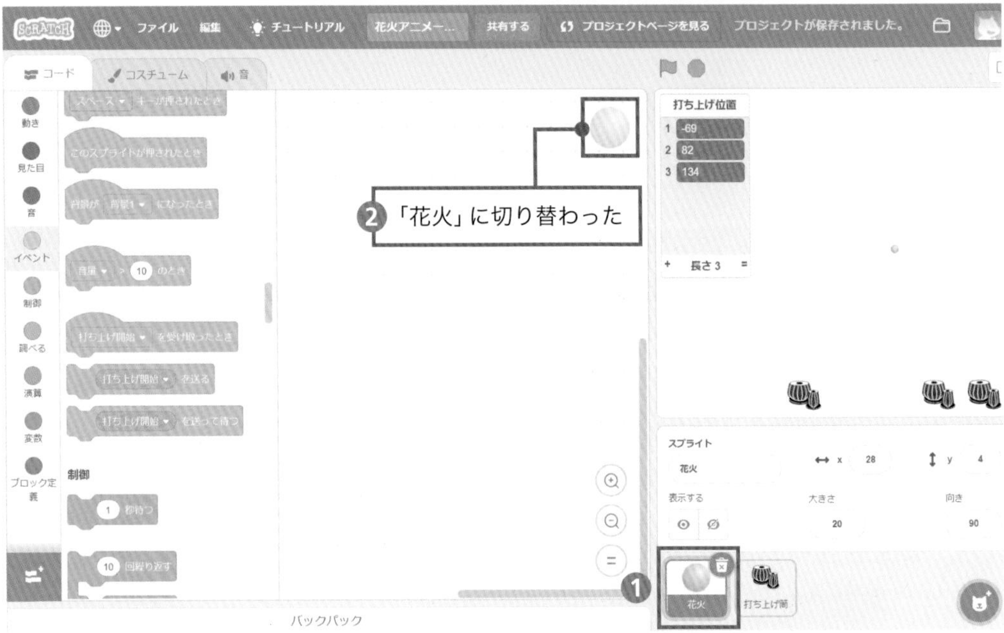

「花火」のスクリプトは、「打ち上げ筒」からメッセージ機能で送られた合図を受け取ることで起動します。そこで、最初にその合図を受け取るようにしましょう。具体的には、「制御」カテゴリから「打ち上げ開始を受け取ったとき」ブロックを選び、先頭のブロックとして使います。

✸先頭に「打ち上げ開始を受け取ったとき」ブロックを配置する

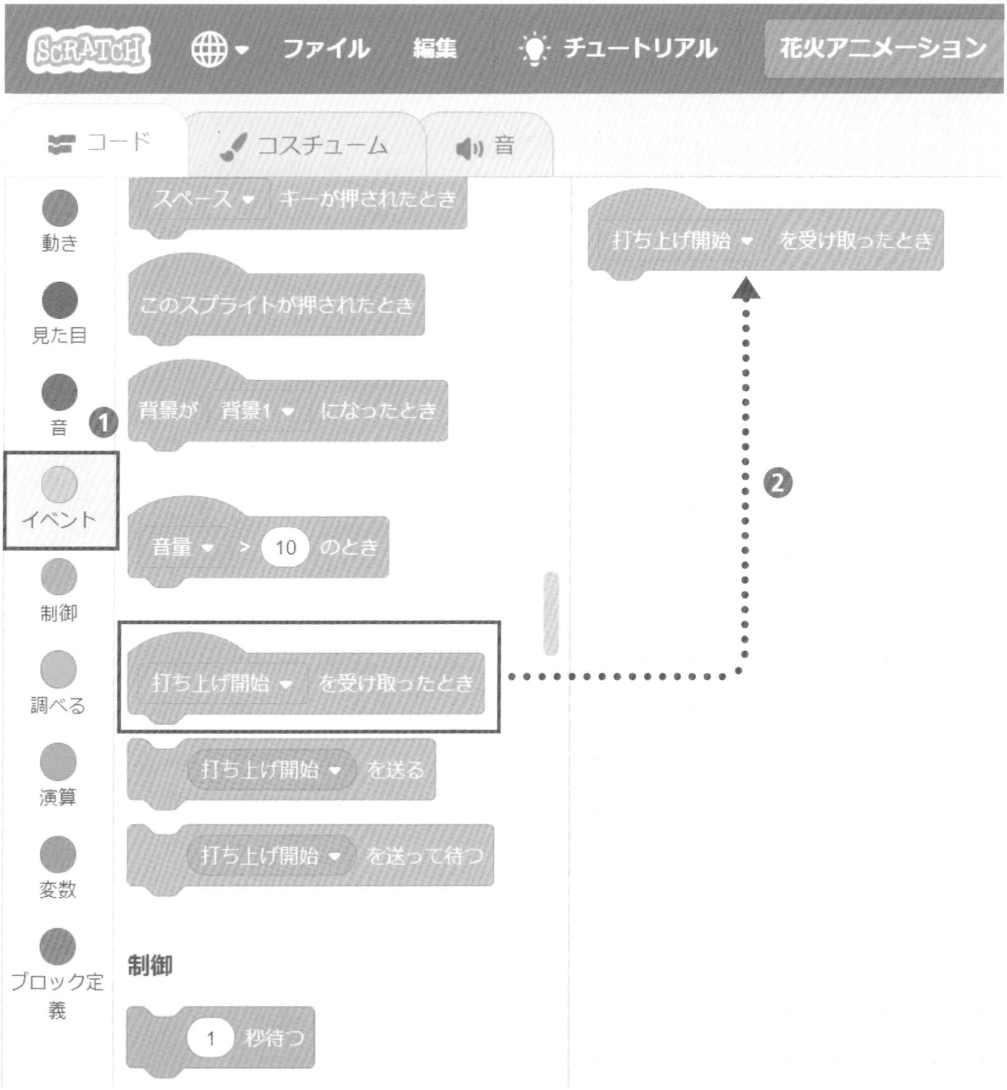

今回のアニメーションでは、花火が次々と繰り返し打ち上がるように作るつもりです。そこで次に、「制御」カテゴリから「ずっと」ブロックを持ってきて「打ち上げ開始を受け取ったとき」ブロックの下に付け加えます。

「制御」カテゴリから「ずっと」ブロックを追加しよう

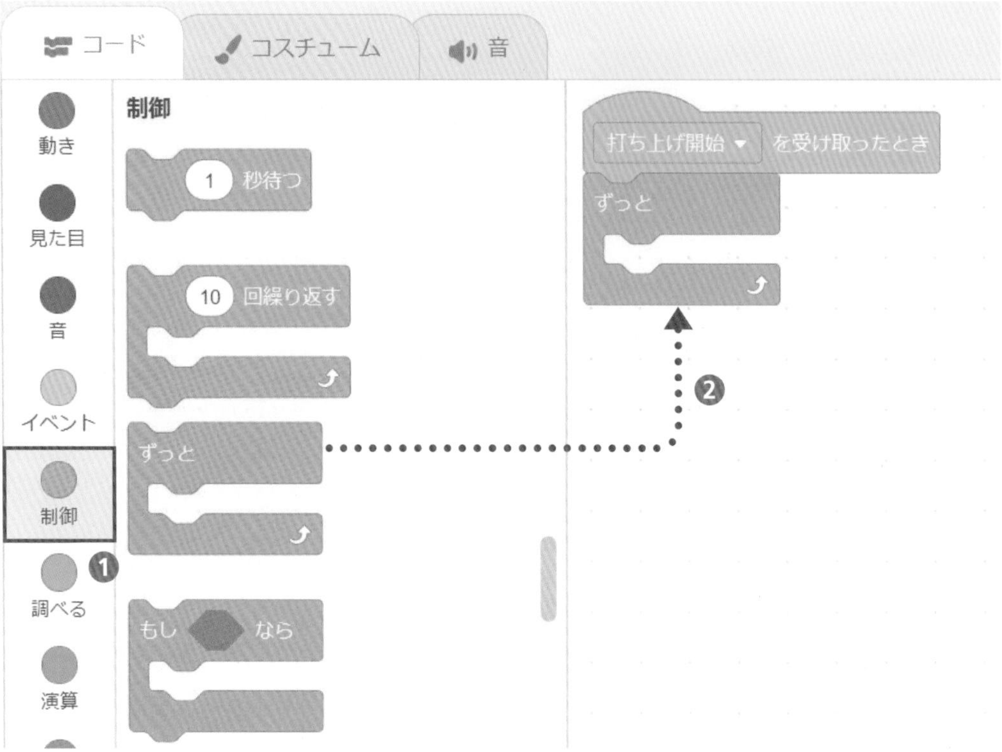

ここから、花火の動きを作っていきます。花火が美しく広がっていく様子をプログラム化するために、Scratchの「画像効果」を使います。画像効果とは、スプライトの色や透明度など、見た目を変化させる機能です。

花火には一発ごとに色とりどりで、広がり方も変え、様々なバリエーションを持たせたいですね。花火のスクリプト自体は1つにしておいて、何度も使い回せるようにするつもりです。なので、「打ち上げ開始」のメッセージを受け取ったあと、「ずっと」ブロックが動作するようにしました。ということは、2発目以降の花火の処理が始まったら、前の花火とは別の画像効果を使いたいところです。そこで、「ずっと」ブロック内の処理では、最初に画像効果をリセットするブロックを持ってきます。それには、「見た目」カテゴリから「画像効果をなくす」ブロックを持ってきましょう。続けて、同じく「見た目」カテゴリにある「色の効果を25ずつ変える」ブロックを追加します。

画像効果をリセット＆色を変化させるブロックを追加しよう

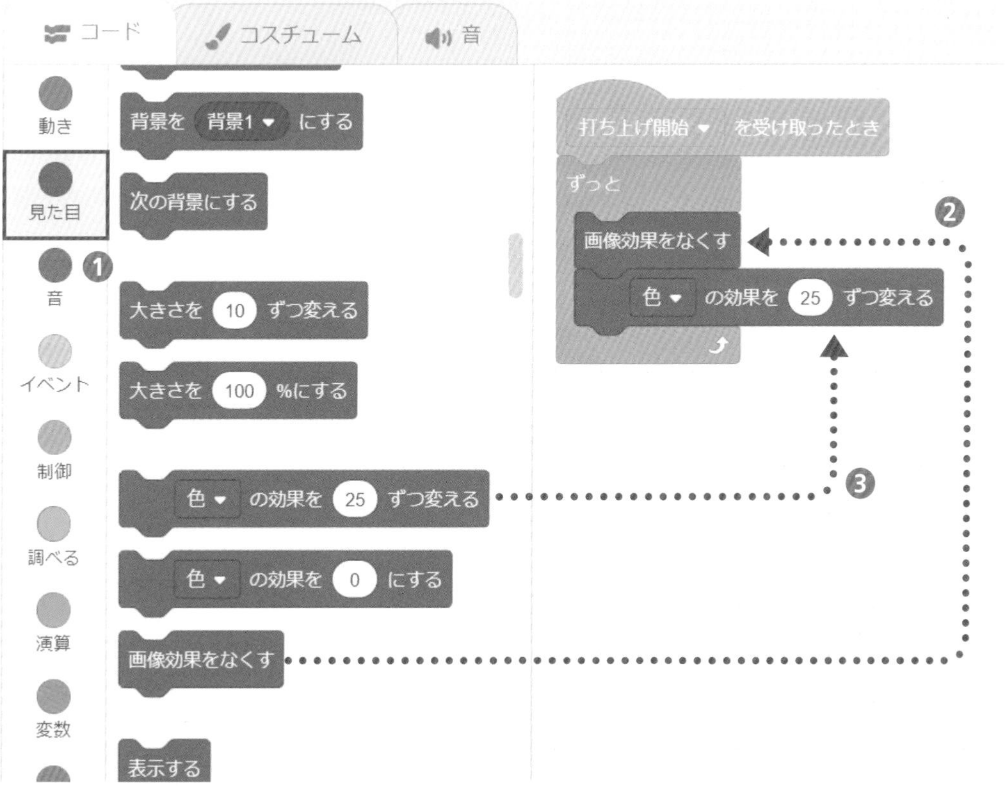

Scratchでは色の効果を変えるバリエーションが200通りあります。どう変わるのかは、あとで動作確認のときに見てもらうとして、それだけたくさんあるバリエーションをでき得る限り活用したいと思います。その効果も、それぞれ乱数ブロックを使うことで打ち上げるごとに変わるようにしたいですね。そこで、今追加した「色の効果を25ずつ変える」ブロックの「25」の部分に、「演算」カテゴリから「1から10までの乱数」ブロックをはめ込みましょう。さらに、「10」を「200」に変更し、「色の効果を1から200までの乱数ずつ変える」ブロックに書き換えます。

乱数を使って色の効果を変えるブロックに書き換える

次に「変数」機能を使用します。この機能を使うのは、花火の広がり方を制御する値を使い回せるようにしたいためです。リスト機能のところでも触れましたが、変数もプログラミングではとても大事な基本の1つです。次章でじっくり説明するので、ここは操作に絞って見ておきましょう。今の時点では何となくでいいので、変数が使われる様子を手を動かして覚えてください。

では、具体的な操作に戻りましょう。「変数」カテゴリの一番上にある「変数を作る」ボタンをクリックします。「新しい変数」ウィンドウが開くので、変数について設定していきましょう。今回は花火の広がり方に関する変数なので「花火の広がり」と名前を付けます。

新しい変数を「花火の広がり」と名付けよう

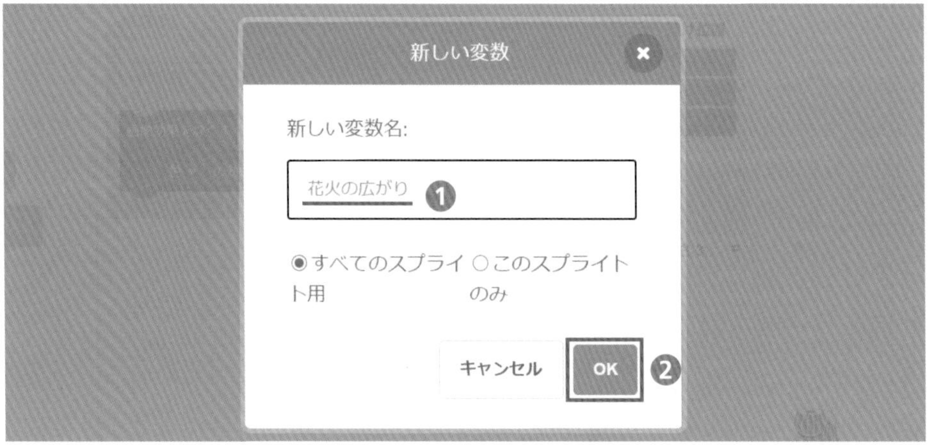

これにより、「変数」カテゴリには「花火の広がり」に関する変数のブロックが作成されました。その中から「花火の広がりを0にする」ブロックを、「ずっと」ブロックの中の処理に追加します。

花火の広がりを制御するブロックを追加しよう

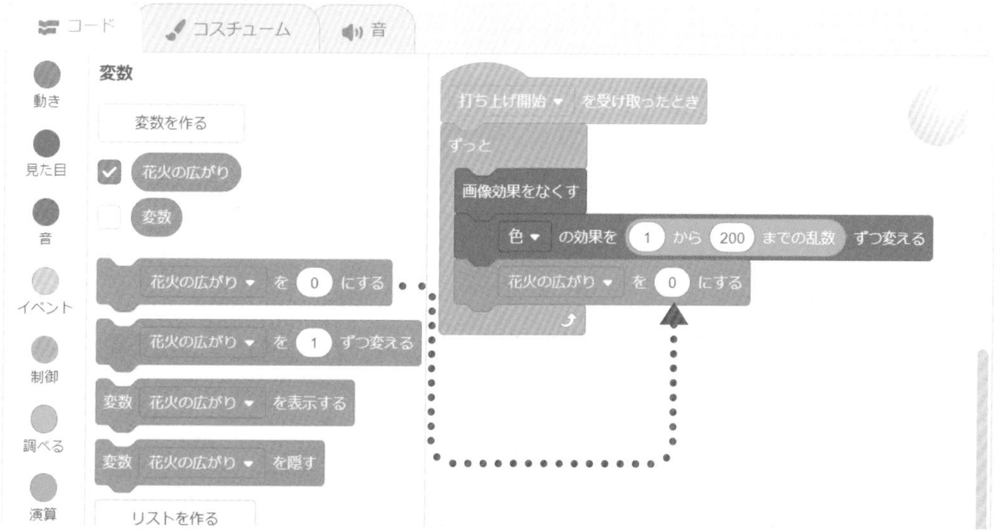

この花火の広がりを決める数値として、今は「0」が指定されています。この「0」の部分に「演算」ブロックから「1から10までの乱数」ブロックを適用します。そして、4から7の間でランダムな値になるよう、数値の範囲を「1」を「4.0」に、「10」を「7.0」に変更します。

4.0から7.0までの乱数を花火の広がり方に指定する

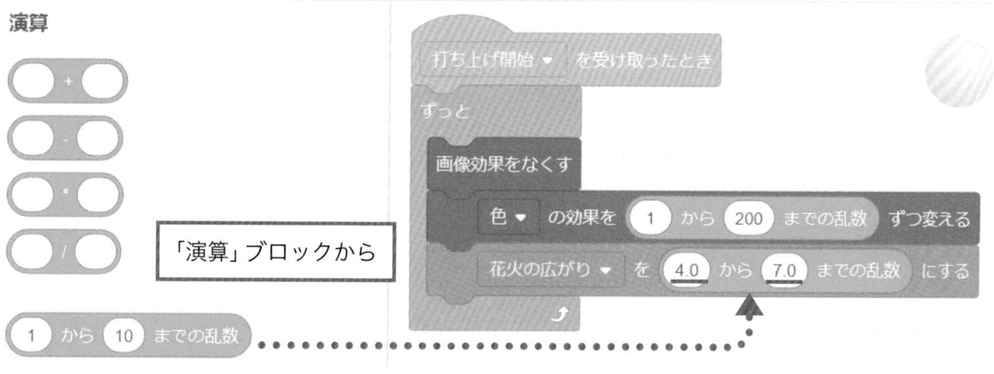

このとき「4.0」「7.0」と、小数で値を指定しているのに注目してください。前章で、プログラミングで数値を扱うときには、一般に整数と小数を区別すると説明しました。Scratchの乱数ブロックは、ブロックの中で指定した数値が整数であれば、その範囲の整数のみを、小数であれば小数を含んだ値をランダムに選ぶ仕様になっています。花火の広がり方に細かくバリエーションを持たせたかったため、ここでは整数ではなく小数で指定しました。

色の効果と広がり方を設定したタイミングで、スプライトを表示させて打ち上がる動きを作っていきましょう。「見た目」カテゴリから「表示する」ブロックを持ってきて「ずっと」ブロック内のスクリプトの最後に追加します。

「表示する」ブロックで花火スプライトを画面に表示

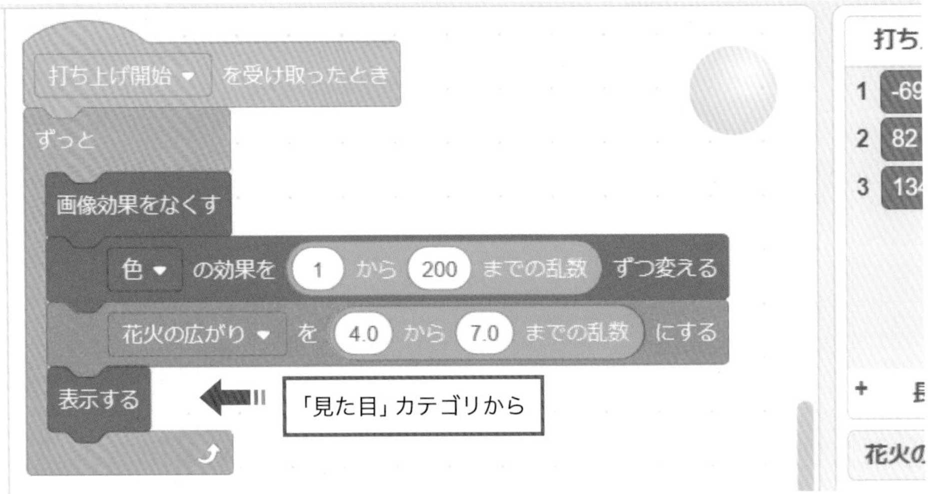

花火を動かすために、ここから「動き」カテゴリのブロックを使用していきます。まずは、打ち上げ位置を座標で指定するために、「x座標を○、y座標を○にする」ブロックを使います。

表示する位置を座標で指定するためのブロックを使おう

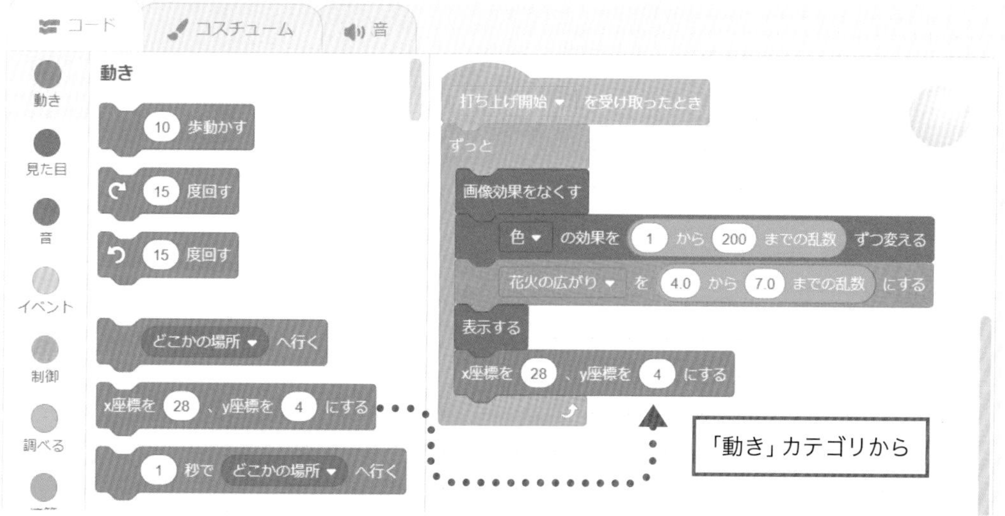

x座標には「変数」カテゴリから「打ち上げ位置の1番目」ブロックを持ってきます。

x座標に「打ち上げ位置の1番目」ブロックを入れよう

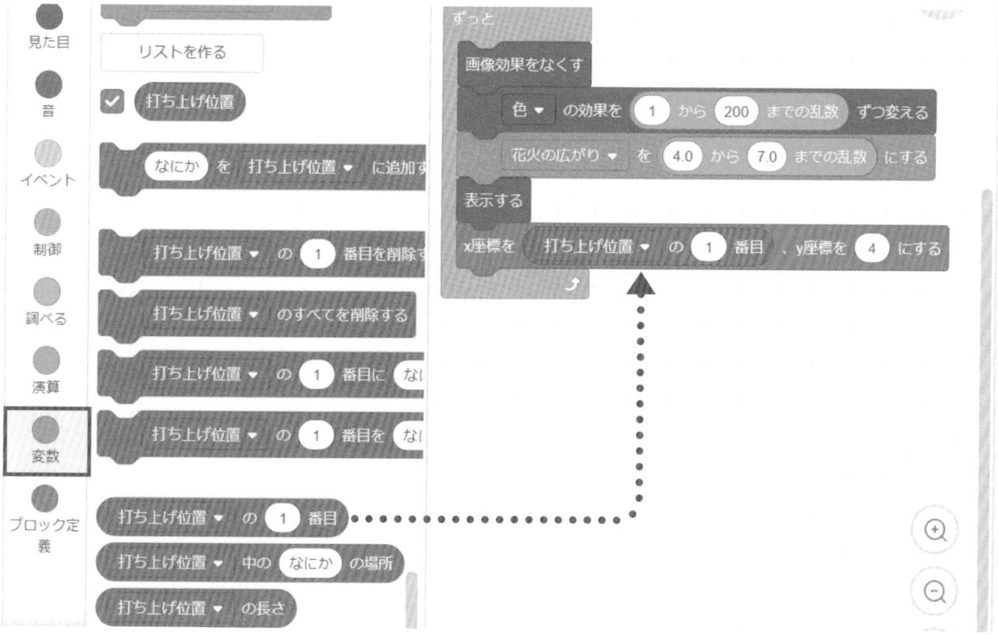

さらに、その「1番目」の「1」の部分には、「演算」カテゴリから「1から10までの乱数」ブロックを入れます。乱数は「1から3」に指定しておき、リスト「打ち上げ位置」からランダムに選ぶよう指定します。

✸ランダムに打ち上げ位置を決めるように設定しよう

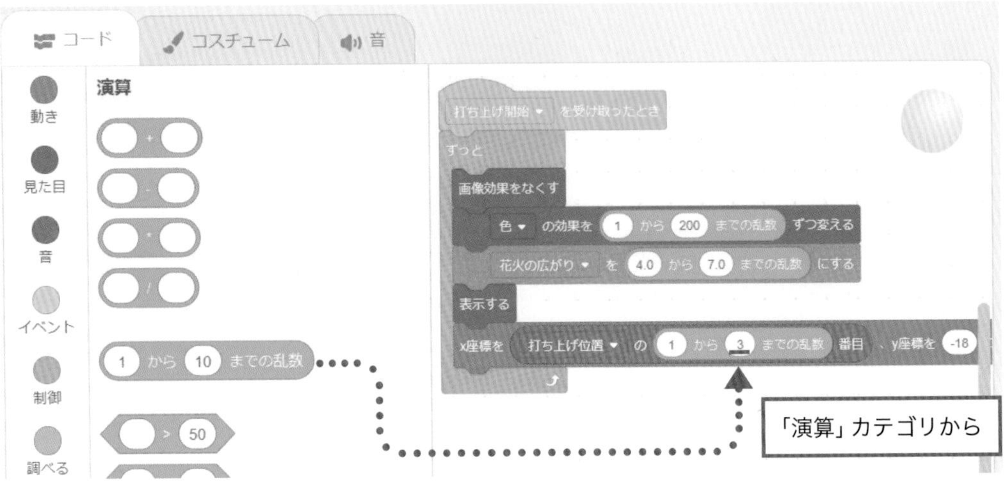

y座標は打ち上げ筒と同じく「−160」と設定し、画面の下端から打ち上がるようにしておきます。

✸y座標は「−160」に固定しよう

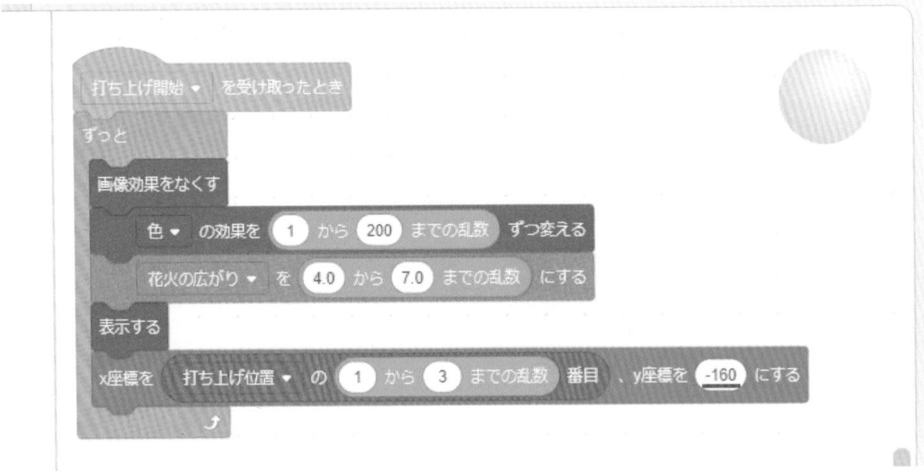

これで、花火を打ち上げる位置を決める処理が作れました。次のステップでは、花火を打ち上げるスクリプトを組んでいきましょう。

打ち上げられた花火の動きを作ろう

花火を動かすには、時間とともに花火を表示する位置（座標）を変えるようにプログラムしていきます。具体的には「動き」カテゴリに戻り、「1秒でx座標を○に、y座標を○に変える」ブロックを持ってきます。花火は真上に打ち上げることにしておけば、花火スプライトではその時点のx座標（打ち上げ位置の1～3のいずれか）から同じ値のままでよく、x座標を変える必要がありません。そこで、追加したブロックのx座標には「x座標」ブロックを入れ込みます。こうしておけば「x座標」ブロックの値は、そのスプライトが位置するx座標の数値に固定されます。

✸x座標に「x座標」を埋め込んで値を固定する

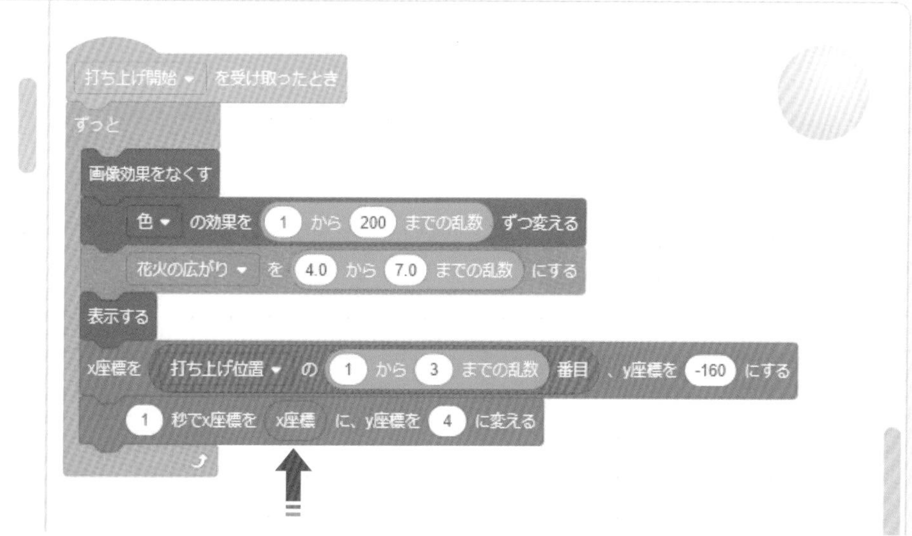

一方、y座標は花火を打ち上げるたびに異なる値を使いたいところです。そうすることで、打ち上がった花火の高さにバリエーションを出すことができます。毎回値を変えたいなら、そう、乱数ですね。y座標の数値がランダムに決まるようにしましょう。

そのためには、y座標の数値部分を「演算」カテゴリから「1から10までの乱数」ブロックで上書きします。続けて、乱数を発生させる範囲を「0から120」に変更します。これはScratchのy座標の上限が約180であることから割り出しました。y座標を120以上にしてしまうと、あまりにも高い位置で爆発する花火の可能性が高まります。そういう花火は見えにくくなってしまうため、今回はこの数値の範囲になるよう設定しました。これにより中央から画面上部の位置で花火が開くようになります。

ここまでのスクリプトを確認しておきましょう。同じスクリプトを組めていますか？ 同時に、この時点でプログラムを動かしてみて、どのように動作するか確かめてみるのもいいでしょう。

ここまでのスクリプトと各ブロックの設定を確認しよう

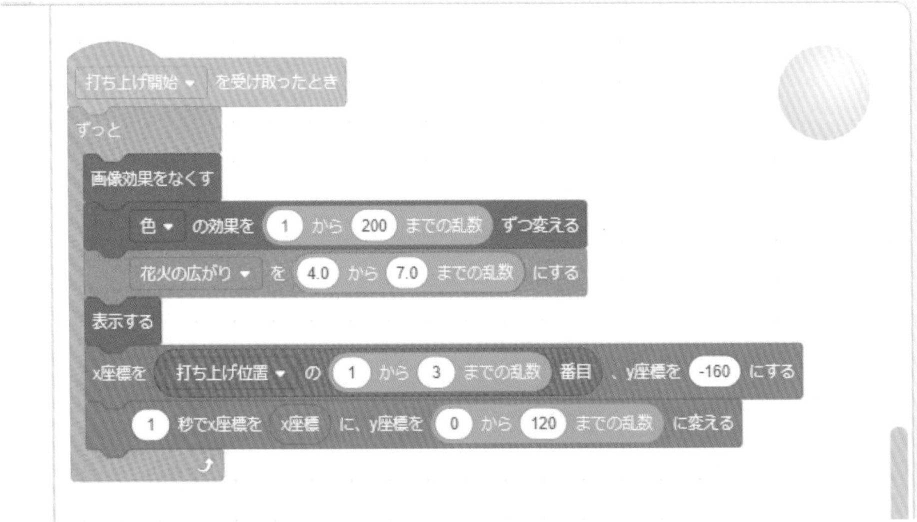

花火に効果音を付けよう

今回のアニメーションでは、動きだけでなく音も鳴るようにプログラミングします。Scratchにはあらかじめ様々な効果音が収録されています。今回はその中からシンバルの効果音を、花火が開くときの音として使おうと思います。「ブロックパレット」上部のタブの部分に、「コード」「コスチューム」と並んで「音」タブがありますので、これを選んでください。すると「サウンドエディター」画面が開きます。

「音」タブを選ぶと「サウンドエディター」が開く

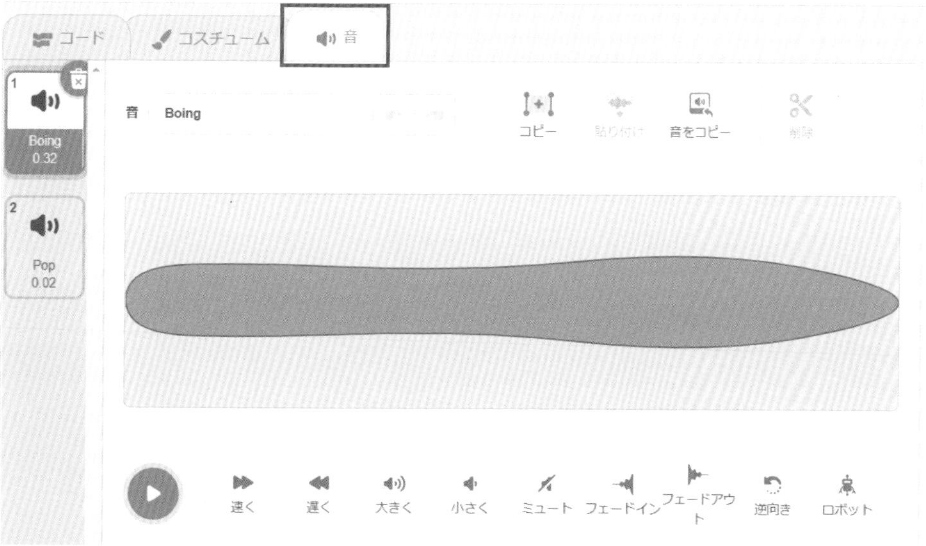

Scratchのサウンドエディターは、音データの編集やマイクからの録音などができるほか、作品に様々なサウンドの効果を付けることができるツールです。今回は効果音に絞って解説しますが、興味のある方はサウンドエディターの機能をいろいろと試してみるとよいでしょう。サウンドを活用することで、作品により深みを出すことができます。

では花火の開く時の音となる「Cymbal」の効果音を読み出していきましょう。サウンドエディター画面の左下にある「音を選ぶ」ボタンをクリックします。

✸効果音データを読み込むには「音を選ぶ」ボタンをクリック

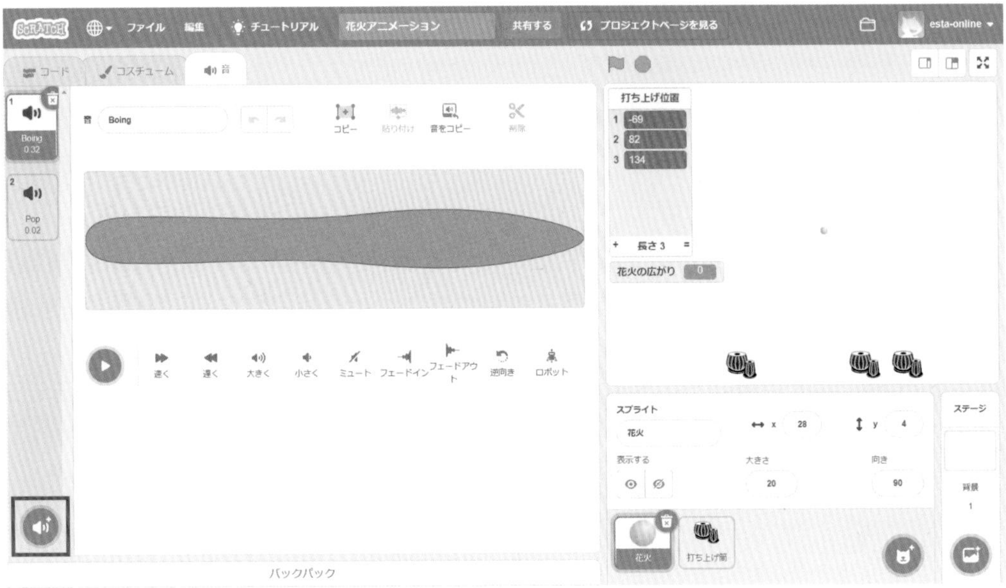

すると、Scratchに内蔵されている音データ選択画面が表示されました。スプライトを選ぶ画面と同じ感覚で使えます。

✸音データの一覧画面が表示される

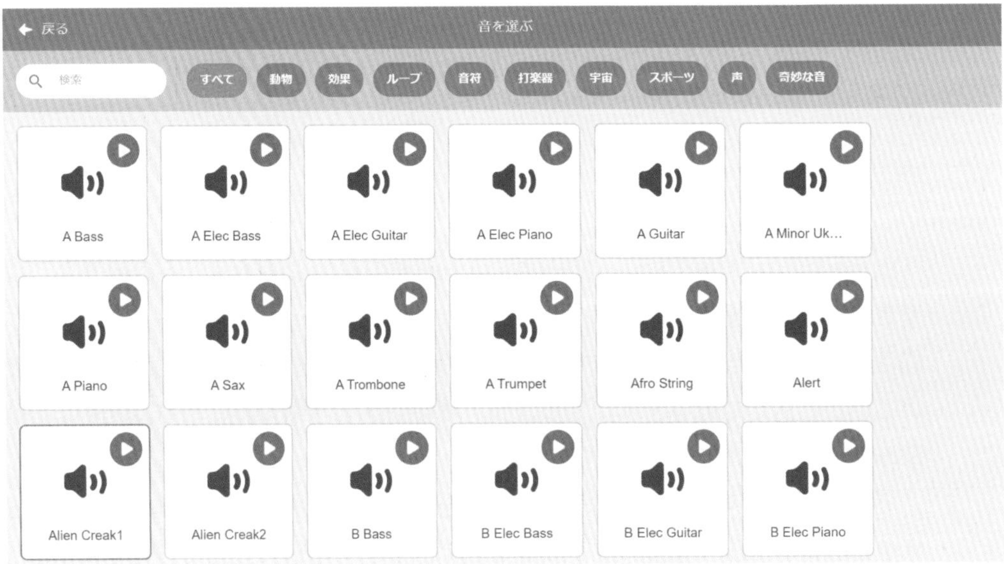

今回は効果音の名前がわかっているので、検索しましょう。スプライトのときと同じように、左上の検索欄に「cymbal」と入力します。複数のシンバル系効果音が表示されますが、今回はシンプルな「Cymbal」というタイトルの音を選択します。

検索結果から「Cymbal」を選ぼう

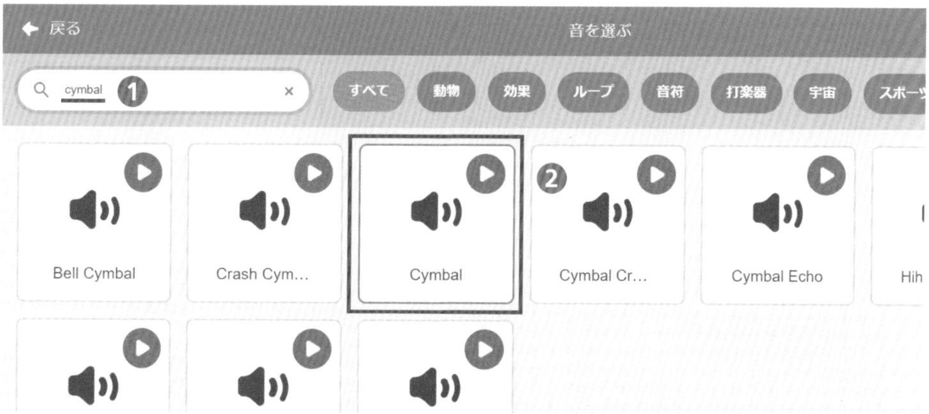

これで、画面左端のデータリストに「Cymbal」が読み込まれ、効果音として花火のスプライトで使用できるようになりました。

データリストに「Cymbal」が追加された

サウンドエディターでは、データそのものを加工することもできますが、今は必要ありません。Cymbalを読み込んだところで、スクリプトの編集に戻りましょう。

画面左上のコードタブをクリックして「音」カテゴリを選択します。

効果音を付けるためにスクリプト編集に戻ろう

サウンドエディターで「Cymbal」を読み込んだことにより、「Cymbalの音を鳴らす」ブロックが選べるようになっています。これをクリックしてみましょう[※4]。

「Cymbalの音を鳴らす」ブロックをクリック

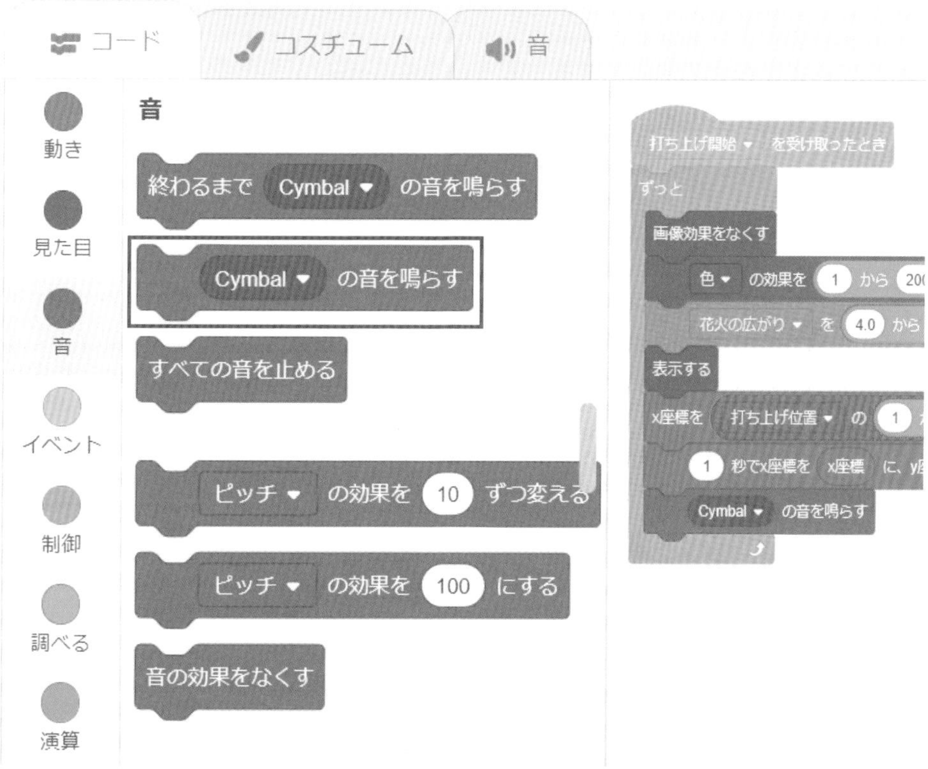

※4 ここからは音が実際にパソコンから出力されますので、端末の音量設定にご注意ください。

クリックに合わせて、シンバルを1回鳴らした派手目の音が鳴りました。今回はこの音を花火の開く音にしようと思います。もちろん音データは自由に選べるので、「他の音がいいな」と思った場合は、「音」タブをクリックしてサウンドエディターを開き、別の音データを読み込めばOKです。

では「Cymbalの音を鳴らす」ブロックをスクリプトに組み込みましょう。このブロックを「ずっと」ブロック内部のスクリプトの末尾に追加します。これで花火が打ち上がるたびに効果音が鳴ります。

✸「ずっと」内部のスクリプトの最後に「Cymbalの音を鳴らす」を追加

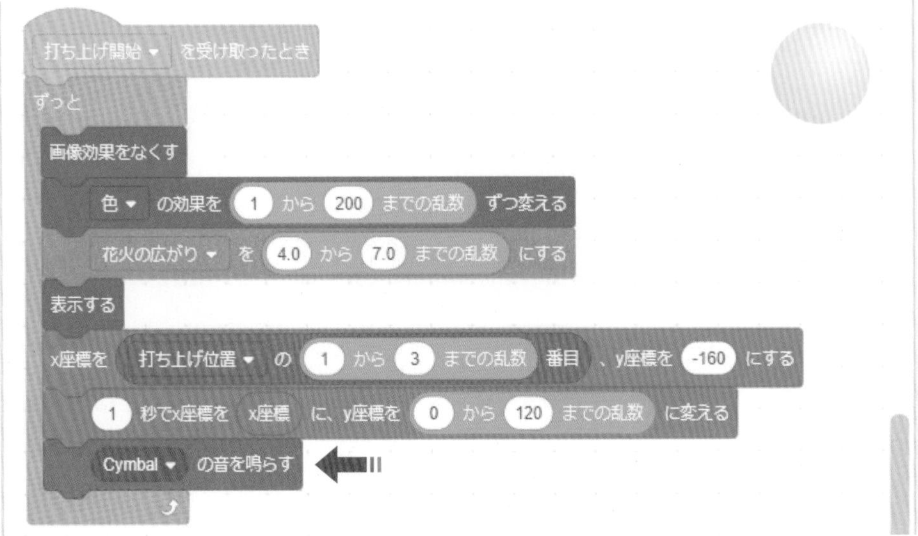

花火が開くスクリプトを作ろう

ここまでの作業で、花火が打ち上がるところまでのスクリプトはだいたいできました。続いて、花火が開く動作を作っていきましょう。

今回のアニメーションでは、花火が開く動作の部分で、値をランダムに変えつつも同じ処理を何度も実行します。このような場合、多くのプログラミングでは「関数」といわれる仕組みを活用し、同じような処理はあとから簡単に何度でも再利用できるようにします。こうすることでプログラム全体を簡潔にできて、なおかつ効率よくプログラミングすることができます。関数については、次章でくわしく解説しますので、ここではこのくらいにしておきましょう。肝心なのは「同じような処理は何度でも再利用できるようにする」点です。これにより、少しだけ違う処理をそのつど作る必要はなくなります。

Scratchにも関数に相当する仕組みとして「ブロック定義」というカテゴリが用意されています。まずは「ブロック定義」を使って花火が開くようスクリプトを作って、それを再利用する手順を見ていきましょう。

手始めに「ブロック定義」カテゴリをクリックします。

「ブロック定義」カテゴリを開いてブロックパレットを見てみよう

「ブロック定義」カテゴリのブロックパレットが表示されましたが、「ブロックを作る」というボタンしかありませんね。このカテゴリでは、「ブロックを作る」ボタンからオリジナルのブロックを作ります。それにより、自分が作ったパレットに表示されるようになります。

では、さっそくブロックを定義して作っていきましょう。「ブロックを作る」ボタンをクリックします。するとブロックを定義する画面が現れました。

「ブロックを作る」画面でブロックを定義する

まず、「ブロック名」を決めましょう。画面が開いた時点で「ブロック名」の部分が選択された状態になっています。ここを「花火の展開」に変更し、Enterキーを押します。

ブロック名を「花火の展開」に変更する

定義したブロックでは処理を実行するときに使う値も一緒に扱うことができます。こうした値のことを「引数」といいます。今回は「引数」を、（花火が）「開く数」として指定します。「ブロックを作る」画面に3つ並んだボタンの左側、「引数を追加」ボタンをクリックして下さい。

「引数を追加」ボタンをクリックする

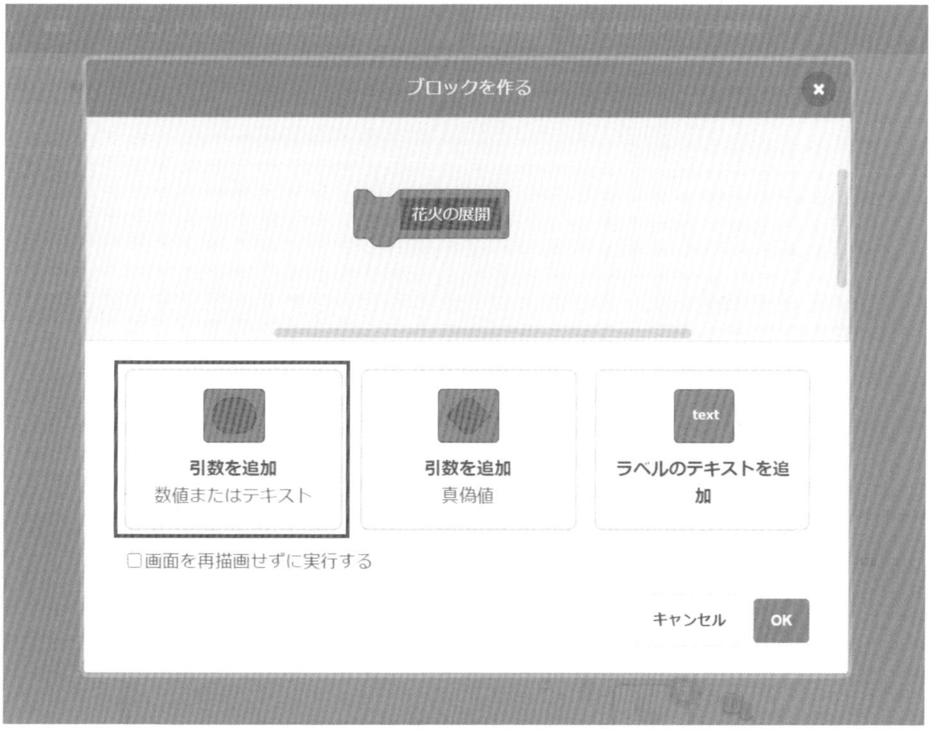

するとブロック名の欄が、「花火の展開（number or text）」という表示に切り替わりました。

✸ブロック名に「number or text」という表示が加わった

ここに「開く数」と入力しましょう。これにより、このブロックの引数を「開く数」として設定できました。

✸引数の名前を「開く数」に変更しよう

最後に「画面を再描画せずに実行する」にチェックを入れてからOKをクリックします。

「画面を再描画せずに実行する」のチェックを必ずオンに

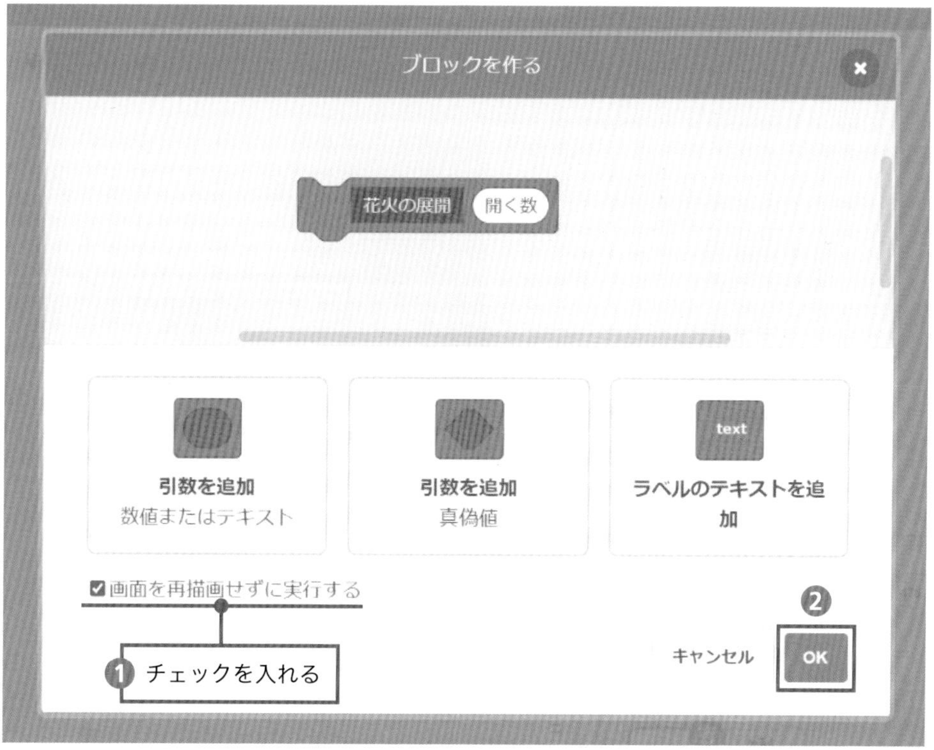

ちなみに、「画面を再描画せずに実行する」のチェックをオンにするのは、この定義ブロックを、花火が開くアニメーションのスクリプトに使用するためです。今回の花火では、たくさんの火花で五重の円を描きながら、それが外側に広がっていくように動かすことで、花火に見えるように描画します。この設定をオンにしておかないと、火花が円を描くようには広がらないため、花火のようには見えなくなってしまいます。この項目の設定を変えて画面の再描画について試してみたい場合は、作品が完成したあとにこのチェックを外してプログラムを動かしてみてください。再描画して実行する場合との違いを体験することができます。

さて、スクリプトの編集に戻りましょう。「ブロックを作る」画面でOKボタンをクリックすると、「ブロック定義」カテゴリに「花火の展開」ブロックが、スクリプトエリアに「定義 花火の展開 開く数」ブロックが、それぞれ追加されました。

スクリプトエリアに作成したブロックが追加された

では、この定義ブロックで実行する処理をスクリプトとして組んでいきましょう。「制御」カテゴリを表示し、「10回繰り返す」ブロックを定義ブロックの下に追加します。

「制御」カテゴリから「10回繰り返す」ブロックを追加しよう

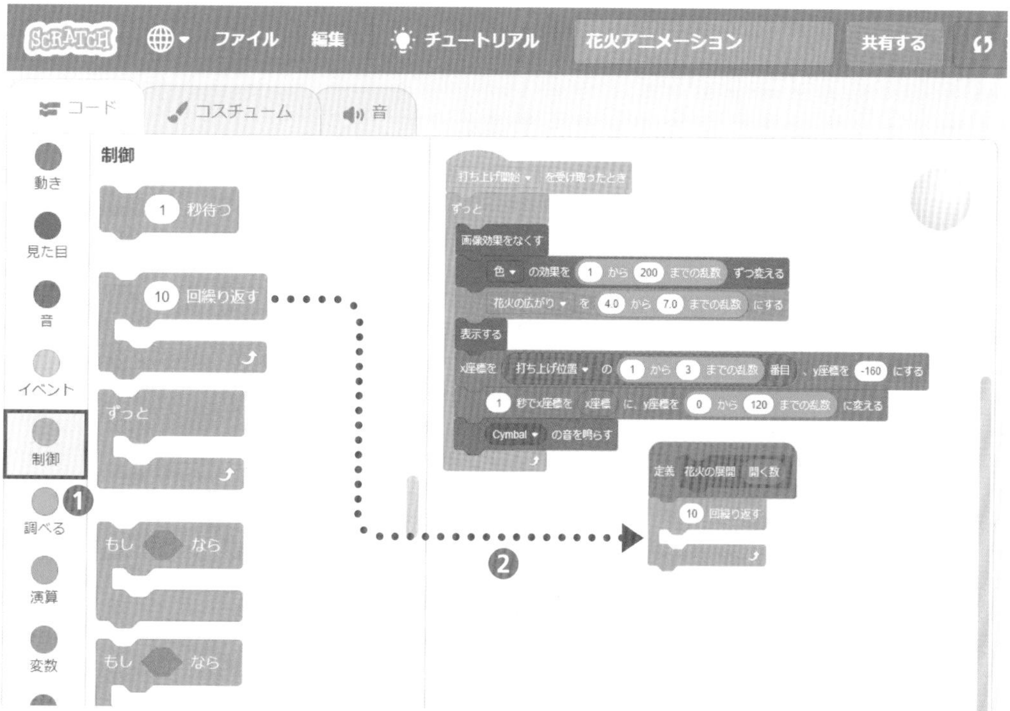

繰り返しの回数には、引数である「開く数」を入れます。定義ブロックの引数をスクリプトの中で使うには、スクリプトエリアのブロックから直接ドラッグします。具体的には「定義　花火の展開　開く数」の「開く数」は単独でドラッグできるので、これを「10回繰り返す」の「10」の部分にドロップしてください。

定義ブロックの「開く数」で「10」の部分を書き換えよう

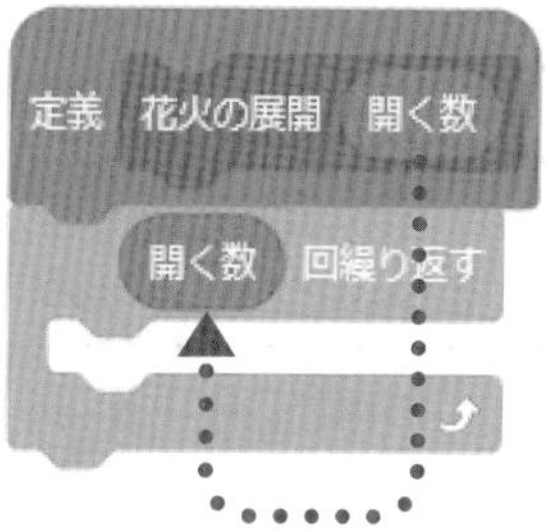

「定義」ブロックから直接ドラッグ

引数の「開く数」ブロックがコピーされ、「開く数　回繰り返す」ブロックになりました。

次に繰り返しブロック内のスクリプトを作りましょう。「動き」カテゴリへ移動し、「15度回す」ブロックを繰り返しブロックの中に入れます。

繰り返し処理の最初に「15度回す」ブロックを配置しよう

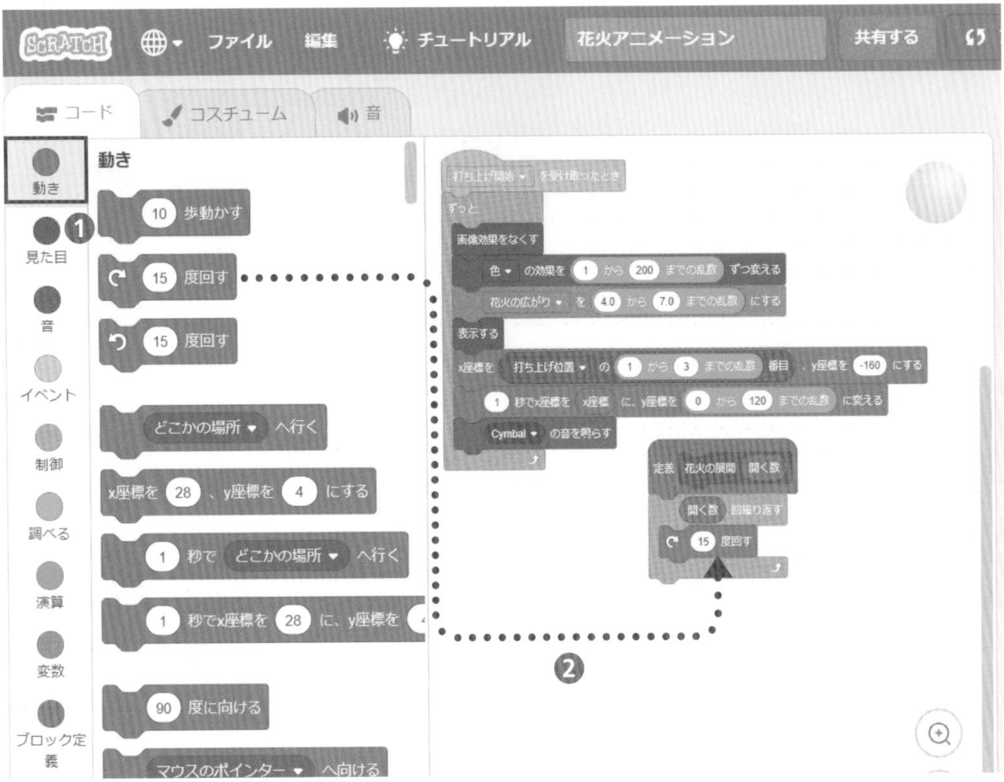

今回は中心から少しずつ回転しながら花火が広がっていくアニメーションにしようと思っています。その際、花火が広がっていく方向は、360度全方向に花火が開くように描写したい。そこで、開く数に応じて角度を変えて展開するため、その角度はわり算で計算します。

「演算」カテゴリからわり算を表す「(　) / (　)」ブロックを「15度回す」ブロックの角度の部分にドラッグし、「15」を上書きします。

回転させる角度を計算するためわり算のブロックで書き換える

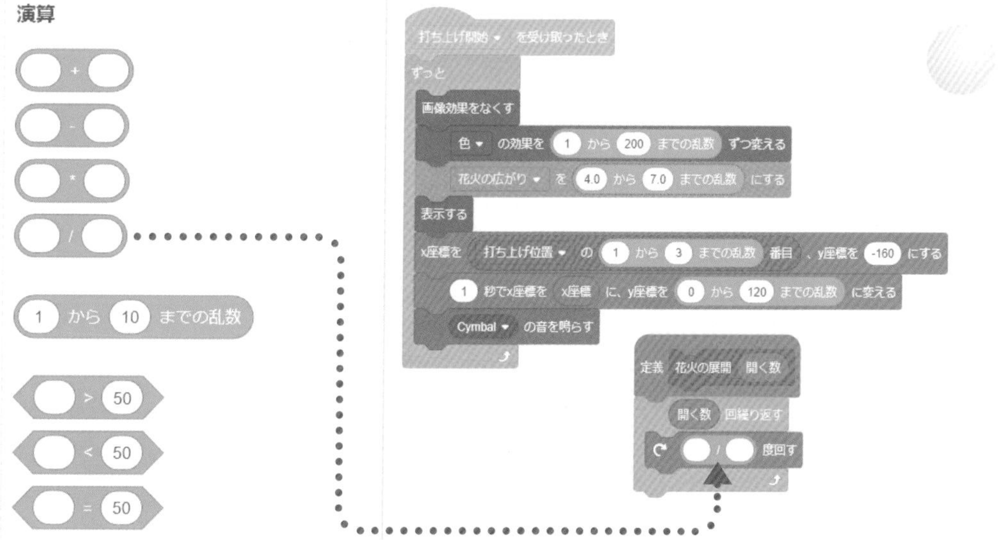

この計算部分は、分子（左の欄）を「360」、分母を引数（つまり「開く数」）に設定します。左に360と半角数値で入力し、右には「開く数」ブロックを入れましょう。

「360/開く数」になるようわり算ブロックを設定しよう

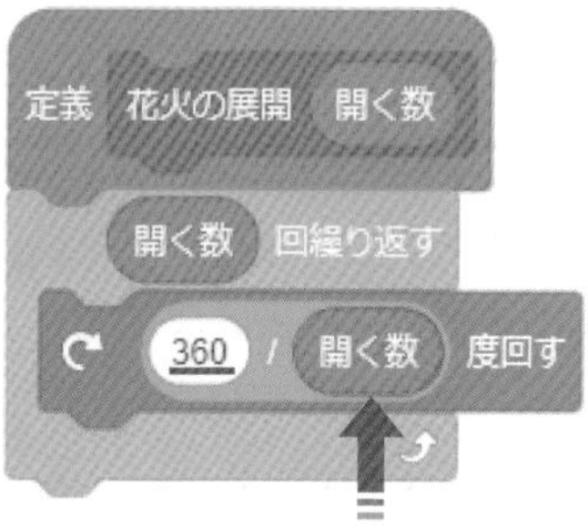

これで、スプライトをわり算の結果の角度だけ回転させるスクリプトができました。ここで花火スプライトのクローンを作って表示させるようにしましょう。「制御」カテゴリから「自分自身のクローンを作る」ブロックを、「360/開く数　度回す」ブロックの下に入れ込みます。

✹「自分自身のクローンを作る」ブロックを追加しよう

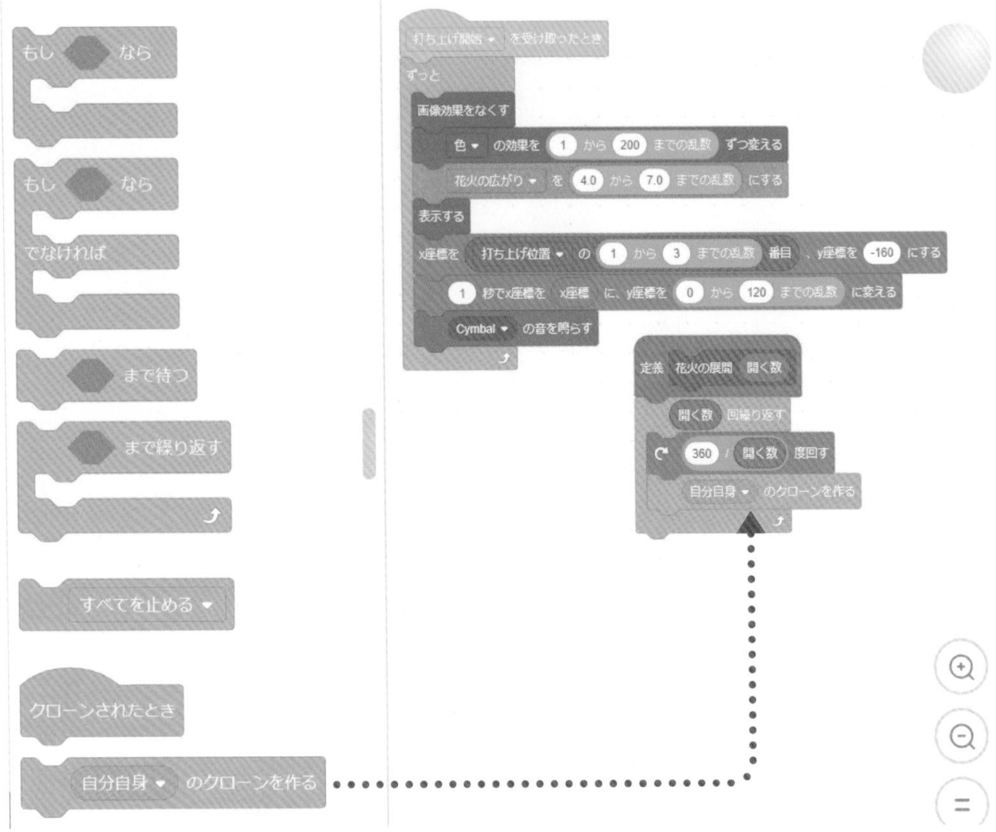

花火っぽく見せるために、花火の中心に近い内側と、広がったあとの外側とでは、広がるスピードに差をつけようと思います。そこで、「花火の広がり」変数を変える処理をここで追加しておきます。

「変数」カテゴリから「花火の広がりを1ずつ変える」ブロックを持ってきて、「開く数　回繰り返す」ブロックの下に付け加えます。このブロックは繰り返しのブロックの中ではなく、繰り返しブロックの“次”につなげる点に注意してください。

さらに、「1」の部分は半角数値で「−0.7」に書き換えます。

変数を徐々に小さくするブロックを追加

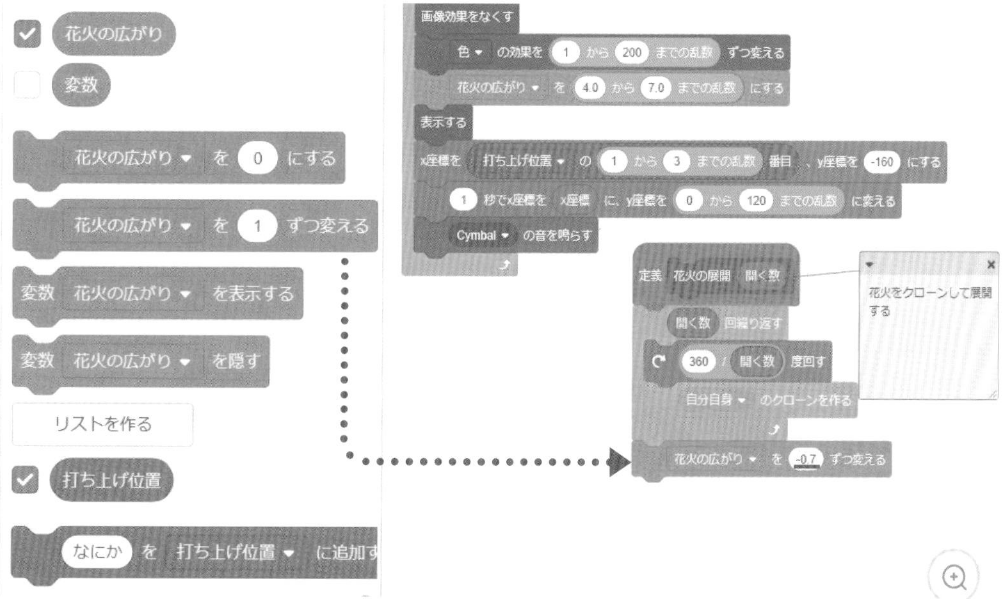

この定義ブロックから始まるスクリプトはこれで完成です。全体としては、2番目のスクリプトができあがりました。今回の花火のスクリプトは、さらに3番目、4番目のスクリプトを作成していきます。プログラミングではこのようにプログラムが複雑になった場合などには「コメント」を残して、自分や他の人があとからスクリプトを見たときに、それぞれがどのような役割を持つ部分なのかわかるように説明することができます。これはScratchに限らず、どのプログラミング言語でも同様です。プログラムを作っているときは、どういう処理かわかっているので問題ないのですが、意外と時間が経つと細かいところは忘れてしまうもの。今回のように複数のスクリプトを作るような場合には、コメントを付けておくことをお勧めします。

Scratchではスクリプトエリアのブロックに対して、個別にコメントを付けることができます。「コメント」については次章でも解説しますので、まずは練習がてら、コメントを付けてみましょう。ここでは、定義ブロックから始まるスクリプトに対して説明を入れたいと思います。そこで、先頭の「定義　花火の展開　開く数」のブロックを右クリックし、メニューを表示します。

✹定義ブロックを右クリックして「コメントを追加」を選ぼう

表示されたメニューから「コメントを追加」をクリックします。すると黄色い四角のコメント欄が表示されますので、「花火をクローンして展開する」と入力し、コメントを残しておきましょう。

✹黄色い枠のテキストボックスにコメントを入力しよう

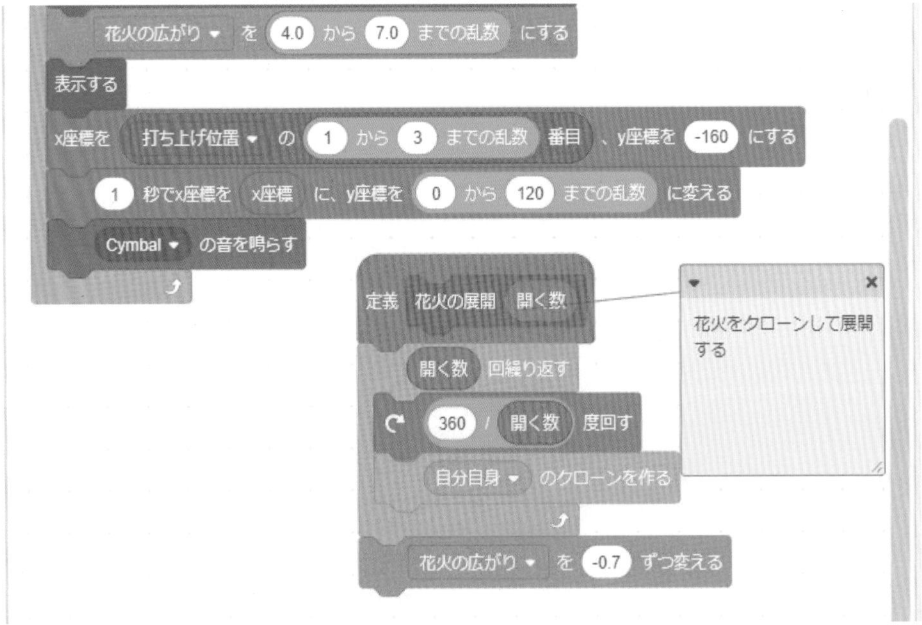

いい機会なので、花火スプライトで最初に作成したスクリプトにもコメントを付けましょう。「打ち上げ開始を受け取ったとき」ブロックに対して、「花火のメインプログラム」とコメントを付けてみました。

もう1つのスクリプトには「花火のメインプログラム」とコメントを追加

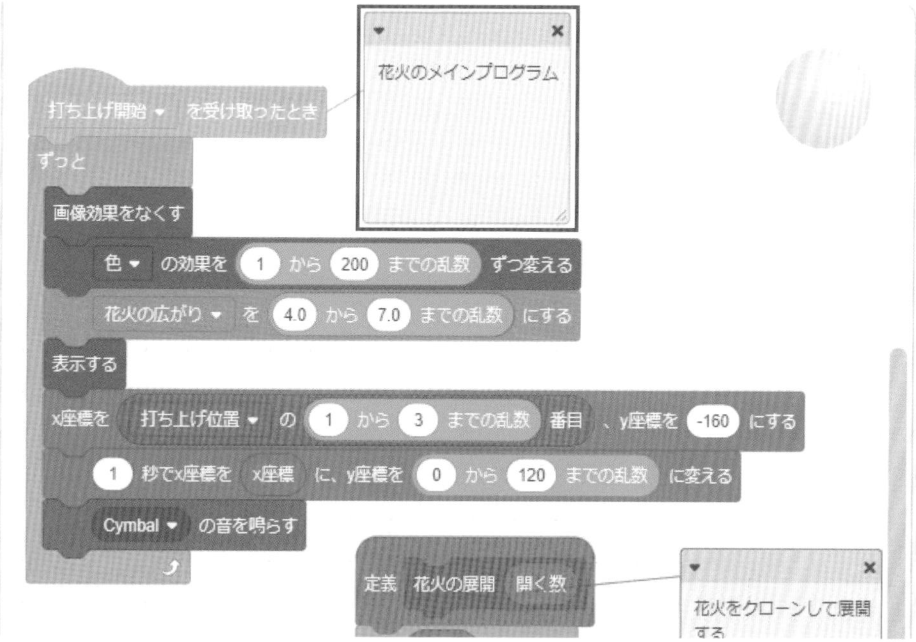

花火が広がっていく動きを作ろう

さて、次のスクリプトに取りかかりましょう。先ほど「定義　花火の展開　開く数」ブロックから始まるスクリプトの中で「自分自身のクローンを作る」ブロックを追加しました。このブロックを使うことにより、自動的にクローンが作成されたときに、そのことを知らせる合図が出されます。そこで、次はこの合図を受け取り、クローンに動きを付けるスクリプトを作りましょう。花火スプライトとしては、3番目のスクリプトになります。

「制御」カテゴリから「クローンされたとき」ブロックを新たにスクリプトエリアに持ってきます。このブロックが3番目のスクリプトの先頭になります。

「クローンされたとき」ブロックを先頭に新しいスクリプトを作ろう

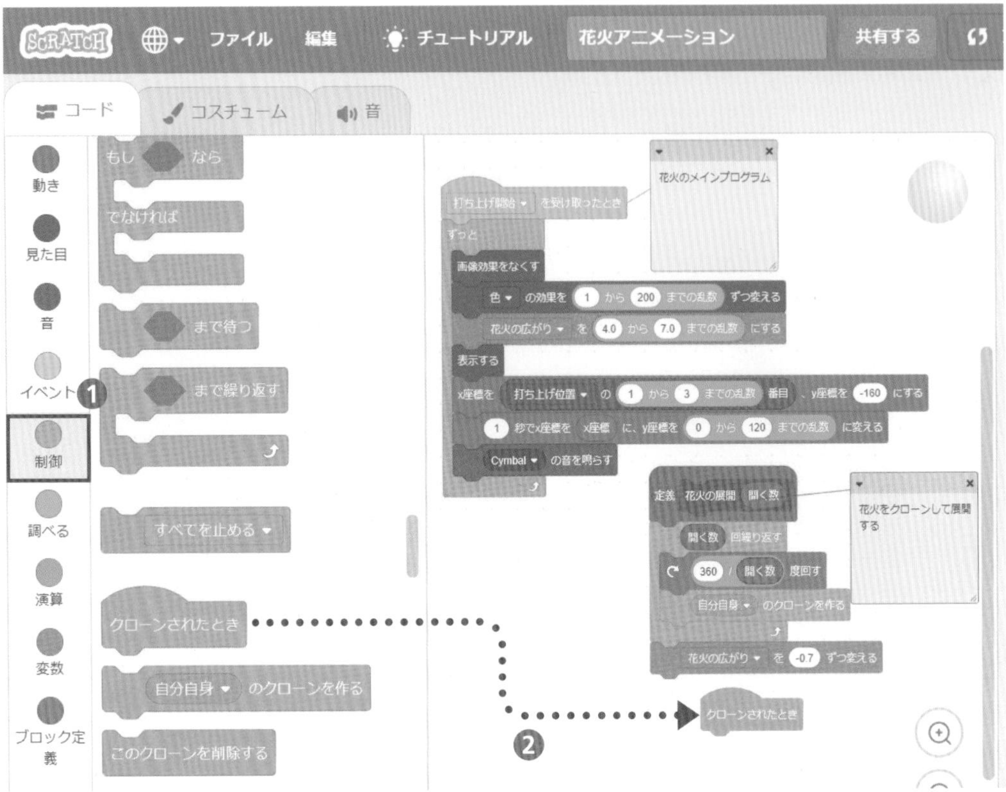

続けて、同じく「制御」カテゴリから、「10回繰り返す」ブロックをドラッグし、「クローンされたとき」ブロックの下に付けます。このときの繰り返しの数を「50」に書き換え、「50回繰り返す」ブロックとしておきましょう。

「50回繰り返す」ブロックを追加しよう

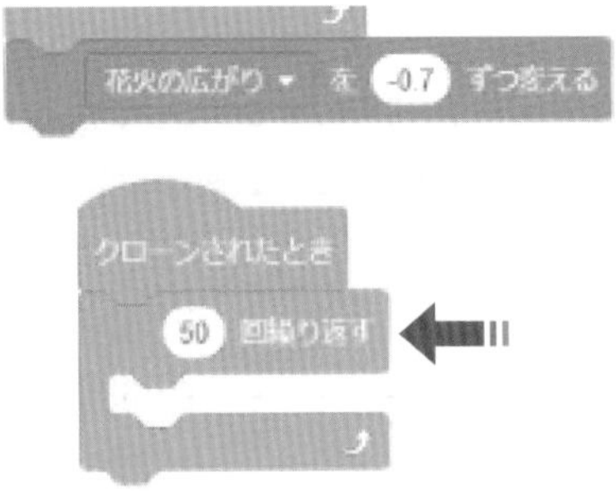

ここではクローンが外側に広がっていく動作をプログラムしていきますが、Scratchのステージ画面は有限で「端」が存在しています。「端」に達した場合と、通常の場合で条件を分けてプログラムしたほうが、花火らしいアニメーションになるため、ここでは場合分けをして動作を変える条件分岐のブロックを使います。

そこで、「制御」カテゴリから「もし〜なら　でなければ」ブロックを、「50回繰り返す」ブロックの中に入れ込みます。

「もし〜なら　でなければ」ブロックを追加しよう

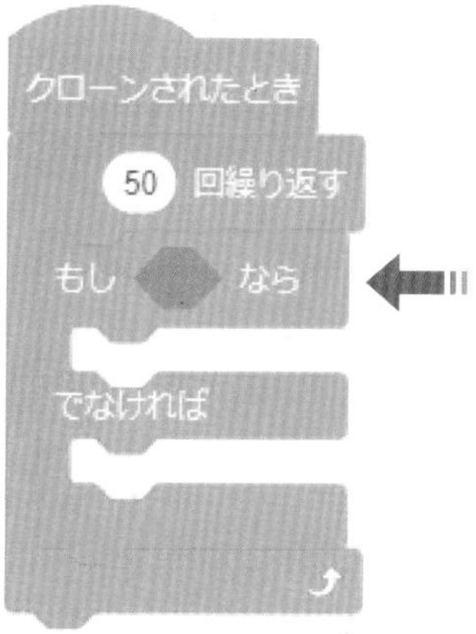

まず端まで達した場合の条件からプログラミングしていきます。「調べる」カテゴリから「マウスのポインターに触れた」ブロックを持ってきて条件部分の六角形に入れてください。

条件部分に「マウスのポインターに触れた」ブロックをはめ込もう

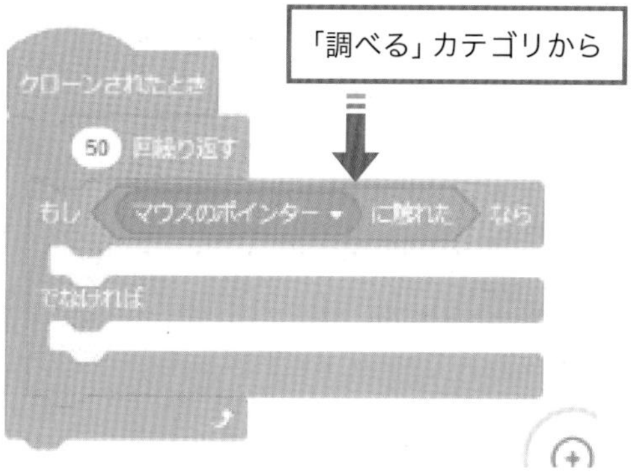

ここで「マウスのポインター」部分の三角マークをクリックし、ドロップダウンメニューから「端」を選択します。

「マウスのポインター」を「端」に変更しよう

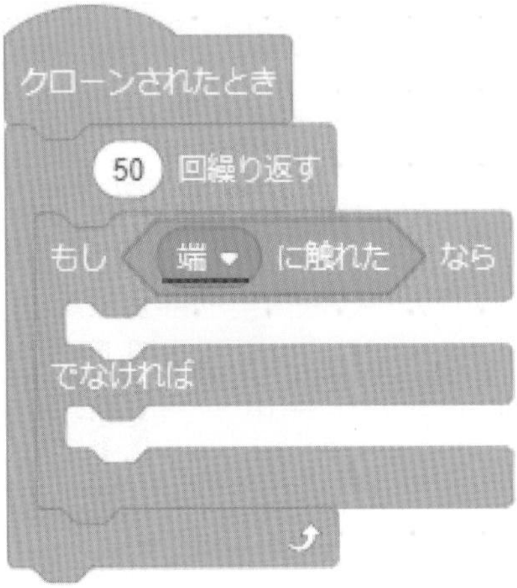

「端」に達した場合は、それ以上クローンを表示しても意味がありません。そこでクローンを削除して表示されない設定にします。そのためには、「制御」カテゴリから、「このクローンを削除する」ブロックを「もし～なら」の場合の処理に挿入します。

端に達したら「このクローンを削除する」ようにブロックを追加

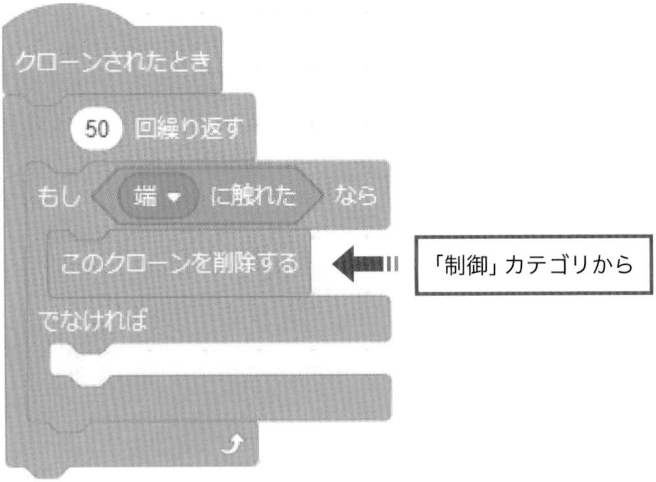

これで「端」に達した場合の条件部分が設定できました。今度は「端」にまだ達していない状態、いわば通常部分の動作を「でなければ」のスクリプトで設定していきます。

こちらは「動き」カテゴリから「10歩動かす」ブロックを使います。

「でなければ」には「10歩動かす」ブロックを追加しよう

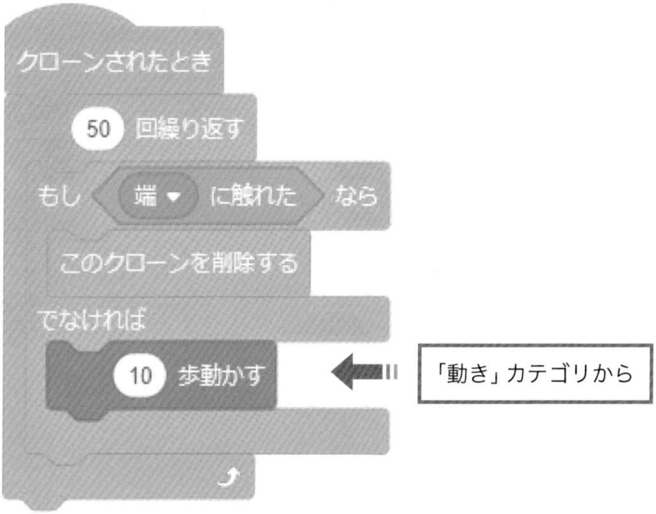

この動かす値の部分には、「花火の広がり」変数を使います。「変数」カテゴリにある「花火の広がり」ブロックで、「10歩動かす」ブロックの「10」を上書きしましょう。

「花火の広がり」ブロックを動かす歩数に設定しよう

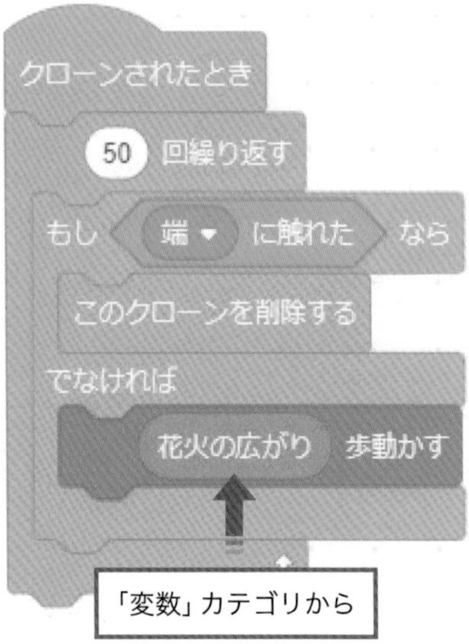

このスクリプトの最後には、クローンを削除するブロックを付けておきます。これで、クローンが作られたところから、50回クローンを動かす処理を繰り返し、最後にクローンが消えるような処理にできます。

「このクローンを削除する」ブロックは「制御」カテゴリにあります。これをスクリプトの一番下に追加します。これで3番目のスクリプトも完成です。

最後に「クローンを削除する」ブロックを追加しよう

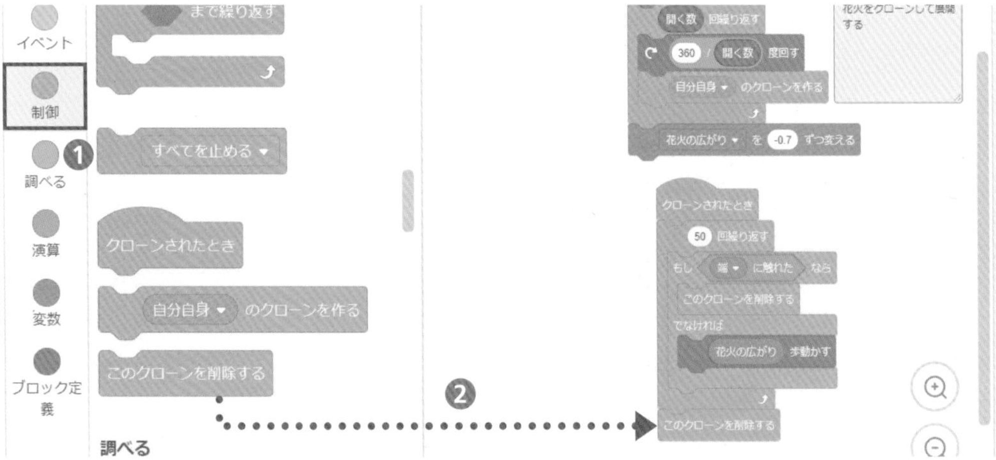

この3番目のスクリプトにも、コメントを残しておきましょう。「クローンされたとき」ブロックの上で右クリックし、メニューから「コメントを追加」を選択します。「花火がクローンされた後」と入力し、コメントとします。

✸先頭のブロックに対してコメントを追加

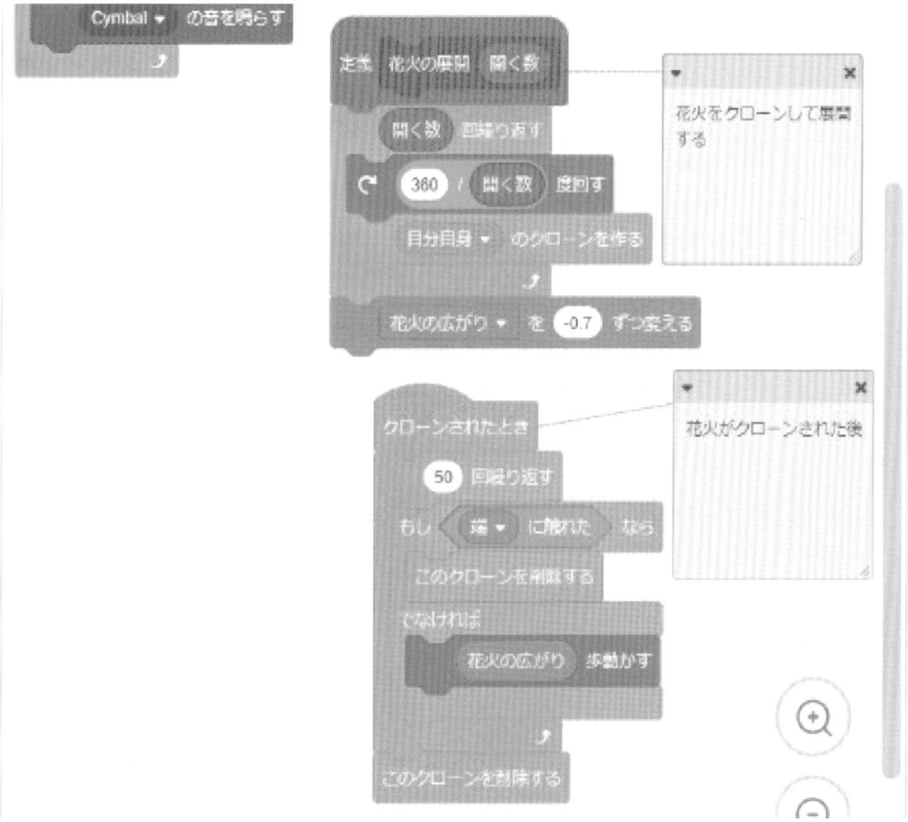

ここで1番目のスクリプト（「花火のメインプログラム」とコメントしたもの）に戻り、花火が展開する動作をプログラムしていきます。
「ブロック定義」カテゴリから「花火の展開」ブロックを持ってきて、「Cymbal の音を鳴らす」ブロックの下に付けましょう。

花火のメインプログラムに戻って「花火の展開」ブロックを追加

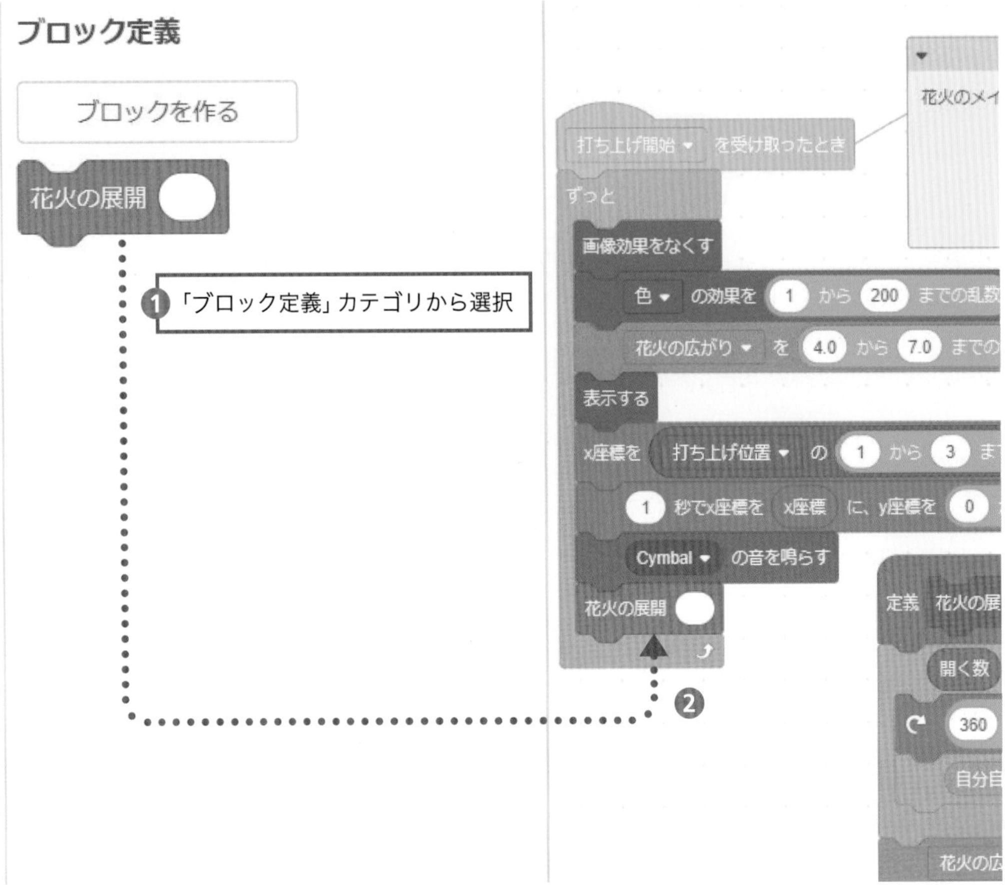

このブロックには使用するたびに、引数を送る必要があります。このブロックで花火の大きさが決まります。そこで乱数でランダムな数値を引数として送る設定にし、毎回大きさの異なる花火が上がるようにしたいと思います。

そこで「演算」カテゴリから「1から10までの乱数」ブロックを持ってきて、引数部分である「花火の展開」の引数部分（この時点では空欄）に入れます。

「花火の展開」ブロックの引数に「1から10までの乱数」を入れよう

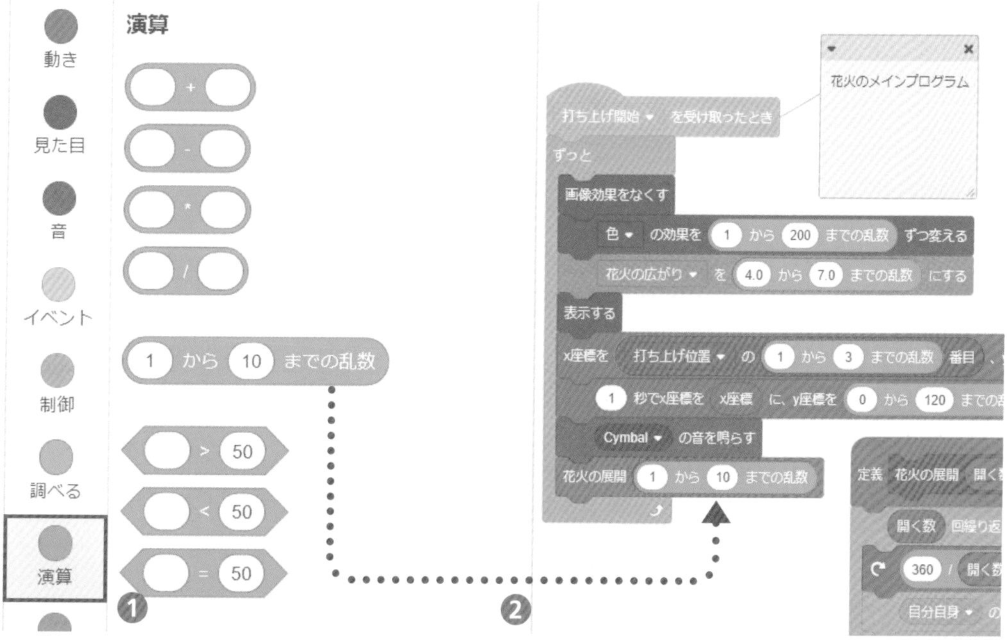

乱数の範囲は20から25の間としておきましょうか。半角数値で20と25を乱数ブロックの左と右の値に入力します。

乱数の範囲は20から25までに設定しよう

花火の展開が次のステップに進む前に、わずかながら間隔を設けることにします。「制御」カテゴリから「1秒待つ」ブロックを持ってきて、「花火の展開　20から25までの乱数」ブロックの下に付けます。秒数の値を書き換えて、「0.1秒待つ」ブロックとしておきましょう。

✸次に進む前に「0.1秒待つ」ようにブロックを追加しよう

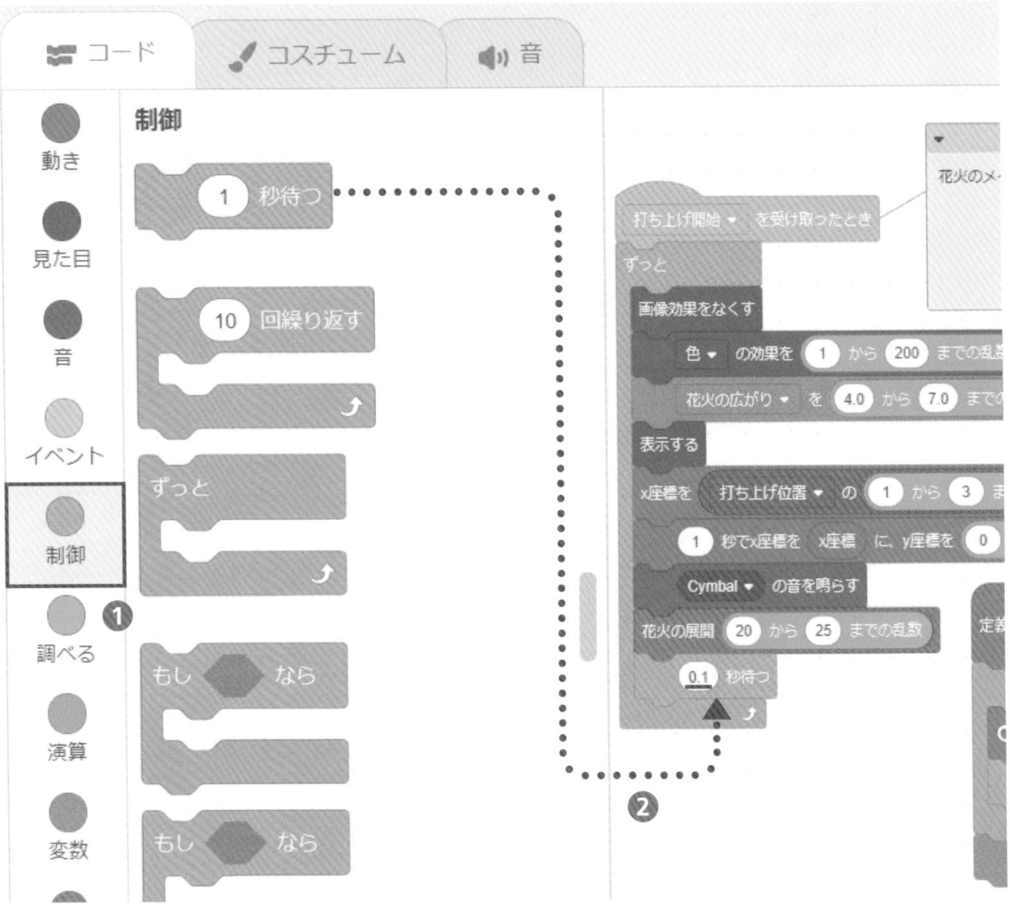

ここから花火を展開するために似たようなブロックの並びが続きますので、ブロックのコピー機能を活用しながら効率よく作業を進めていきましょう。

定義ブロックである「花火の展開」と「待つ」ブロックをコピーします。ここでこの手順を確認しておきましょう。「花火の展開　20から25までの乱数」ブロックで右クリックし、開いたメニューで「複製」を選択します。このブロックと次の「0.1秒待つ」ブロックが空きスペースに複製されるので、元のブロックの下に続けるようにドラッグします。

なお、マウスボタンを離したときにスクリプトをクリックしたと判断され、効果音を含めプログラムが作動します。よい機会ですので、この時点のプログラムがどのような動作をするか観察してみてください。

「花火の展開」と「待つ」を複製して追加したところ

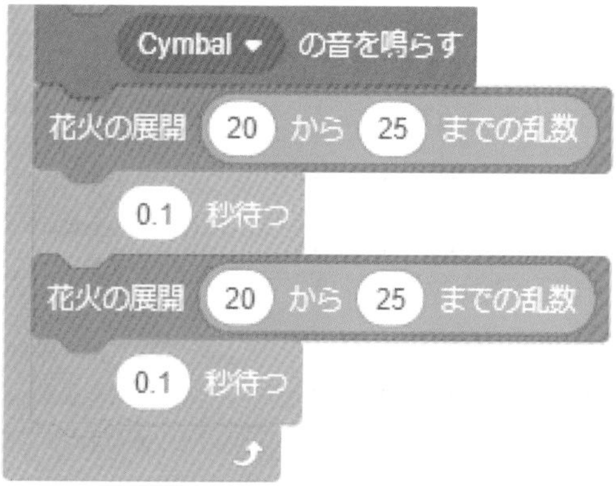

あとから展開するほうが、中心に近い部分、つまり内側になります。花火は中心に近づくにつれて、徐々に開く数を小さくしたほうがきれいに見えるので、2番目の「花火の展開」ブロックでは乱数の数値範囲部分を16から19に変更します。

2番目の「花火の展開」ブロックでは乱数を小さい数値に変えよう

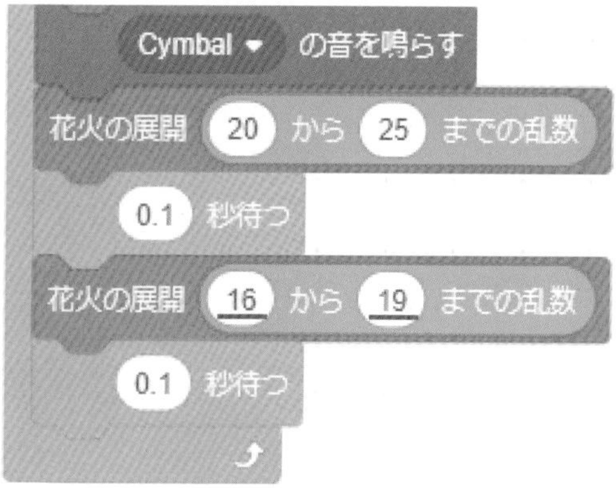

今回の花火アニメーションでは、5重に円が広がるように展開させていきます。そこで、同じブロックの組み合わせをどんどんコピーしていきましょう。「花火の展開　16から19までの乱数」ブロックで複製を実行し、その下にコピーしたブロックをドロップします。3回目の展開では乱数を13から15に設定します。

✸3番目の「花火の展開」ブロックを作って乱数の範囲を再設定

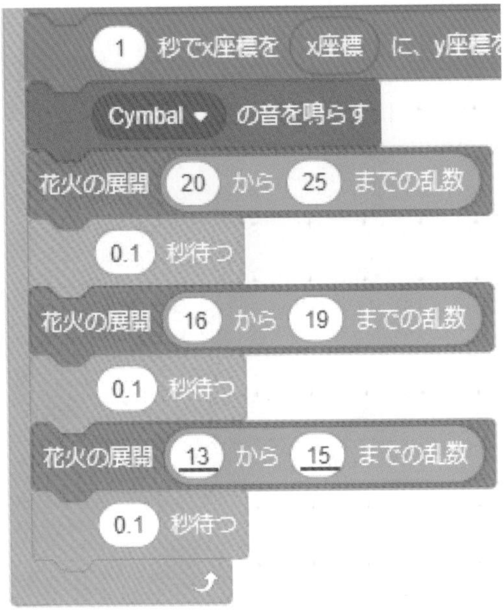

さらにコピーして、乱数の範囲を変更する作業を続けます。今度は、4番目として「花火の展開　9から12までの乱数」ブロックを追加します。

✸4番目は9から12までの乱数になるように

同様に、最後の5回目の展開も作りましょう。このブロックでは、乱数を6から8に指定します。

ブロックをコピーするたびに、スクリプトが実行されたはずです。なので、このスクリプトの動作はもう目にしていることかと思いますが、ここであらためて動作確認をしてみましょう。

スタートボタンをクリックして、プログラムを起動します。もし、すでにスクリプトが動いている場合はスタートボタンの右にある赤いストップボタンを押してから、あらためてスタートボタンを押してください。

今は打ち上げるタイミングを調節するためのブロックや、花火が徐々に消える効果を設定していないため、どんどんと派手に花火が展開するアニメーションになっていると思います。花火が次々に打ち上がれば、動作確認はOKです。ストップボタンを押して次に進みましょう。

花火が打ち上がらなかったり、展開しなかったりした場合のために、ここまでのスクリプト一覧を載せておきますので、ご自身のプログラムと見合わせてみて下さい。

✸ここまでのスクリプトを確認しよう（花火）

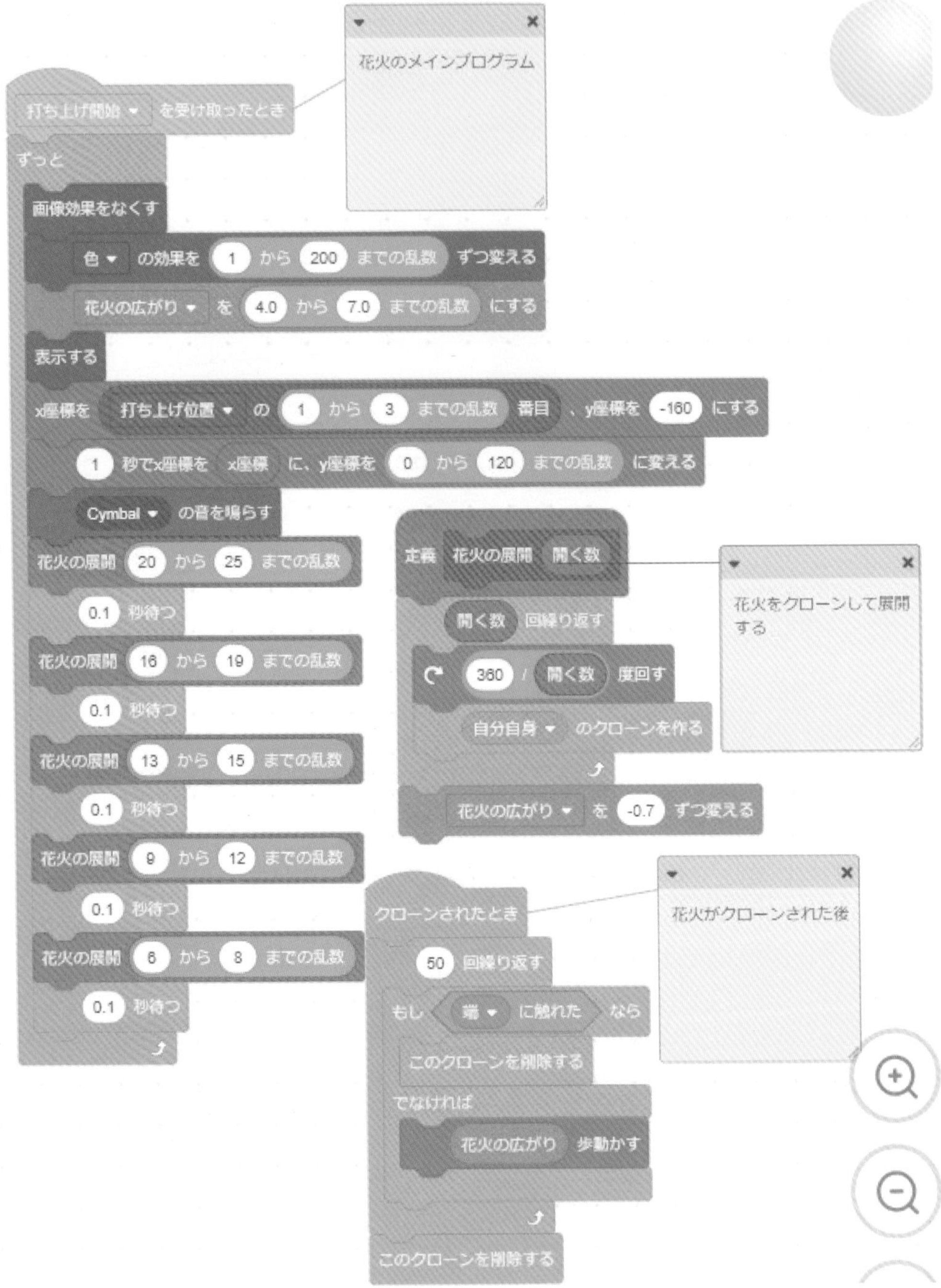

✹ここまでのスクリプトを確認しよう（打ち上げ筒）

徐々に消える効果や打ち上げの調整をして仕上げよう

では、徐々に消える合図であるメッセージと、間隔を開けるブロックを設定して、花火のメインプログラム部分を完成させましょう。「イベント」カテゴリから「打ち上げ開始を送る」ブロックを持ってきて、「ずっと」ブロック内の一番下に置きます。

✹「打ち上げ開始を送る」ブロックを追加しよう

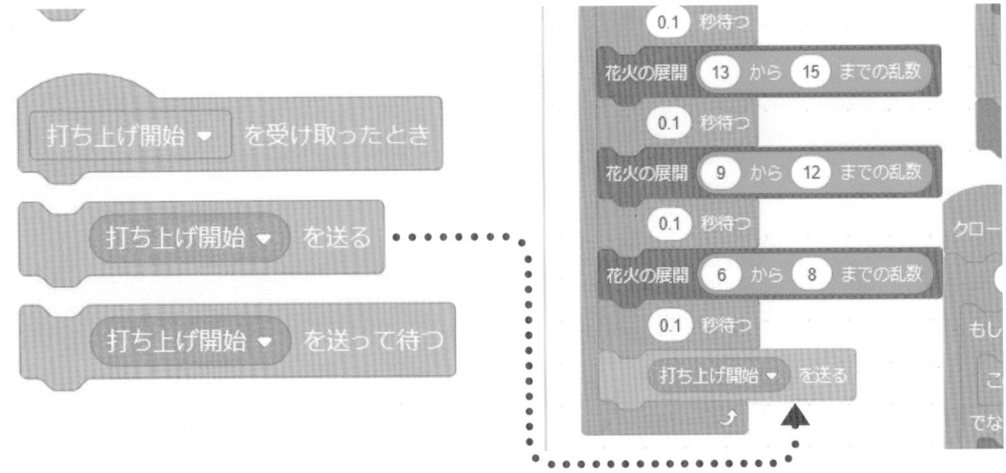

ここでは新たに「徐々に消える」というメッセージを作成します。「打ち上げ開始」の右脇にある三角マークをクリックします。ドロップダウンメニューが開いたら「新しいメッセージ」を選び、「徐々に消える」と入力します。これで新しいメッセージが作成され、「徐々に消えるを送る」ブロックになりました。

✹メッセージを書き換えて「徐々に消えるを送る」ブロックに

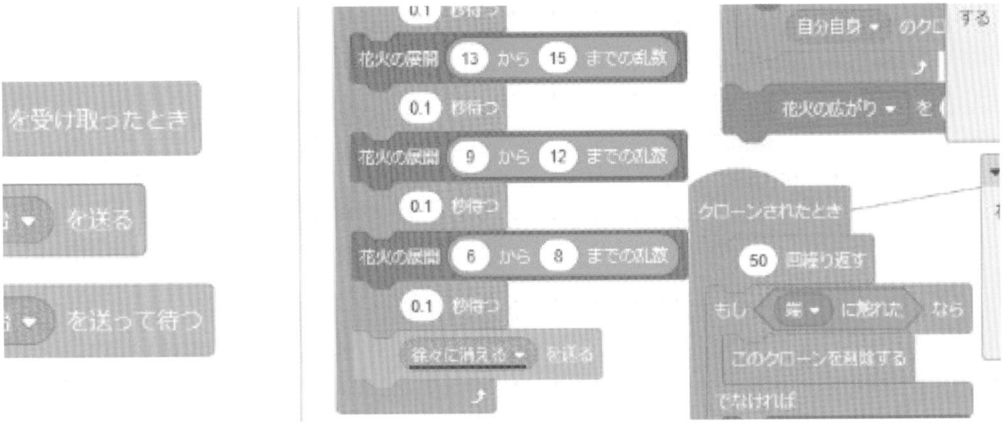

この「ずっと」ブロックの中では最後に、次の花火を打ち上げるまで間隔を少し開けるためのブロックを追加します。「制御」カテゴリから「1秒待つ」ブロックを持ってきて、秒数を2に変えます。

次の打ち上げまで2秒空けるように「待つ」ブロックを追加

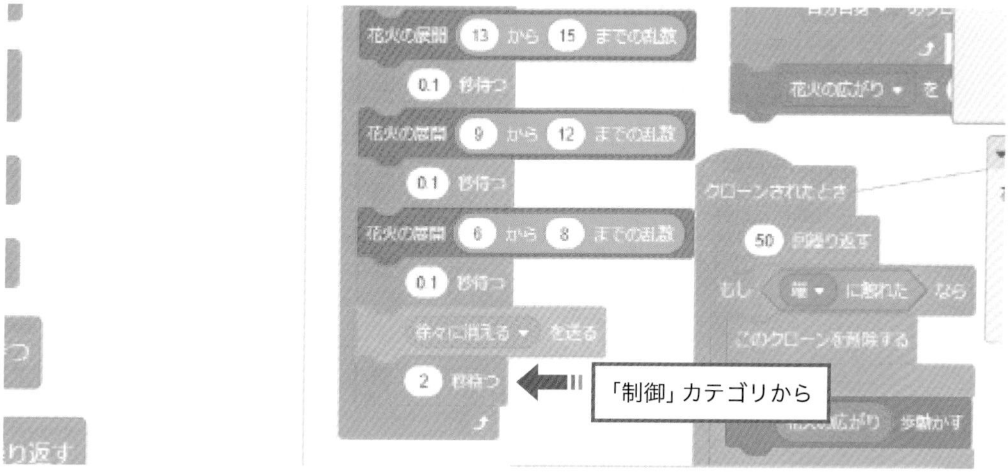

これでメインプログラムが完成しました。最後に花火が徐々に消えていく効果を設定して、アニメーションの完成としたいと思います。「イベント」カテゴリから「打ち上げ開始を受け取ったとき」ブロックを持ってきて、スクリプトエリアの空いている部分に置きます。

「打ち上げ開始を受け取ったとき」ブロックを先頭に

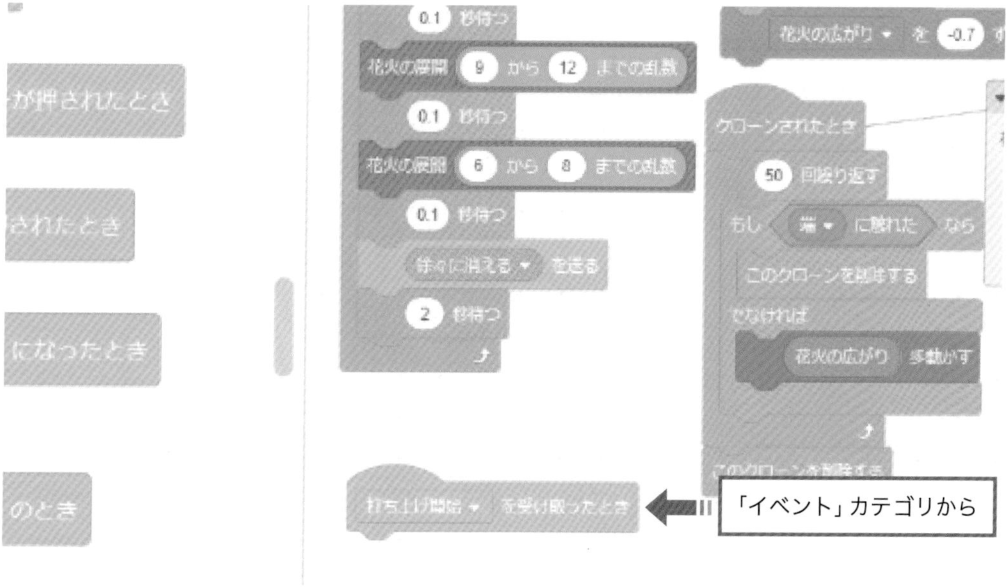

これから作るスクリプトは、花火のメインプログラムから「徐々に消える」メッセージを受け取ったところで、それをきっかけに起動します。そこで、「打ち上げ開始を受け取ったとき」ブロックを、「徐々に消えるを受け取ったとき」ブロックに変更しておきましょう。

ここでは花火が最後には徐々に消えていくというアニメーションを、プログラムで実現したいと思います。それには、Scratchの「幽霊」という効果を使用します。この効果はスプライトの透明度を設定できる効果です。この「幽霊」の効果は初期値が0、最大値が100です。100になるとスプライトは透明になり、見えなくなります。スクリプトの中ではこの値を2ずつ変化させながら、50回繰り返し、最後に100にすることで、徐々に花火が薄くなり、最終的には消えてしまうように見せようと思います。

まず「制御」カテゴリから「10回繰り返す」ブロックを持ってきて、繰り返す回数を「50」に変更します。

「50回繰り返す」ブロックを追加しよう

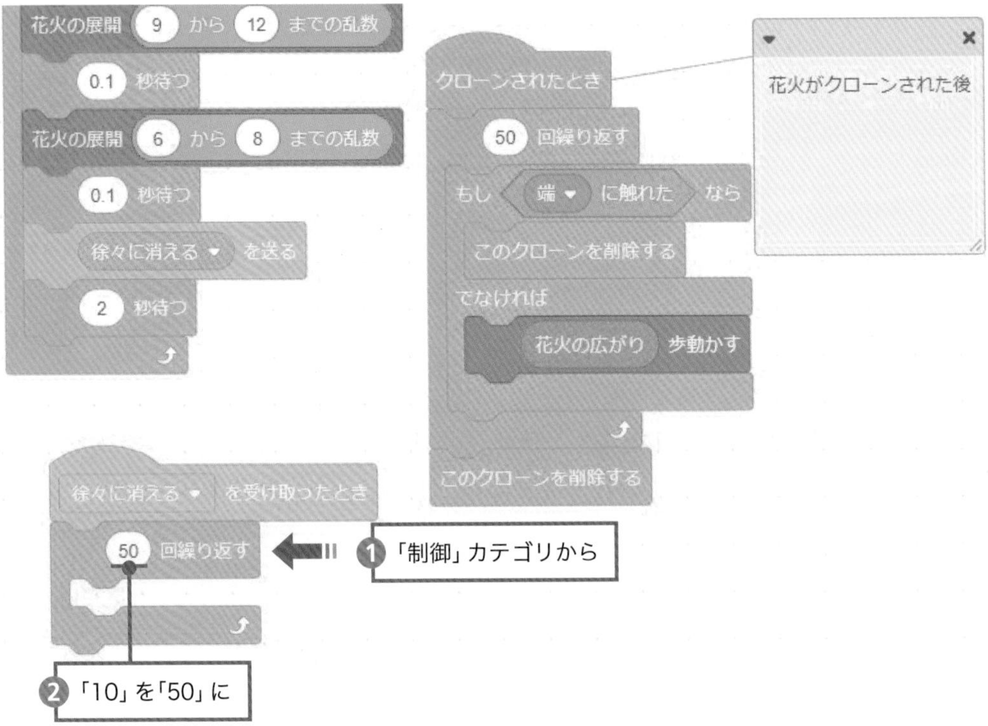

次に「見た目」カテゴリから「色の効果を25ずつ変える」ブロックを持ってきて、「50回繰り返す」ブロックの中に入れます。

「色の効果を25ずつ変える」ブロックを追加しよう

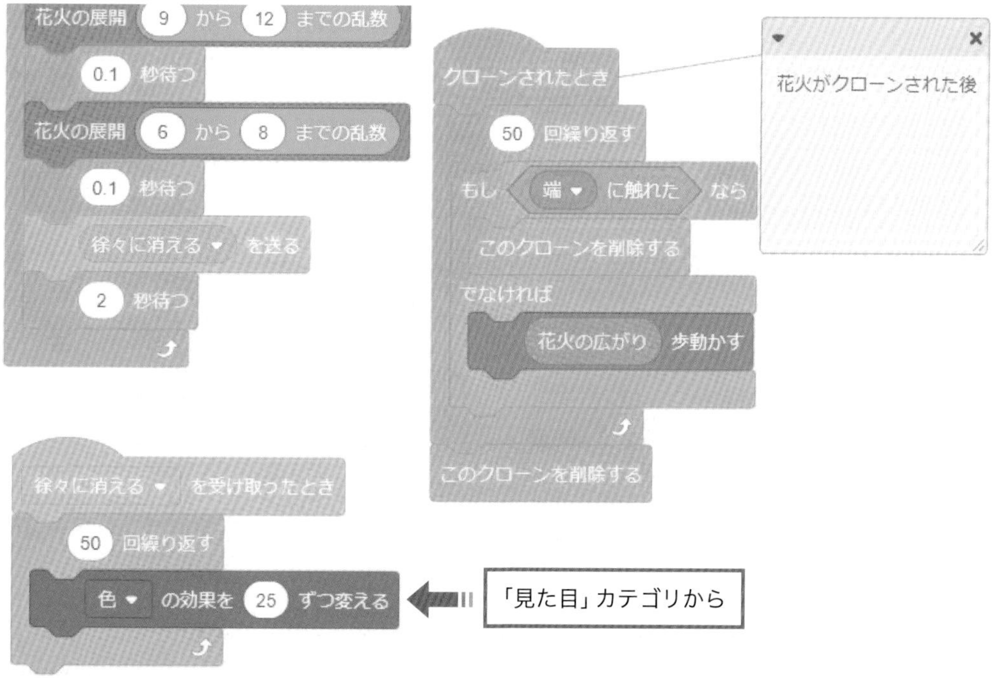

「色」の右脇にある三角マークをクリックし、ドロップダウンメニューから「幽霊」を選択します。数値部分は半角数値で2に変更しましょう。これで「幽霊の効果を2ずつ変える」ブロックになりました。

「幽霊の効果を2ずつ変える」ブロックに書き換えよう

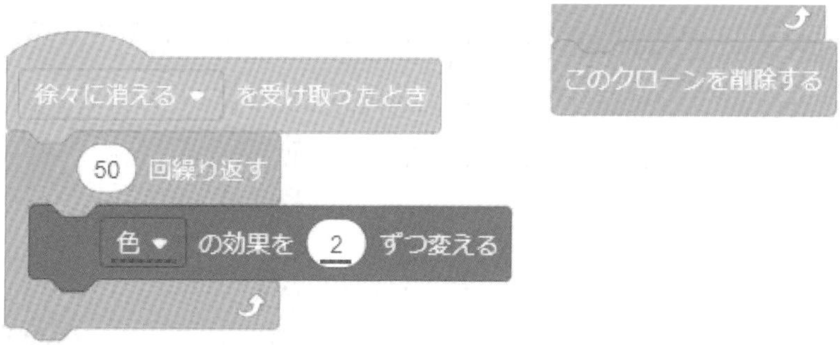

これで最後にあたる4番目のスクリプトも完成になりました。これにもコメントを残しておきましょう。「徐々に消えるを受け取ったとき」ブロックの上で右クリックし、「コメントを追加」を選択します。「花火が徐々に消える効果」とコメントを付けておいて下さい。

最後のスクリプトにもコメントを追加しよう

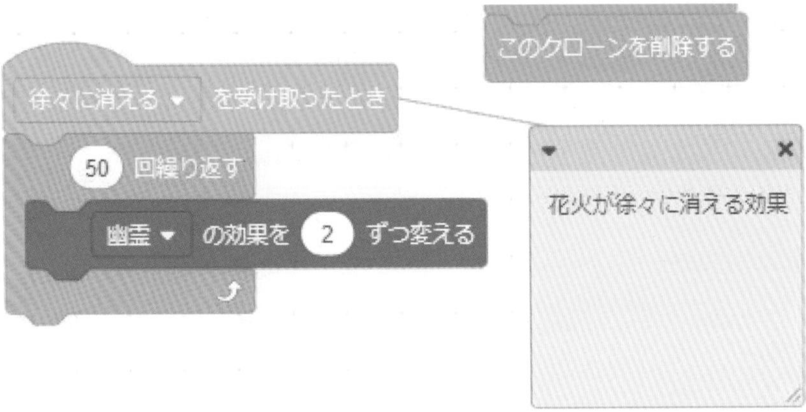

ステージの表示を調整して最後の動作確認

これでスクリプトは全部完成しましたが、最後にステージの表示部分を編集して、花火の見栄えがよくなるように調整しましょう。

この時点のステージには、変数やリストの値といったステータスが表示される初期設定のままになっています。プログラムの作成中は便利なのですが、作品としては余計な表示であり、この位置に花火が来ると、せっかくの花火が見えなくなってしまいます。そこで、これらの表示を消しておきましょう。

「変数」カテゴリに移動してください。すると「花火の広がり」ブロックと、「打ち上げ位置」ブロックの左にあるチェックボックスにチェックが入っているのが確認できると思います。

✸各変数のチェックボックスを確認しよう

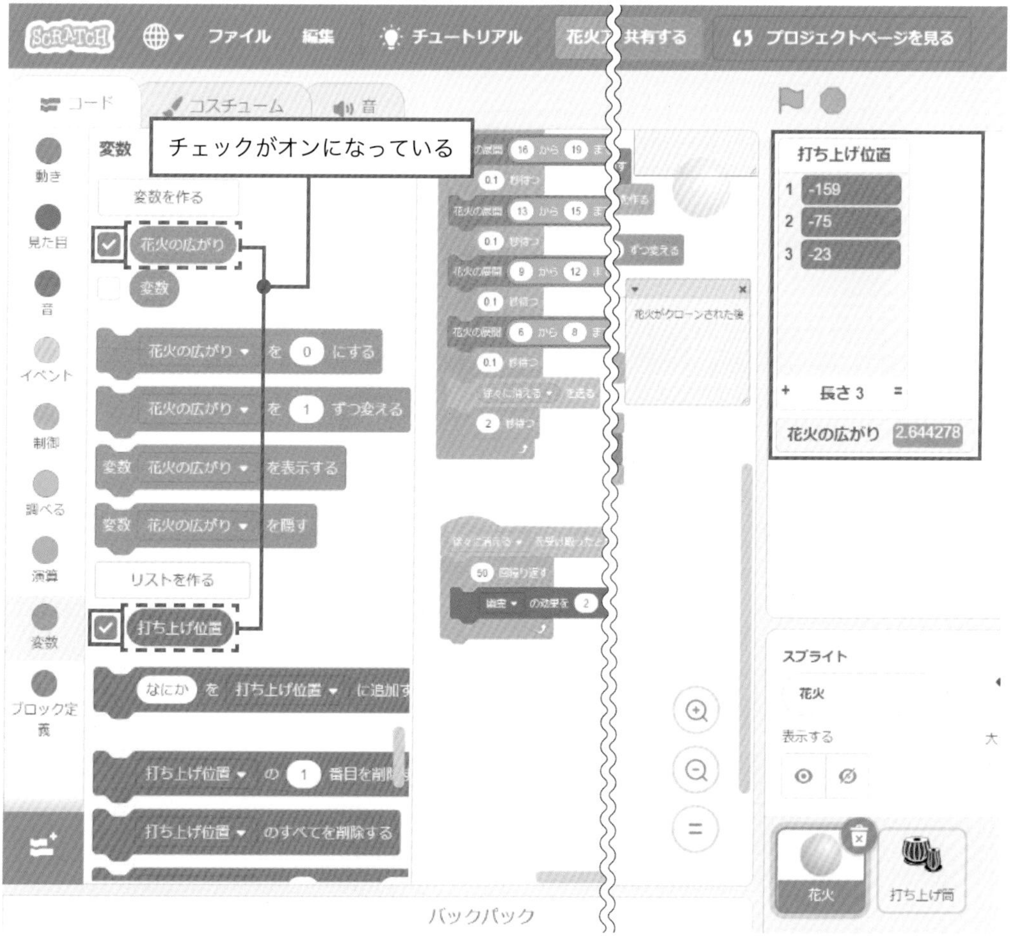

このチェックボックスは変数やリストの表示／非表示を切り替えるためのものです。それぞれのチェックボックスをクリックして、チェックを外します。これで両方とも非表示になります。

✸チェックをオフにすると変数の表示が消える

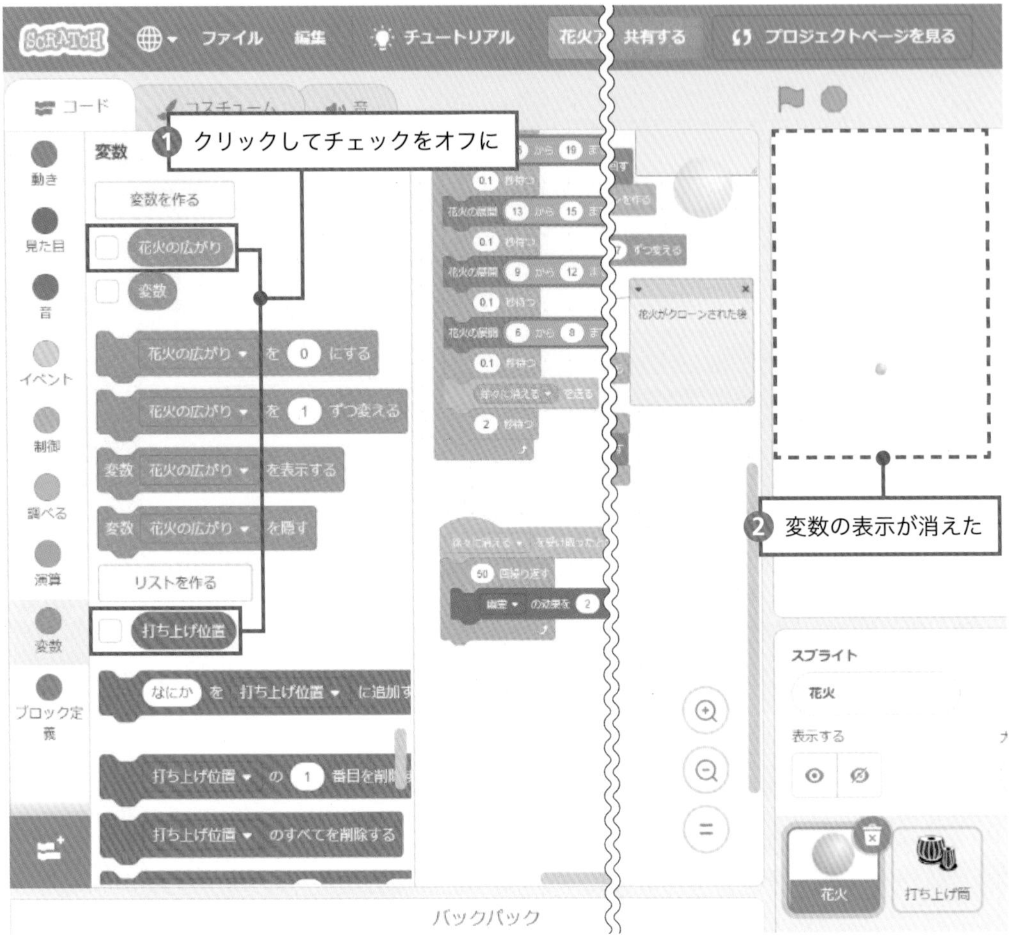

最後に、背景を設定します。この設定は、地球防衛ゲームでもやりましたね。画面右下の「背景を選ぶ」ボタンをクリックします。

「背景を選ぶ」ボタンをクリックしよう

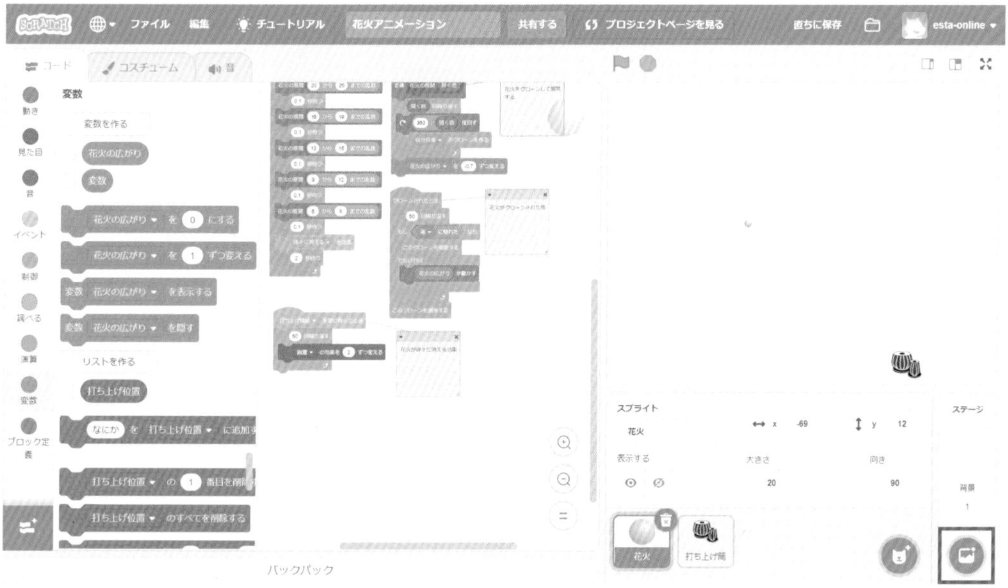

花火ですから、背景は夜空にしたいですね。それに適した背景はというと……、地球防衛ゲームで使った「Stars」が、この花火アニメーションでもちょうどよさそうです。「こっちの背景を使ってみたい」というのが見つかれば、そちらを選んでいただいてかまいません。

「Stars」を選ぶには、検索するのが手っ取り早くてお薦めです。

背景には「Stars」を検索して設定しよう

これで夜空が背景に設定され、花火が“映える”ようになりました。これで花火アニメーションを作る作業はすべて完了です。スタートボタンをクリックして、花火アニメーションの動作を確認してみましょう。

スタートするとだいたい3秒くらいの一定間隔で花火が打ち上がっていきます。花火は毎回大きさと展開する位置が変わります。花火は展開して広がったあと、徐々に消えていきます。また、花火が打ち上がる位置は、スタートボタンをクリックしてプログラムが起動するたびに変化します。

完成したスクリプトの一覧を掲載しておきます[※5]。もし動作で気になる部分や、うまく動いていないところがあったら、この完成見本と見比べてデバッグしてみてください。

※5 この状態のプログラムは、「花火アニメーション」のプロジェクトページ（https://scratch.mit.edu/projects/490684860）でも確認できます。

花火のスクリプト（完成形）

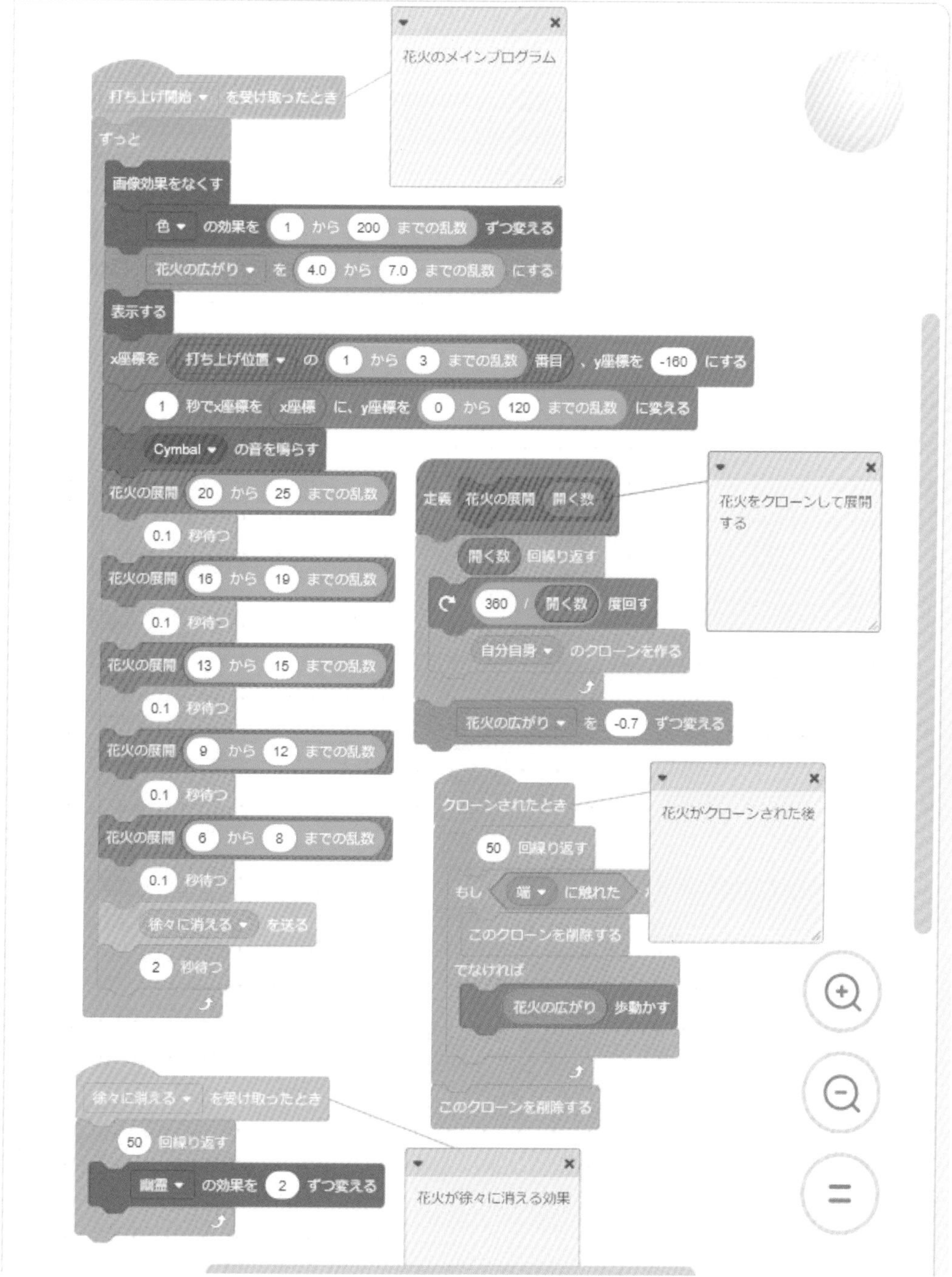

✸打ち上げ筒のスクリプト（完成形）

無事に動きましたか？お疲れさまでした。本章ではとにかく様々な処理を使って花火アニメーションを完成させることを目的に、手順を解説してきました。このプログラムにも、どんなプログラミング言語でも役立つ、プログラミングの基本がたくさん使われています。次章では、そんな大事な基本のうち、第4章では説明できなかったものを解説していきます。ぜひ、「これは花火アニメーションのあの手順で使った仕組みだな」と思い出しながら読んでください。

Chapter 6

花火アニメーションで使われたプログラミングの基本

ブロックを見本通りに並べていけば、立派なプログラムが自然とできてしまうのがScratchのいいところです。が、当然、そこではプログラミングの基本的な処理が働いています。本章では花火アニメーションを実現するのに用いられている、そうしたプログラミングの基本について説明していきましょう。

本章で取り上げるのは、変数とリスト、それから関数です。プログラムの動作とは直接関係ありませんが、プログラミングに必須のデバッグについても触れておきましょう。さらに、Scratchのプログラミングを追求したい人やゲームを作っていきたい人向けに、座標、クローン、乱数の仕組みなどについても掘り下げたいと思います。

値をいったん保存するのに使う変数

プログラムの中で、様々な値を扱います。値は、そのつど入力したり、演算したりして決めます。また、その値をどう扱うかもプログラムの中で決めます。プログラムの中では、いったん決めた値を何度も使い回す場面が出てきます。そのたびにいちいち入力したり、演算する式を記述したりするのは面倒ですね。そこで、そうした値を簡単に使い回せるようにしたのが**変数**です。

もう少し具体的に言うと、変数は何らかの値をコンピュータに記憶させておきたい場合に使用します。変数は、値を入れておくための箱をイメージして覚えてください。この変数という箱にしまえるのは、第4章で学んだ**値**です。

変数はプログラミングにおいて、様々な場面で使用されます。基本的には「値を記憶させておいて、別のところでも値を使用する」という使い方をします。代表例としては「ゲームキャラクターの体力の数値を記憶させる」「入力されたメッセージなどの文章を記憶しておいて、相手の端末に表示させる」などが挙げられます。

「花火アニメーション」のプログラムでは、「花火の広がり」という変数を作りました。一連のプログラムの中で、「変数の設定」「変数の中の数値を変化させる」「変数の中の数値を読み出してきて、動作の値として利用する」といった活用をしました。

「変数」には「数」という漢字が使用されていますが、値であれば**数値**だけでなく**文字列**や**真偽値**を入れておくこともできます。

と、説明だけ読んでもわかりにくいかもしれません。Scratchでちょっとしたブロックを組んで、変数の働きを体験してみましょう。

新規画面を開き、「変数」カテゴリを表示します。Scratchではあらかじめ「変数」という名前の変数が用意されていますのでこれを使用します。「変数」ブロックの左にあるチェックボックスにチェックを入れることで、ステージ上に変数を表示することができます。このデフォルトの変数には数値である「0」が初期値になっているため、変数名と一緒に数値0が表示されました。

「変数」カテゴリの「変数」ブロックを有効にするとステージに表示される

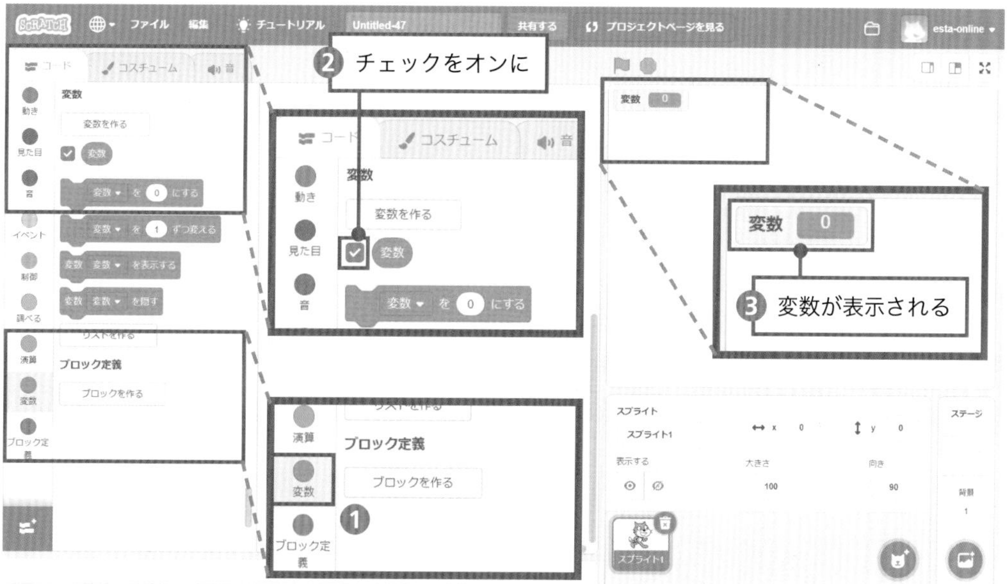

では、この変数の値を数値（この時点では0）から文字列に変更してみましょう。

「変数を0にする」ブロックをスクリプトエリアにドラッグして、「0」のところを全角の「GAME OVER」で上書きします。そしてブロックの「にする」の辺りをクリックすると「変数」の中の値が文字列の「GAME OVER」という値に変更されました。自分で試すときは、「GAME OVER」でなくてもかまいません。自分の好きなメッセージでやってみてください。

「変数をGAME OVERする」ブロックで値を変更

同様に、真偽値も入れられることを確かめてみましょう。

「調べる」カテゴリに移動し、一番上の「マウスのポインターに触れた」ブロックを、「変数をGAME OVERにする」ブロックの「GAME OVER」の部分にドラッグして、値を書き換えます。

「調べる」カテゴリのブロックを使って真偽値にしてみよう

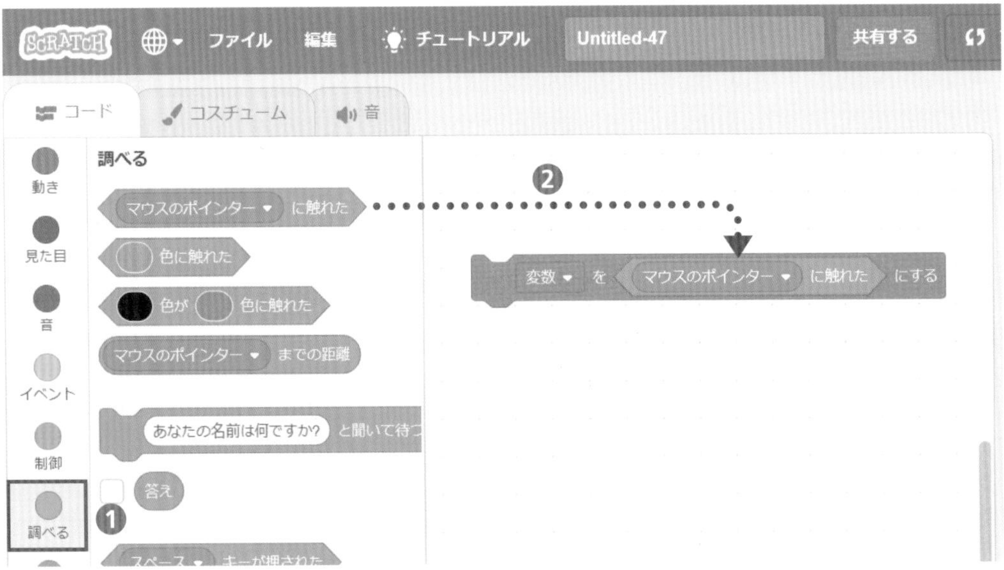

次に、「マウスのポインター」の右脇にある三角マークをクリックし、開いたメニューから「端」を選択します。これで「変数を端に触れたときにする」ブロックとなりました。そこで、このブロックの「にする」のあたりをクリックしてみましょう。すると、今はネコのスプライトが表示域の端に触れていないので、真偽値の「false」が「変数」の値に入ります。

✸変数ブロックに条件ブロックを入れると値が「false」に

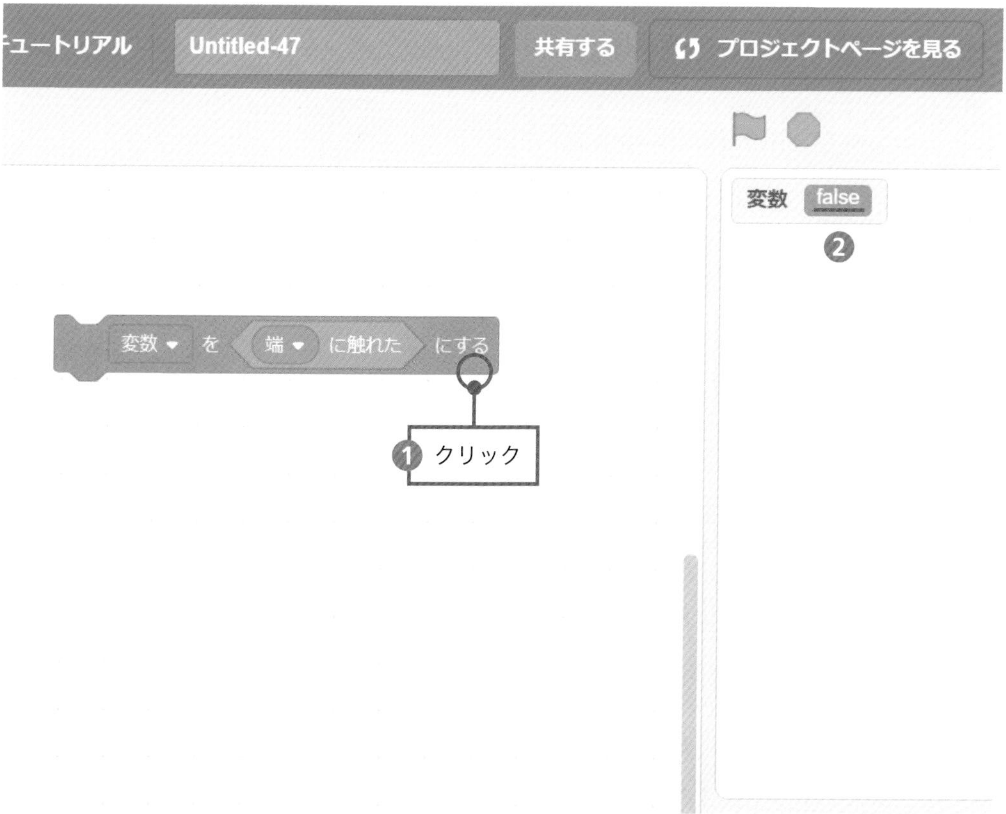

次に、ネコのスプライトをドラッグして、ステージの端の部分まで移動させて下さい。スプライトの一部がステージから少しはみ出るように配置します。これで条件の「端に触れる」状態になります。その状態で、先ほどと同じように「変数を端に触れたにする」ブロックの「にする」のあたりをクリックしてみましょう。今度はスプライトが端に触れているため、変数の値が「true」になりました。

✸スプライトが端に触れているときは値が「true」に

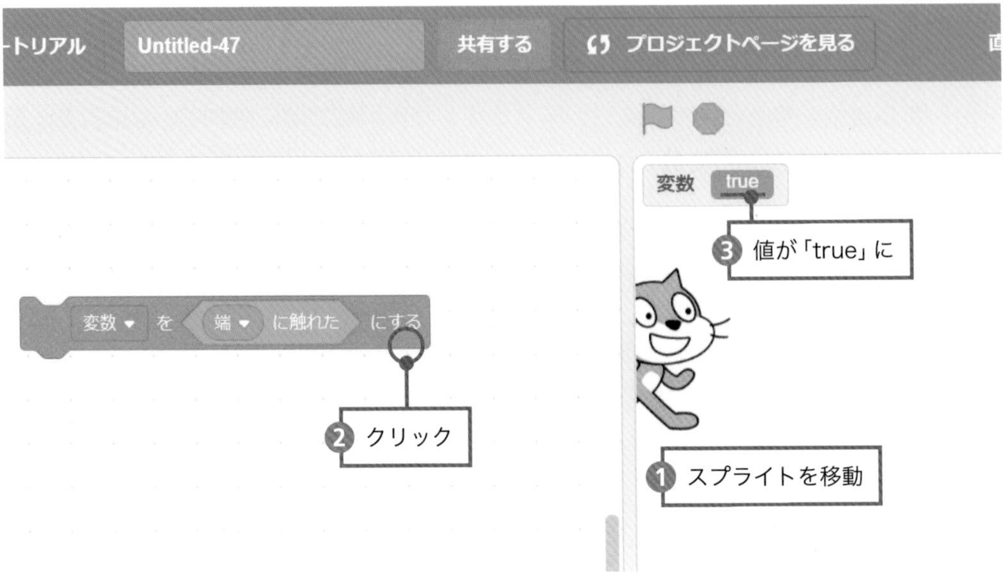

このように変数には様々な値を入れておくことができます。Scratchの場合、このように同じ変数が異なる型の値を扱えるようになっていますが、プログラミング言語の中には、変数を設定する時点で値の型を指定し、以降、その型の値しか扱えないというものもあります。

なお、変数に似た値の扱い方として**定数**が規定されているプログラミング言語があります。これは変数とは異なり、最初に値を設定すると、以降は変更することができません。定数は、プログラムの最初から最後まで値を変えないもの、誤って値が変わっては困るものなどを取り扱うときに使用されます。一方、Scratchのように定数という機能がないプログラミング言語もあります。そういった言語では、「途中で変わってしまっては困る値」を取り扱うときは、そうした値を書き換えないように工夫してプログラミングする必要があります。

複数の値を同時に取り扱うのがリスト

前項の「変数」に入れておける値は基本的に1つだけです。しかしプログラムによっては、一度に複数の値をしまっておきたい場合もあります。そのような場合に使われるのが、**リスト**です。Scratchでも「変数」カテゴリにリストが用意されていましたね。プログラミング言語によっては、リストのことを**配列**、**コレクション**などと呼ぶ場合もあります。

リストでは複数の値を取り扱えます。リストに入れた値には通し番号が付けられます。その番号を使って、リストから値を読み出すことができます。言ってみれば、リストは複数の収納区画がある「ロッカー」で、各区画には番号が割り振られているようなものです。

「リスト」の通し番号は、Scratchでは「1」から順番に割り当てられますが、これはプログラミング言語の中では少数派。多くの言語では「0」が一番最初の番号になります。そういうときは「2番目を示すのが1番」になるので、ちょっとややこしいですね。リストから値を取り出すときに、これが原因でミスをしやすい、いわば「あるある」ポイントになります。

「リスト」に入れることができる値は、「変数」と同じく、数値、文字列、真偽値、などです。変数に入れられる値ならリストでも扱えます。「花火アニメーション」の作品では、「打ち上げ位置」リストとして、3つの数値を保存しておき、打ち上げ筒のx座標の値として利用していましたね。

✸打ち上げ筒のx座標でリストを利用

打ち上げ筒が1カ所だけなら、リストを使う必要はありませんでした。打ち上げ筒を3カ所に用意するというだけなら、もしかすると「打ち上げ位置1」「打ち上げ位置2」「打ち上げ位置3」という変数を3つ用意するというやり方でも、スクリプトを工夫すれば同じことができたかもしれません。でも、3つのうちランダムに1つを選んで花火の打ち上げ位置にするという処理のことを考えると、1つの値しか扱えない変数を3つ用意して工夫するよりも、3つの値をまとめて管理できるリストのほうがシンプルなプログラムにできると考えたのが、花火アニメーションでリストを使った理由です。ご自分でプログラムを作るときにも、リストを使ったほうがすっきりとしたプログラムになることがあるかもしれません。複数の値を扱うときに、変数を使うのがいいのか、リストを使うのがいいのかは、ぜひそのつど考えてみてください。

まとまった処理をいつでも使えるのが関数

プログラムの中で、似たような処理を何度も繰り返して使うような場面はちょくちょく出てきます。花火アニメーションでは、打ち上げた花火が開く処理がそれにあたります。打ち上げ後、毎回必ず花火を開くようにしたからです。このため、Scratchの「ブロック定義」を使って、「花火の展開」というオリジナルのブロックを作りました。

「ブロック定義」で作った「花火の展開」ブロック

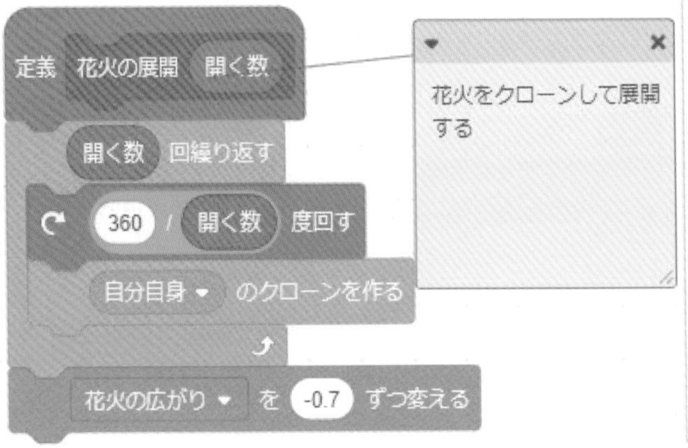

このブロックは、「開く数」から値を受け取って、花火を展開するときにクローンを作る回数や回転させる角度などを決める処理をします。このブロックを実行するときには「開く数」の値が毎回変わるので、同じブロックを使っても花火の広がり方は毎回変わります。このブロックを使うことにより、何発花火を打ち上げようが、クローンを作って少しだけ回転させるというスクリプトは1回作るだけで、あとはこの自分で定義したブロックを使い回せば済むというわけです。

プログラミングにおいて、あらかじめ処理をまとめて記述し、名前を付けておくことで、その処理を簡単に何度でも名前を呼ぶだけで使い回しできるようにする機能を**関数**といいます。プログラミング言語ではありませんが、表計算ソフトのExcelは使ったことがある人も多いと思います。Excelにはたくさんの関数が用意されています。あれも、あらかじめまとまった処理を定義したもので、名前をセルに記述することで、決められた処理が実行されます。その意味では、プログラミング言語の関数と同じと言えます。

Scratchでは「ブロック定義」ですが、ほとんどのプログラミング言語では関数と呼ばれます。その意味では、Scratchのほうが珍しいのかもしれません。

関数で重要な引数と戻り値

関数には、その関数を呼び出して実行するときに、一緒に処理に必要な値を使う場合があります。この値のことを**引数**と呼びます。読み方は「ひきすう」です。「関数に引数を与える」といった言い方をすることもあります。

Scratchでもブロック定義の中で引数を設定することができ、「花火アニメーション」では、花火の「開く数」として利用していました。

✸「ブロック定義」で作った新しいブロックが関数の役割を持つ

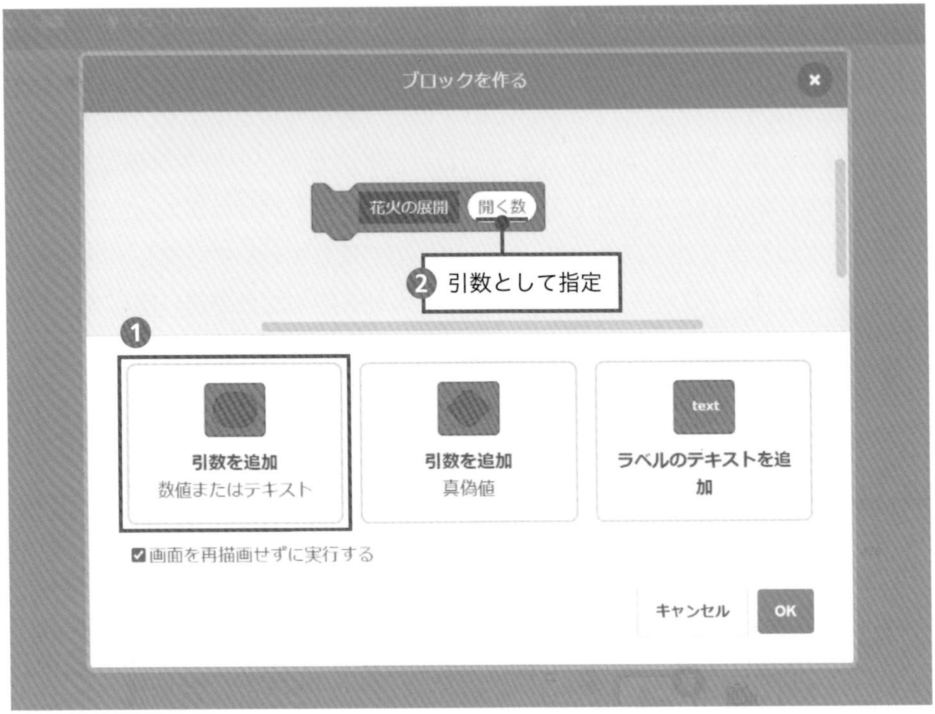

関数内で処理が終わったあとに、処理後の値を引き出す場合もあります。その値のことを**戻り値（返り値）**と呼びます。この**引数**と**戻り値**がある関数は、数学の関数の考え方に近くなります。Scratchの「演算」カテゴリの「(　) + (　)」ブロックを例に挙げると、2つの引数がある組み込み関数と見ることができ、戻り値として2つの引数の合計値を返す役割を持っています。ただし、Scratchの「ブロック定義」では、ユーザーが自分で戻り値を設定することはできません。

関数の別の呼び方では、「引数」「戻り値」を持たない関数のことを「手続き」「サブルーチン」と呼ぶ言語もあります。

COLUMUN

筆者も悩んだ「関数」の概念

プログラミングを始めたばかりの時期、私は「関数」の仕組みが理解しづらく、苦戦していました。あるとき、プログラミング言語で「関数」のことを「Function（ファンクション）」と表記するのだということを知りました。私はパソコンでファンクションキーをよく使っていたため、あらかじめ設定されている機能を読み出してくる「Function（ファンクション）」という考え方で「関数」をイメージできたのです。これをきっかけに関数を理解できるようになりました。

日本語では「関数」と訳されているため、どうしても「難しかった数学」のことを思い出してしまいます。xやyなどの数式がいやな思い出とともによみがえるのに加えて、「引数」「戻り値」などプログラミング独特の考え方も理解しなければなりません。「関数」というとそうした難しいイメージをついつい持ってしまいます。

しかし、もっとシンプルに「引数」「戻り値」とかを考えず、まずはあらかじめ「何らかの機能」すなわち「Function（ファンクション）」なのだと考えてみてはどうでしょうか。プログラミングにおける「関数」にピンと来ないという人には、こんな考え方をお薦めしておきます。

うまく動かない原因を探る大事な作業がデバッグ

プログラミングしてみたはいいけれど、プログラムが思った通りにはうまく動かない――。これは珍しいことではありません。こんなことはしょっちゅうです。プログラミング初心者に限らず、エキスパートでも「あれ、うまく動かないなあ」と悩むことなしにプログラムを完成させられることはないと言っていいでしょう。

プログラムが想定した通りに動作しないのは、プログラムの中に何らかの不具合があるためです。これを一般に「バグ」といいます。バグがあると、プログラムを実行しても途中でエラーが出て最後まで実行できないといった状態になります。プログラミング言語では、関数名を1文字打ち間違えただけでもエラーになります。バグによっては、エラーにはならず、一見うまく動作したように見えるのに想定通りの処理結果にはならないといったこともあり得ます。このバグをつぶして、プログラムを正しく動くように修正することを**デバッグ**といいます。

Scratchに関していえば、プログラミングはブロックを組むことがメインとなっているため、エラーが起こりにくい構造になっています。しかし、それでもここまで作品作りのプログラミングをしてきて、「あれ？ なんか変だぞ」と思うことなしに2つのプログラムを完成させられた方は少ないのではないかと思います。

プログラミングにおいて大切なことは「エラーは起こって当たり前」ということです。恥ずかしながら私も、プログラミングするときは毎度10回も20回もエラーが出るのは当たり前。30回目のエラーを解消して、やっと想定した動きをするプログラムができたなんて日常的なことです。これは現役のプログラマーやシステムエンジニアも同じで、プログラミングは日々エラーとの付き合いといって過言ではありません。ともすると、ミスすること（エラーを起こすこと）に対して過剰に抵抗感が持つ人が多いようです。それは試験（テスト）でなるべく減点（エラー）を少なく、しかも一発勝負でよい結果を求められてきたなどの経験から来ているのでしょう。

しかし、プログラミングでは一度で想定した正解の動きにならなくてもよいのです。それを当然のことと思ってください。エラーを恐れてコードを読み直したり、スクリプトを見直したりすることで手を止めてしまうより、まずは区切りのいいところまで作って実際に動かしてみる。そのようにトライしてうまくいくところ、いかないところを把握し、一つずつエラーを改善して完成に近づけていく。これがプログラムを早く完成させるためのコツです。

実はこれは現代社会における様々な場面にも当てはまることと思っています。ビジネスでもプライベートでも、最初から何の問題なく最後までうまく行くことのほうが少ないと思います。エラーを避けようとするのではなく、エラーが起こったときに試行錯誤で改善する方法を見つけ出し、前に進むということが、プログラミングでも現代で生活するうえでも非常に重要になります。

あとでわかる大切さ！ プログラム中のコメント

プログラミングでは、あとでプログラムを読み直したときに、どういうプログラムなのかについてわかりやすいように残したメモのことを**コメント**と呼びます。花火アニメーションのプログラミングでは、複数のスクリプトを組みました。そこで、それぞれのスクリプトがどういう役割を持つモノなのかがわかるようにコメントを残す練習をしました。Scratchでは右クリックメニューからコメントを付けることができましたね。

✸Scratchではブロックを右クリックしてコメントを作成

✱先頭のブロックに付けたコメント

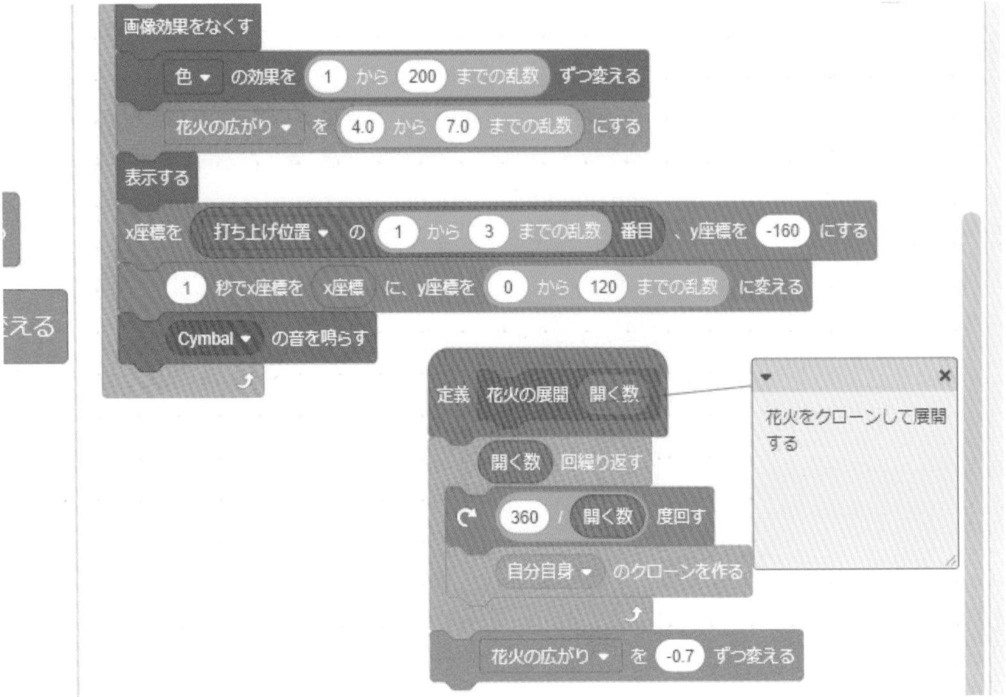

一般的なプログラミング言語では、それぞれコメントの付け方が異なります。代表的なものは「//」や「/*」「#」など。こうした記号を使うことで、その記号以降がコメントであることを示します。

簡単なプログラムなら、コメントを残さなくても中身を見るだけでどのような処理をしているのかわかることもあるでしょう。でも、ちょっと分量が増えてくると、「この部分はどういう目的で何をする処理なのか」についてプログラムそのものを読むだけでは理解できなくなっていきます。巨大なプログラムになれば、そのすべてを読むことすら困難になるでしょう。そのときに有効なのがコメントです。

プログラムを作っているときは、ついつい必要な処理をプログラミングしていくのに心を奪われがちになります。そこで、プログラミングを学習するときには、積極的にコメントをメモ代わりに残していく習慣をつけることをお薦めします。コメントがあると、先生や知り合いなどにプログラムを見せて、アドバイスをもらうときなどの場面で役立ちます。もし、将来的にプロのエンジニアになったときには、チームでプロジェクトを担当するといったこともあるでしょう。自分が作った部分を他人が引き継ぐようなときに、わかりやすく入れておいたコメントが役に立ちます。

また、コメントは自分があとでプログラムを見るときにも役立ちます。これもプログラマーあるあるなのですが、「何でこんな風にプログラミングしたんだろう？」といったように、作ったときのことを自分でも思い出せなくなることは実によくあります。今は実感しにくいかもしれませんが、「未来の自分」は「立派な他人」です。プログラミングしているときに考えていたことは、意外にあっさり忘れてしまいます。「他人が見てわかる」ようにというのは、実は「自分が見てわかる」ようにということでもあるのです。

コメントの付け方に厳密な規則はありません。実は絶対付けなければならないものもなければ、絶対に付けていけない箇所もありません。プログラム全体を説明するコメントもあっていいし、個別の処理ごとに説明するコメントもほしいところです。心がけたいのは、第三者として客観的に見ても、そのプログラムのことがわかるようにコメントすることです。

コメントの内容としては、そのプログラム部分の要約が基本ですが、他にも「なぜそのプログラムになったのか」という理由やバックグラウンドについても書いておくとよいでしょう。最初は事細かに何でもコメントするように心がけ、そのうえで慣れてきたらコメントが必要な部分がわかってきます。そのとき必要なところに的確にコメントを残せるようになればベストですね。

位置を決める座標は取り扱い注意

プログラミングにおいて、位置を指定する必要があるときに使用されるのが**座標**です。キャラクターやボタンの位置などが重要となるゲームプログラミングなどでよく使われています。それだけでなく、ドローンや3Dプリンター、ロボットなど外部の機械（ハード）を動かすハードウェアプログラミングにおいても場所（位置）を指定するのに座標は必須です。一般のプログラムでも、メッセージを表示する画面を作ったり、表示を細かく設定するようなときには座標で位置を指定します。

Scratchでは二次元（2D）のステージを使用しているため、x軸とy軸の座標を使用していました。これが奥行きのある三次元空間を扱う３Dゲームプログラミングなどでは、z軸など第3の軸も座標に使用することになります。

これだけでは、座標の感覚をつかみにくいかもしれません。そこで、Scratchで作ってみたプログラムでどのように座標が使われていたのか、思い出してみましょう。第3章で作った地球防衛ゲームでも、第5章で作った花火アニメーションでも、各所で位置決めに座標を使いました。

花火アニメーションで使った座標の例

例えば、花火アニメーションでは3カ所の打ち上げ筒をどこに表示するかで、x座標はリスト「打ち上げ位置」からそれぞれ読み込み、y座標は「−160」で固定するように設定しました。

Scratchの座標は、ステージ上の位置情報として扱います。縦軸と横軸があり、横が「x軸」縦が「y軸」となります。Scratchの座標の原点はステージ中央で、この位置が「x座標0、y座標0」と基準になります。x軸は右に向かって数値が大きくなっていき、y軸は上に向かって大きくなります。一方、左のほうおよび下のほうに向かうとx、yの座標はマイナス方向に変化していきます。

✸Scratchのステージを座標で示すと…

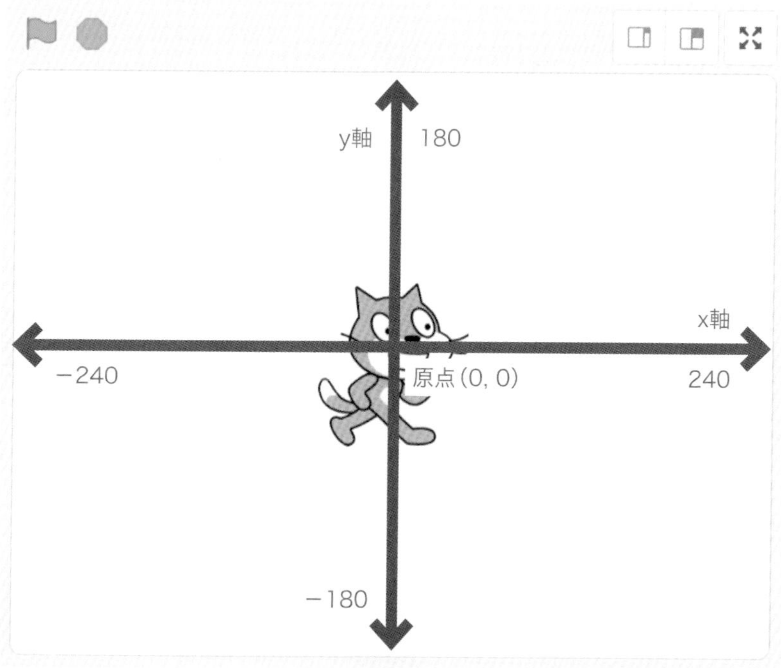

Scratchの場合、ステージ座標の有効範囲はxが−240から240、yが−180から180です。第5章では打ち上げ筒のy座標を「−160」にしました。これで、−160は相当下のほうの位置になるということがわかるのではないでしょうか。なお、上下左右ぎりぎりの限界値に関しては、スプライトの大きさによって若干の誤差があります。

ここで試しに、新規画面で「ずっと」「10歩動かす」「もし端に着いたら、跳ね返る」ブロックを次のようにスクリプトとして組んでみてください。

端まで移動したら跳ね返るようなスクリプトで実験しよう

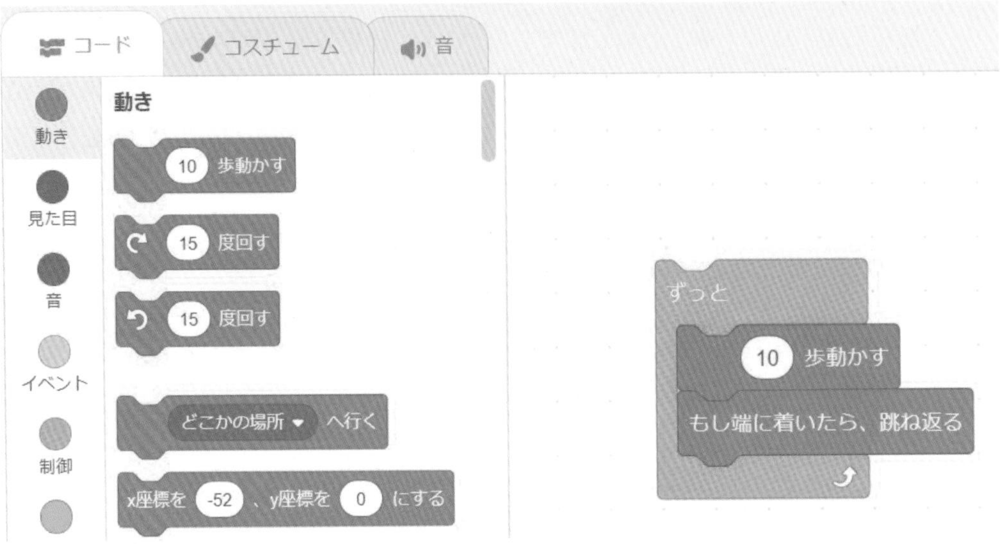

この10歩の部分が移動量、つまり座標が変化する度合いを示しています。もっと大きくしたり、小さくしたりと、いろいろ数値を変えて実験してみましょう。このときに、スプライト情報画面の座標部分に注目してみてください。実際にどのように数値が変化しているのかがリアルタイムでわかります。自分で座標を扱うプログラムを作るときには、いろいろと値を試して、ぜひScratchならではの感覚をつかんでみてください。

例えば、スプライトを動かす処理を作るとしましょう。そのとき、一度に100あるいは200といった大きな数値でスプライトを移動させるようにブロックを設定すると、ステージ上ではスプライトの位置が大きく変わります。対象的にキャラクターを少しずつ動かしたい場合などは5とか10とか、そのくらいの値で繰り返し動かすようにすることで、徐々に位置が動いていく様子を表現できます。

ゲームやアニメーションプログラミングで、キャラクターを連続して動かしたい場合に、このように繰り返しと動きブロックを組み合わせて動かす場合が多くあります。

私が主宰するプログラミング教室のことをお話ししましょう。プログラミングを学び始めたばかりの生徒さんが必ずといってよいほどやるのが、移動する相対座標を非常に大きい数値（1000あるいはそれ以上）にしてみることです。このようにすると、キャラクターがステージの座標範囲以上の移動をするため、瞬間移動しているような動きになります。

一読すると荒唐無稽な設定値に見えるかもしれませんが、そんなプログラミング遊びも座標の数値感覚をつかむきっかけになります。プログラムとしてはあまり意味のない移動の設定なのですが、プログラミングを学ぶ過程としては必要不可欠な“実験”だと思っています。

Scratchでスプライトを移動させるときのコツもご紹介しておきましょう。Scratchのステージは、前述したように横方向のx座標は－240から240が有効範囲です。そのため左端から右端まで大きく動かそうとしてもせいぜい最大で400くらいが相対移動の限度になります。なめらかな動きに見せたい場合は、１ケタや２ケタの数値にするのが現実的です。具体的な数値はスプライトにもよるので、「10歩動かす」などのブロックで値をいろいろ変えながら、イメージ通りに動く値を見つけてください。

Scratch以外でも、このようにプログラミングを楽しみながらも数値感覚を身につける練習をしておくことで、Webプログラミングで表示範囲を意識しながらプログラミングができたり、ゲームプログラミングでキャラクターの移動範囲の感覚をすぐにつかめたりするようになるのです。

ただし、注意が必要なのはプログラミング言語により、原点の位置が異なることです。Scratchはステージの中心が原点でした。でも、言語によっては表示領域の左上が原点だったり、左下が原点だったりします。プログラミング言語によっては、同じ座標でも機能によって原点の位置が変わることもあります。座標を使ったプログラムを作るときは、今、利用しようとしている機能では原点がどこという前提になっているのかについて、いつも意識しておくことが必要です。ここをいい加減にしていると、「表示されるはずのものが表示されない」「思っているのと違う場所に表示される」といったことが起こります。こうした場合、エラーメッセージが出ないことも少なくないので、どこでミスをしているのかわかりにくいというやっかいな**バグ**になる可能性があります。

Scratchの便利機能クローンを使いこなそう

ここでは、Scratchでもっといろいろプログラミングしてみたいという人向けに、ぜひ覚えていただきたいテクニックを紹介しましょう。

プログラミングでは、作ったものを簡単に複製して多数表示させることができます。特にゲームプログラミングでは、敵キャラなどを作ったら、それを複製して何度も登場させるといった使い方をすることでゲーム性を演出できます。このときにScratchで使われるのが**クローン**です。クローンを使用すると、スプライトにごく簡単なスクリプトを作るだけでも、ステージ上（ゲームの中）ではそのスプライトを大量に出現させることができます。

地球防衛ゲームや花火アニメーションでも、このクローンを活用して複数の侵略者や花火を効果的に表現していましたね。作成したプログラムを見返しながら、クローンを使用するときのポイントを紹介します。

おさらいになりますが、クローンの役割を持ったブロックは「制御」カテゴリに入っています。

クローンを使うブロックは「制御」カテゴリから

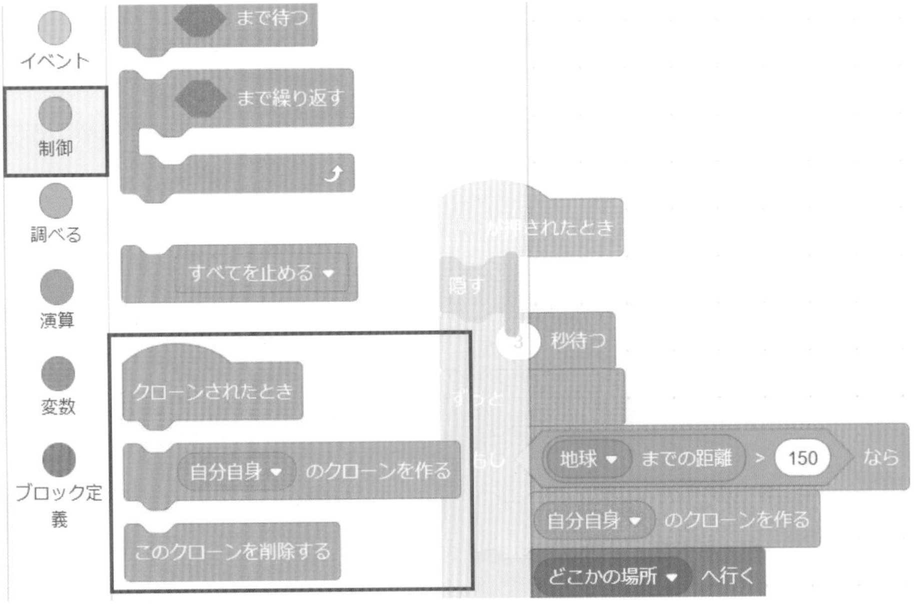

スプライトの複製物を作成し、複製された側を「クローン」と呼びます。「自分自身のクローンを作る」ブロックが作動すると、そのスプライトのクローンを、同じ座標位置に出現させます。このとき、大きさや座標を特に指定しなければ、元のスプライトと同じ座標に、同じ大きさのクローンとして出現します。クローンなのだから、ある意味当然の挙動です。何らかの形でクローンを移動させなければ、重なってしまって1つにしか見えないので注意してください。

クローンは元のスプライトのメインプログラムではなく、「クローンされたとき」ブロックから始まるスクリプトによって動作します。この「クローンされたとき」ブロックは、新しく作成されたクローンに即時実行されます。元のスプライトや、すでに作成されていたクローンには適用されません。そのため、動きのあるクローンを使用するには、メインプログラムとは別にスクリプトを設定する必要があるのです。

地球防衛ゲームの侵略者のスプライトや、花火アニメーションの花火のスプライトでも「クローンされたとき」ブロックから始まるクローン用のスクリプトを用意していましたね。

地球防衛ゲームで使ったクローンの例

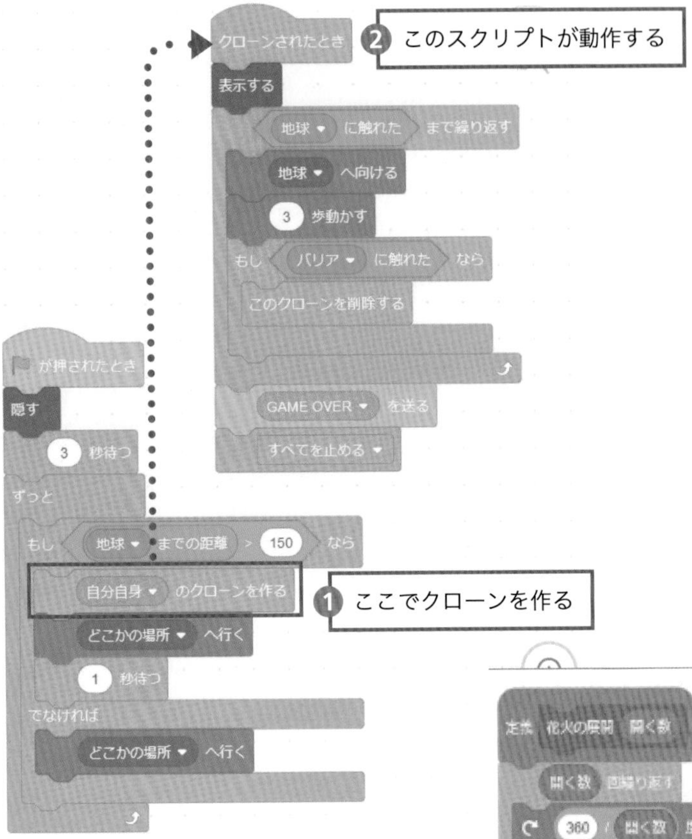

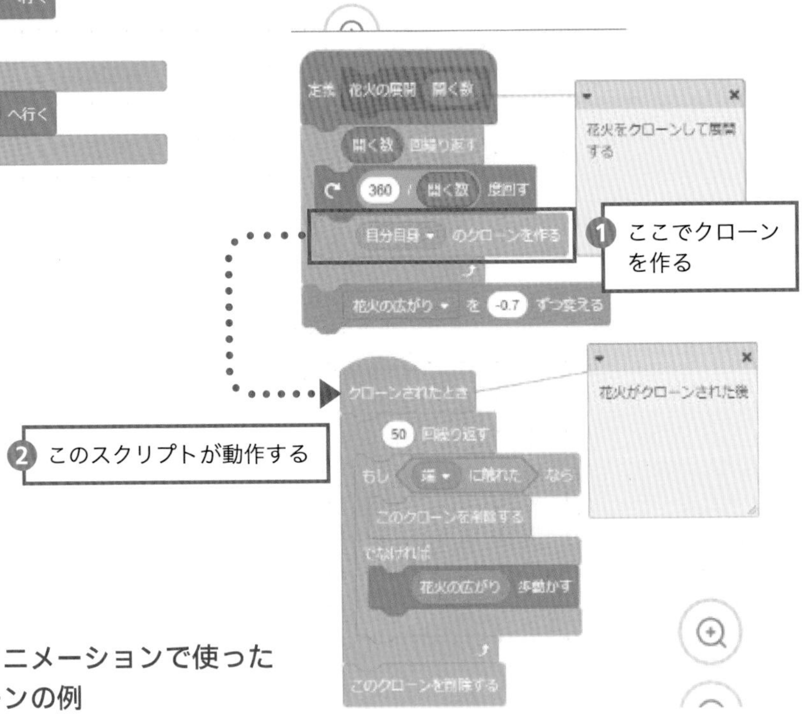

花火アニメーションで使ったクローンの例

出現させたクローンを消すのも、クローンの扱いでは必須です。ここでは基本的な方法を２つ紹介しましょう。

まず、各クローンを１つずつ削除する方法です。「このクローンを削除する」ブロックを使用することで、対象のスクリプトが実行されているクローン１つを削除することができます。地球防衛ゲームの侵略者がバリアに当たった時に消える設定や、花火アニメーションの花火が消える設定はこの方法を使用していました。

「このクローンを削除する」ブロックを使ってクローンを消す

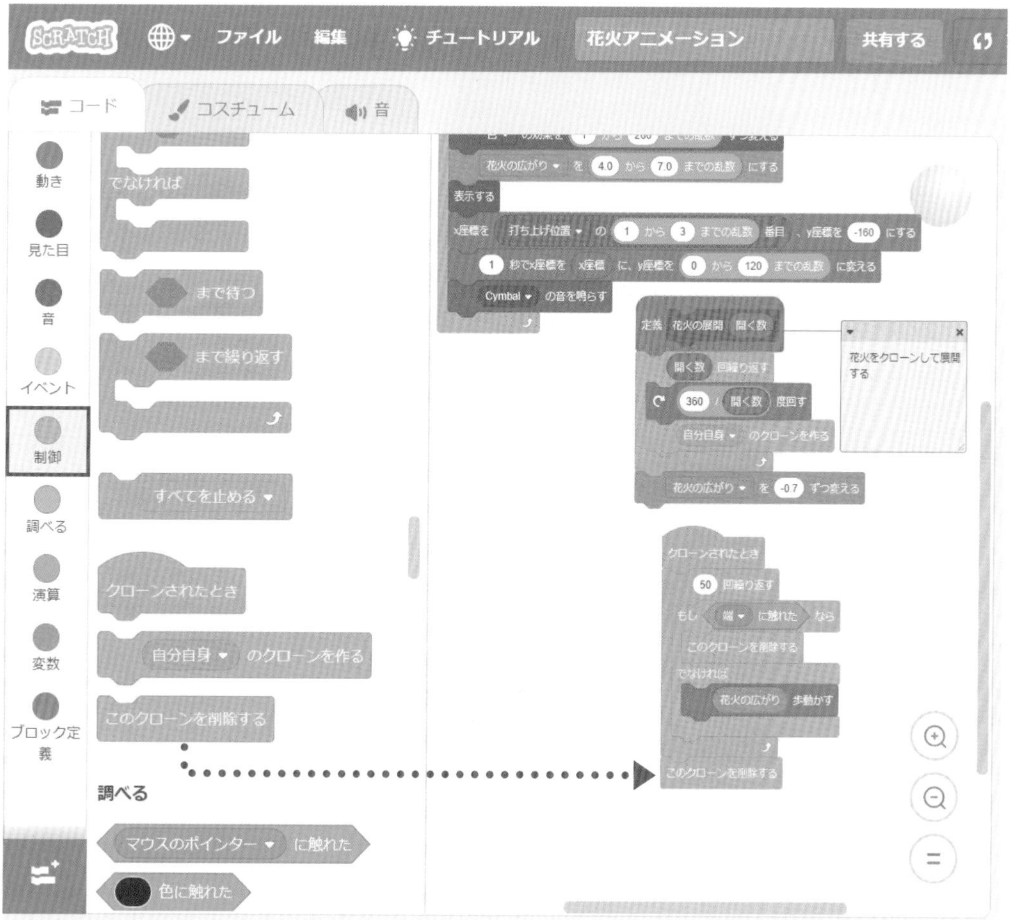

もう一つの方法として、一括ですべてのクローンを削除する方法です。これにはScratchのプログラム全体がストップするとクローンがすべて削除される機能を使います。具体的には「制御」カテゴリにある「すべてを止める」ブロックをスクリプトに追加します。

「すべてを止める」ブロックで全クローンを削除

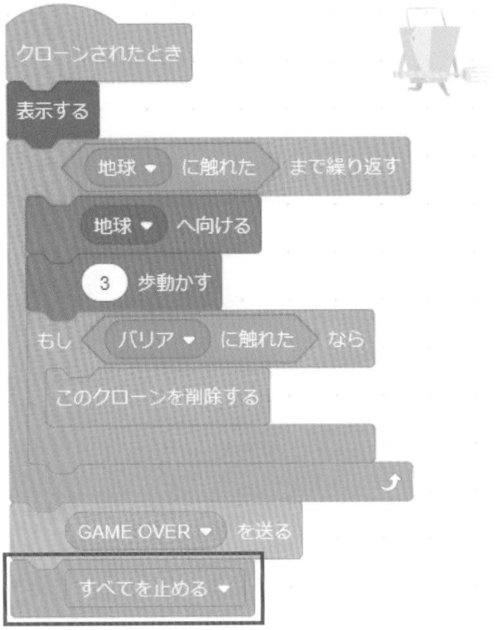

地球防衛ゲームの侵略者が、ゲームの最後に表示されなくなる設定のところで「すべてを止める」ブロックを使用していましたね。また、ストップボタンを押した場合も、プログラム中で作られたクローンはすべて消えます。花火アニメーションの打ち上げ筒では、ストップボタンを押したときにクローンが消えるようになっており、次の起動時にはまた別の座標に出現する設定になっていました。

「クローン」という表現はScratch独自のものです。スプライトをいろいろな情報や動作をひとつにした「まとまり」(オブジェクト)として考え、それを複製しながら様々に活用することできるのです。ちょっと難しい話をすると、これは現在のプログラミングにおいて重要な「オブジェクト指向」の考えにつながります。これは簡単には説明できないのでここまでにしておきますが、プログラミングには「オブジェクト指向」という概念があるということと、Scratchも自然と「オブジェクト指向」に沿ってプログラミングできるように作られているということだけ覚えておいてください。

意外によく使う乱数

プログラムではランダムな数値を使うことがよくあります。このランダムな数値のことを**乱数**といいます。人が予測できない動きを作ることができるため、ゲームプログラミングなどでよく使用されます。機械学習などの分野でも、例えば数式を少しずつ変えて理想的な計算式を求めるといった処理をするときに、乱数を使って変化を付けていくといった使い方をすることがあります。

多くのプログラミング言語では、乱数を発生させる関数が用意されています。Scratchでは、「演算」カテゴリの「0から10までの乱数」ブロックや、「動き」カテゴリの「どこかの場所へ行く」ブロックなどが乱数に関わるブロックになります。

乱数を使ったブロックの例（どこかの場所へ行く）

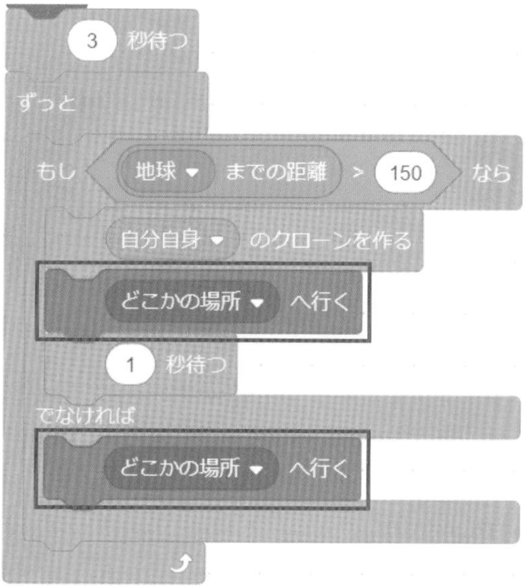

こうしたブロックは、Scratchでは関数のような役割を果たして乱数を出しているととらえることができます。例えば「0から10までの乱数」ブロックは2つの引数で範囲を指定し、その範囲の中からランダムな数値を戻り値として返してくる関数をブロックにしたものといえるでしょう。引数も戻り値もあるので、とても関数っぽいブロックに思えます。この引数と戻り値は、正の数だけでなく、－の符号が付く負の数も設定することができます。Scratchの座標は負の数値も扱うため、上下左右に分散させて表示したい場合などには原点（0, 0）をはさんだ数値、つまりマイナスであってもプラスであっても引数に使います。花火アニメーションの打ち上げ位置は左右方向に並べてに表示させたかったので、y座標を同じ数値で固定し、x座標をマイナス200から200の範囲の乱数を使って指定していました。

また、プログラミングでは整数と小数は区別されることも、この乱数ブロックを使うときに出てきましたね。乱数ブロックで引数である数値を整数で入力すると、戻り値としても整数で返します。小数で入力した場合は、戻り値も小数でランダムに返されます。

✵整数と小数を区別して乱数を使ったブロックの例

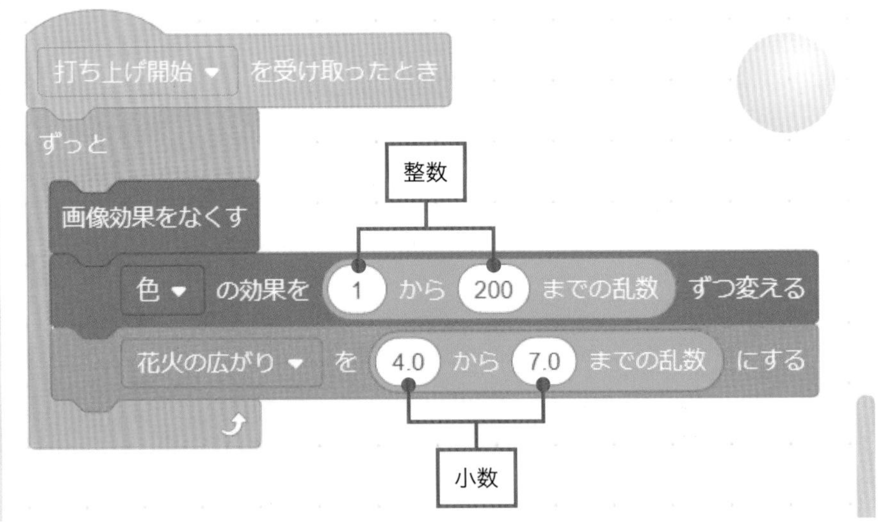

Chapter 7

次に何を勉強する？

ここまでお読みくださった皆さん、お疲れさまでした。地球防衛ゲームも花火アニメーションも、それなりの動作をするプログラムです。それだけのものを作るのに、実際やってみてどう思いましたか？ 大変でしたか？ それとも、意外と簡単でしたか？

プログラミングが初めてでも、基本的にブロックを選んでつなぎ合わせるという簡単な操作でプロブラムを作れるScratchが、すぐれたプログラミングの入門ツールであることはわかっていただけたのではないかと思います。でも、ビギナー向けといってもプログラミング言語として必要な機能は備えており、もっと高度なプログラムを作ることもできるのです。

一方で、ここまで学んできたプログラミングの基本は、Scratchでしか通用しない知識ではありません。その他のプログラミング言語でも立派に活用できる基礎知識です。Scratchの使い方とプログラミングの基本を学んだ皆さんは、同時に他の多くのプログラミング言語を学ぶためのスタートラインにも立っているのです。

そこで、本書の最後にあたる本章では、プログラミングの階段をさらにもう1段上がりたいという方のために、次のステップとしてオススメの「言語」と「分野」を紹介いたします。

初心者におススメのプログラミング言語

プログラミングの世界には数多くのプログラミング言語があります。その中から次の学びとして推奨できる言語を、以下の点から選びました。

- **コードが読みやすく、スムーズに学習できる**
- **人気がある、もしくは近年注目されている**

最初の項目は説明するまでもないでしょう。2番目の項目については補足しておきましょう。人気があるということは、その言語を使っている人が多いということです。利用者が多いと、インターネットや参考文献などで提供される情報が多いということにつながります。注目されていることが重要なのも同じです。これから利用者が増えるような言語でも、注目している人たちから様々な情報が発信されます。それにより、関連情報が充実するのです。これは、学習するときだけでなく、実際にその言語でプログラムを作るときにも大事なポイントです。どんなレベルであれ、「こういうときにはどうすればいいんだろう？」に対する答えは、やっぱりすぐに見つかったほうがいいですよね。

一つひとつの言語や領域については、くわしくは説明していません。言語で言えば、どういう候補があって、どういう領域で活躍できる言語なのかに絞って説明しています。よりくわしく知りたい場合は、ぜひご自分でも調べてみてください。そのこと自体が自分に合った言語を見つける大きなヒントになるはずです。

なお、ビジュアルプログラミングはツールあるいは言語としてとらえ方が定まっていないところがあり、人によって評価は様々です。本書では、ビジュアルプログラミングも1つのプログラミング言語として取り上げています。

AIやデータ分析に強いPython

Pythonが活躍する分野

- **AIを使ったアプリケーション**
- **Webアプリケーション（サーバー側）**
- **ハードウェア制御**

Pythonは、AI（人工知能）やディープラーニング、データ解析などの分野において最も使われている言語です。その一方で、プログラムのコードの書き方はシンプルでわかりやすいため、初心者向けの言語としても親しまれています。そのため近年急速に需要が高まり、プログラミング言語の人気ランキングでも常に最上位に位置しています。

Pythonは構造自体もシンプルで、Python自体が標準で備える関数は、あまり多くありません。一方、Pythonにはライブラリという機能があり、様々なアプリケーションを開発するのに便利なようにと、たくさんの人が独自に開発した関数を公開しています。このようにライブラリが充実しているのがPythonのいいところです。「Pythonが機械学習に向いている」とか、「データサイエンスに強い」と評価されているのは、そうした分野で利用できる優れたライブラリが公開されているためです。

Pythonはオープンソースと呼ばれる、誰でも利用できる条件で公開されているプログラミング言語です。Pythonは無料で使えますし、Pythonでのプログラミングを支援するツールもたくさん無料で公開されています。こうしたハードルの低さも、Pythonが選ばれる理由かもしれません。

ゲーム開発ではほぼ標準のC#

C#が活躍する分野

- **ゲーム／3Dアプリケーション**
- **アプリケーション全般**

Microsoft社が開発した言語で、2002年に登場したのがC#です。主要なプログラミング言語の中では比較的新しいものといえます。既存言語のよいところを取り入れて作られた言語で、プログラマーが戸惑いやすい機能はあえて省くという、思い切りのいい思想で開発されています。また、業務システムの分野で広く使われているJavaにも通ずる部分があり、既存の言語でプログラミング経験のある人が今までの知識を生かしやすいという一面もあります。

Microsoft社のバックアップが強力で、「Visual Studio」などの開発環境が整えられています。拡張機能を使うことでWindows用のアプリケーションソフトからAndroid、iOS向けのアプリまで、幅広く開発することができます。

本書でC#をお薦めする理由は、ゲーム開発環境である「Unity」で標準のプログラミング言語に採用されている点です。現在、ゲームを開発するのにUnityは最も有力な開発ツールです。C#のスキルを身に付けると、Unityを利用することによりシンプルなゲームから本格的な3Dゲームまで効率良く作成することができます。このため、ゲームプログラミングの分野ではC#の存在感が大きいのです。

iOSアプリの開発にはSwift

Swiftが活躍する分野

- モバイル向けアプリ（iOS）
- 一般的なアプリ（Mac）
- ゲームアプリ
- ハードウェア制御

Apple社が2014年にリリースしたiOS（Apple端末用のOS）の公式開発言語がSwiftです。iPhoneやiPadのアプリ制作分野において主に使用されています。iPhone、iPad、MacなどのApple製品で使用する多くのアプリが、Swiftで作成されています。特に日本におけるApple製品のシェアが海外より大きいこともあり、国内では主要なプログラミング言語の一角を占める言語となっています。

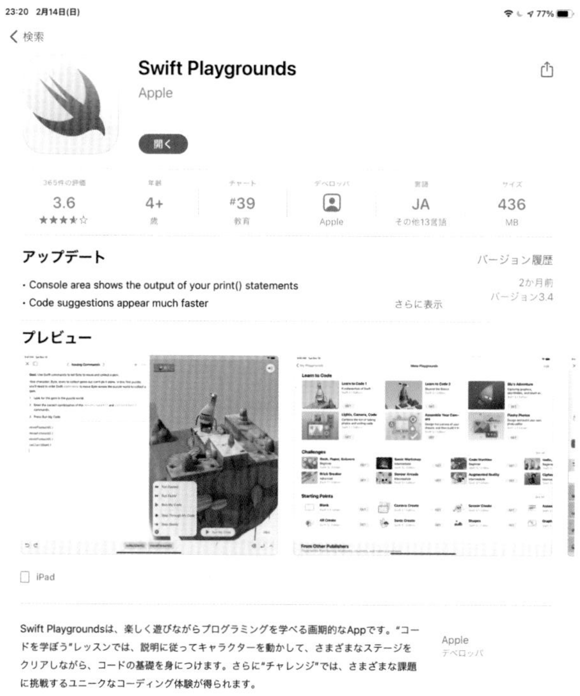

iPadやiPhone、Mac向けのアプリを作れるSwift

プログラミング言語としては非常に新しい言語であり、既存の言語の便利な機能を取り入れた多機能な言語であることも特徴です。多機能であるのが逆に、ビギナーにとっては複雑に感じる部分があるかもしれません。しかし、Apple社が手厚くバックアップしていることもあり、多機能がデメリットにならないよう配慮された環境が用意されています。Swift向けの開発環境である「Swift Playgrounds」には、MacとiPad限定ではありますが、充実した学習コンテンツが用意されています。これは開発環境というよりも、学習環境といってもいいくらい豊富な内容です。これにより、無料で体系的にSwiftプログラミングを学ぶことができるようになっており、学習を終えたあとは開発環境としても利用できます。また、Mac用には「Xcode」という高機能な開発環境も公式に用意されています。これも使いやすいツールとして定評があります。

MacとiPadではプログラミングの学習環境にも使える

Webで大活躍するJavaScript

JavaScriptが活躍する分野

- **Webアプリケーション**
- **モバイルアプリ**
- **ハードウェア制御**

JavaScriptは、インターネット上の多くのWebページで使用されているプログラミング言語です。ほとんどのページで何らかのJavaScriptによるプログラムが使われているといっても言い過ぎではないほどです。Webブラウザは、そのほぼすべてがJavaScriptに対応しており、特に何の準備をしなくても、JavaScriptを動作させることも、JavaScriptでプログラムを作ることもできるのが特徴です。このため、JavaScriptの学習もすぐに始められます。

Webページの構成やデザインを担当する言語のHTML[※1]やCSS[※2]と共に活用することで、モダンなWebページを自在に作成できるようになります。この3つの組み合わせで、Webプログラミングにおける表側（フロント側）を構築できるようになります。

※1 Hypertext Markup Languageの略。

※2 Cascading Style Sheetの略。

また、JavaScriptをベースに様々な派生言語も開発されています。例えば、Googleが開発した「Google Apps Script」は、Googleの各種サービスを拡張するためのプログラミング言語です。各サービスの操作を自動化したり、サービス間を連携させたりといったことが可能になります。これにより、メールからスケジュールを自動的に作成するといったことをプログラム化できます。JavaScriptをベースに開発されているので、JavaScriptの心得があれば、すぐに利用することができます。

JavaScriptは、当初はユーザーの操作に合わせてWebページを自動的に書き換えたり、動きのあるページを作ったりといった目的で使われていました。通常はたくさんあるメニューをたたんで隠しておき、見出しに付けられた＋（プラス）の記号をクリックすると、隠れていた項目が表示されるといったWebページを見たことのある人も多いのではないでしょうか。そういった動作はJavaScriptで制御されています。こうしたJavaScriptプログラムは、ページのデータを読み込んだWebブラウザが実行しています。

近年は、Webページだけでなく、サーバー上で動作するアプリケーションも開発可能な環境が整えられています。このため、JavaScriptの応用範囲が広がっており、Pythonと並んで最も広く使われるプログラミング言語になっています。

日本発のプログラミング言語であるRuby

Rubyが活躍する分野

- **Webアプリケーション**
- **一般的なアプリケーション**

日本人のまつもとゆきひろさんが開発したプログラミング言語といえるもので、世界的に広く使われているものとしては数少ない国産の言語です。「ストレスなくプログラミングを楽しむ」ことができるよう開発されています。コードの書き方に柔軟性があり、プログラミング教育の現場でも使用されています。また、国産言語なだけあり、日本語の書籍や情報が充実していて、学ぶために必要な素材も多いのも特徴です。

Rubyも「Ruby on Rails」という拡張プログラムを利用することで、Webアプリケーションをスムーズに開発・提供できるようになっており、国内外の様々なWebサービスで採用されています。

本格的な開発も可能なビジュアルプログラミング

ここまでは、命令や関数を文字で記述し、それをコンピュータに実行させるタイプのプログラミング言語を紹介してきました。こうした従来からのプログラミング言語は今でも主流ですし、これからも主流であり続けることは間違いないでしょう。応用範囲も広く、高度な処理をするプログラムを作ろうとすると避けては通れません。

ただ、そうしたプログラミング言語は文法を理解し、正しく記述しないとプログラムは動作しません。その点で難しさがあるのは、第1章でご説明した通りです。一方、本書で取り上げたScratchは、使ってみてどうでしたか？ ちょっとしたタイプミスで動作しないといったこともなく、エラーを起こすようなブロックを組み合わせるようなことはできないように作られています。従来のプログラミング言語と比べて、何らかのミスに悩むケースは大幅に減らせます。その点で、プログラミング入門にはピッタリの言語でした。

今後はScratchのようなプログラミング言語が増えてくると予想されており、実際、Scratch以外にもいろいろ登場しています。本書ではこのようなプログラミング言語を「ビジュアルプログラミング」としてご紹介したいと思います。

本書はScratchでプログラミングに入門することを目的としていますが、ビジュアルプログラミングは決して“入門専用”ではありません。本格的なプログラムの開発もできるものとして、ここ数年で急速に存在感を強めてきています。ここでは学びを深めていけるビジュアルプログラミングとして3つの言語を紹介します。

もっとScratchを活用してみよう

本書で取り扱ったScratchは、小学生でも難なくプログラミングを学ぶことができる言語という特徴から、プログラム入門に向く言語として取り上げられることが多いのは事実です。でも、実際にはScratchは入門レベルに止まらず、様々なプログラムを作ることができますし、拡張機能を利用することにより高度なプログラミングも可能です。

特に「ゲームプログラミング」の分野では、実際に世界中のScratchプログラマーが様々なジャンルのゲームを作成しており、入門レベルとは思えないプログラムをたくさん見つけることができます。そうしたプログラムでも、本書でも学んだクローンや定義ブロックの機能を活用しています。本書で解説した機能を基本として身に付けていれば、あとはアイデア次第で本格的なゲームを開発することができます。

また、ScratchはWebブラウザ上で遊ぶゲームを作れるだけではありません。様々なハードウェア、具体的には後述するドローンやロボットなどを制御するプログラムも得意です。また、**micro:bit**（マイクロビット）※3のようなセンサーやLEDを備えた小型のボード型コンピュータ用のプログラムを作る電子プログラミングも可能と、いろいろ応用もできるようになっています。そうした領域に興味があれば、Scratchをもっと突き詰めていくのもお薦めです。

※3　英国放送協会（BBC）が開発した、教育用のシングルボードコンピュータ

ゲーム端末で遊ぶプログラムも作れるMakeCode

MakeCodeは、Microsoft社が提供するビジュアルプログラミングで、Scratchと同様のブロック型ビジュアルプログラミング言語です。

MakeCodeはMicrosoftが提供するビジュアルプログラミング

特徴としては、外部の端末やコンテンツと連動してのプログラミングが多彩であることが挙げられます。人気箱庭ゲームの**Minecraft**（マインクラフト）をプログラミングで動かすマイクラプログラミングや、小型コンピュータのmicro:bitを制御するプログラミングもできます。

中でも注目していただきたいのがMakeCode Arcadeという、ゲームプログラミングに特化した機能です。ゲームをスムーズかつ楽しくプログラミングできる仕組みが多く取り入れられており、

- **シミュレーター機能を備えており、プログラムの動きをリアルタイムで確認しながらプログラミングができる**
- **ゲームによく使用される「ライフ」「スコア」「テロップ」などの機能があらかじめブロックとして用意されており、効率良くプログラムが作成できる**

といった特徴があります。

さらに、完成した作品はScratchと同じようにWeb上で共有し、誰でもパソコンやスマホ、タブレットでプレイできるように公開することができます。それだけでなく、MakeCode Arcade対応のゲーム端末も各社から提供されており、「ゲームボーイ」や「DS」などのように携帯ゲームを楽しむこともできます。そう言えば、MakeCodeの魅力が伝わるのではないでしょうか。「自分がプログラミングで作った作品を、ゲーム用の端末にインストールして持ち出し、家族や友人にプレイしてもらう」といったことが、ビジュアルプログラミングを使って簡単に実現できてしまうのです。

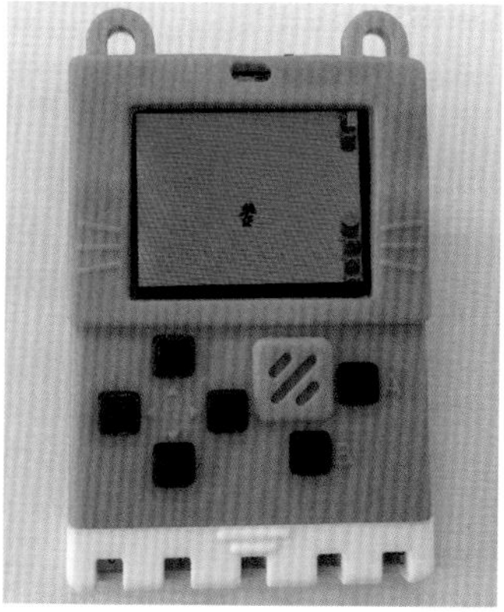

KittenBot社が販売するMakeCodeArcade対応端末のMeowbit

こうした端末は基本的にまだ海外に限られており、国内では正式には発売されていません。そういう意味では、MakeCodeは将来性があるプログラミング言語という段階ですが、今後、ビジュアルプログラミングで携帯端末向けのゲームを手がけていきたいという人なら、ぜひ注目していていただきたいと思っています。

本格的なゲーム開発が目的のBOLT

BOLTはゲームプログラミングの分野で、本格的なコンテンツをプログラミングすることのできるビジュアルプログラミング言語です。多くの著名なゲーム制作に使用されているゲーム開発環境「Unity」上で使用できることが特徴です。Unityでは一般に、プログラミング言語としては前述のC＃を使ってプログラミングを行います。C＃でプログラムコードを入力する代わりにBOLTを使うと、ビジュアルプログラミングがUnity上で可能になります。というのは、BOLTを使うと、プログラミングの際はビジュアルなユーザーインターフェースでプログラムを作るのに対し、組んだプログラムはBOLTが自動的にC#のプログラムコードに書き換えて出力します。つまり、C＃とほぼ同等の機能が使えるので、本格的な3Dゲームをビジュアルプログラミングで作成することができるのです。

ビジュアルプログラミングの要領でC#のコードを生成するBOLT

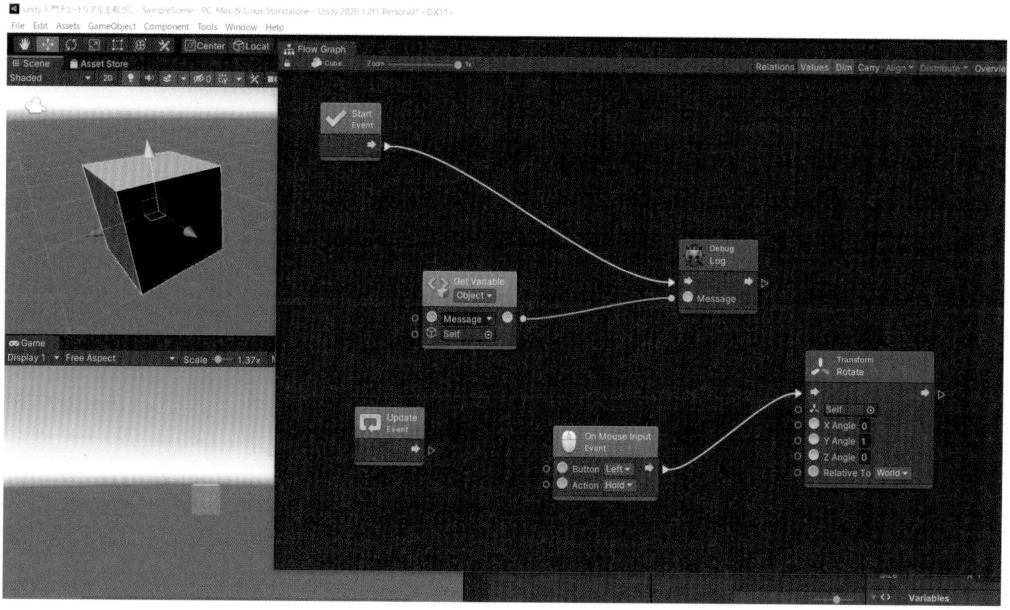

BOLTでは、ある機能を持つタイル（これを「ノード」といいます）を線でつないでプログラミングしていきます。Scratchがブロックを積み重ねるようにしてプログラミングするところを、ノードとノードをつなぐ（これを「リンク」といいます）ようにするわけです。このため、BOLTのようなスタイルをノード型ビジュアルプログラミングということもあります。BOLTの場合、プログラムの流れが、線上を流れるアニメーションで表示されます。これにより、プログラムの全体像やエラーがどこで起こっているかなどが可視化され、どのようにプログラムが動作しているのかを把握しやすいというメリットがあります。

一方、ビジュアルプログラミングにもデメリットはあります。これはBOLTに限らず、前述のScratchやMakeCodeを含めたビジュアルプログラミング全般に言えることになりますが、従来のプログラミングと比較して、プログラムの画面に占める面積が広くなりやすいため、複雑なプログラムを組む場合は、大きめのモニターを使ったり、画面の拡大縮小を何度も繰り返したりする必要があります。

興味を持てる分野から次の一歩を探ってみよう

ここまでは、次に学ぶプログラミング言語を何にするかという視点で、お薦めの言語を紹介してきました。もちろん、本書で各言語についてすべてをくわしく説明することはできません。このため、それぞれの言語の詳細を調べる際の取っかかりになるよう、大まかな説明に止めました。その代わりに、これから始めるプログラミング言語としてのお薦めを幅広く紹介したつもりです。

でも、「それでは選べないよ」という人もいるでしょう。言語の説明だけされて「選べ」といわれても……。その気持ちはわかります。そこで、プログラミングが生かされる分野についても、次の一歩を踏み出すためという観点からお薦めを紹介しようと思います。興味のわいた分野があったら、その分野でプログラムを作っていくことを考えてみてはいかがでしょうか。分野を決めれば、候補となるプログラミング言語もおのずと決まってきます。ここからは、ちょっと目先を変えてプログラミングの世界を見てみましょう。

ここで分野を選んだ基準として

- **作った成果を楽しめて、面白みを感じながらプログラミングに取り組める点**
- **プログラミング教育としての観点からも学びが深まりやすい（複合的に学べることが多い）点**

に着目しました。分野から選んでいくと、「楽しそう」「面白そう」という目で見ていくことになると思います。就職や転職を考えている人にはちょっとマッチしないかもしれませんが、せっかく覚えたプログラミングをこれからも楽しんでいきたいという人にはぜひ読んでいただきたいと思います。

まずは、本書でも作ってみたゲームの分野から見ていきましょう

「遊び」を作り出すゲームプログラミング

プログラミングによってゲームを作成する分野で、本書でも地球防衛ゲームをプログラミングの題材として扱いました。作ったゲームを自分でプレイしたり、他の人にもプレイしてもらったりしてプログラミングの成果を楽しめるのが特徴です。

プログラミングを学習に使うという現場でよく使用されるのは**Scratch**や**Swift Playgrounds**などです。いずれも、最初に触るプログラミング言語として学びやすいように作られているのはもちろん、そのままゲームプログラミングができるよう設計されているのも特徴です。

一方、本格的なゲームを作るとなると、**Unity**に代表されるゲーム開発環境を使うことになります。こうした開発環境で、相応のプログラミング言語を活用することにより、3Dゲームなどの本格的なゲームも作成することができます。Unityの場合は、前述の通りC＃が標準的な開発用のプログラミング言語として使われています。

様々なサービスを提供する Web関連のプログラミング

「Web」といえばひと言ですが、実際にはWebにかかわるプログラミングは幅広く、様々なプログラムが様々な場所で動いています。ここでは、Webページ上でプログラムを動かして、表現や取り扱うデータを拡張する技術と、サーバー上で動作するプログラムを開発し、様々なサービスを提供する技術とに分けて説明しようと思います。

まず、Webページ上でプログラムを動かすための技術から見ていきましょう。通常、ブラウザでWebコンテンツにアクセスすると、Webページを表示するためのデータをサーバーから読み込んでブラウザ上で表示します。そのときの書式がHTMLです。HTMLで記述されたデータが、主にWebページに表示する情報そのものです。HTMLデータだけでも情報は表示できますが、ユーザーの操作に応じて追加のデータを読み込んだり、表示する内容を切り替えたりといったことをしたくなったときには、HTMLデータ内にプログラムを書いておくことで、ページを開くと同時にブラウザ上でそのプログラムを実行できるようになっています。そのときに使われるのがJavaScriptです。

例えば、Googleマップでユーザーが画面をスクロールする操作に合わせて、新しく表示するところのデータをそのつど読み込んだり、Twitterでタイムラインをスクロールしていくと次々に続きのツイートを読み込んだりといった処理は、ブラウザが読み込んだ**JavaScript**のプログラムで実現しています。

ただ、Web関連でいうと、今最もニーズが高く、働き手であるエンジニアが求められている分野はサーバー側で動作するプログラム（Webアプリケーション）の開発といえるでしょう。様々なショッピングサイトやSNSなど、今やWebを通じて提供されているサービスのほとんどは、何らかのプログラムをサーバー側で開発し、ユーザーがWebブラウザ上のリンクやボタンを操作することで送信するリクエストを受け取り、それに応じた内容を繰り返すという処理を、各サービスごとにプログラムを使って行っています。1つのプログラムで済むというケースはほとんどなく、サーバー側では複数のプログラムが連携して動作しており、プログラムを作るというよりはシステムを開発する、あるいはアプリケーションを開発するというほうが一般的です。そうした開発では、**JavaScript**、**Python**、**Ruby**などが主として使われています。

スマホやタブレットで動作するアプリの開発

スマホ、タブレットなどの端末で動くアプリももちろんプログラミングにより作ることができます。その際に重要になるのは、プログラミング言語というよりも、開発環境かもしれません。

Android向けの開発環境としては、Androidの開発元であるGoogleがAndroid Studioという開発環境を公式に提供しています。これを使うと効率良くAndroidアプリを作ることができます。このAndroid Studioが対応しているプログラミング言語が**Java**です。また、iOSアプリには前述の**Swift**が、Appleから提供されています。

でも、どうせならAndroid版とiOS版の両方を作りたいですよね。その場合は、両方に対応（これをクロスプラットフォーム対応と言います）した開発環境を使います。そうしたクロスプラットフォーム対応の開発環境には、代表的なものにReact Native（リアクト・ネイティブ）、Xamarin（ザマリン）などがあります。プログラミング言語はそれぞれ、**JavaScript**、**C#**に対応しており、開発環境によってプログラミング言語が決まるという面もあります。

その意味では、単にプログラミング言語を何にするというだけではなく、どのOS向けのアプリを開発したいのか、開発環境に何を選ぶのかなど、考えなければならないところが多い分野でもあります。

今最も注目が高いのがAI

近年注目されている分野が**AI**（人工知能）です。AIと同じ文脈で出てくるキーワードに「機械学習」「ディープラーニング」「画像認識」「自然言語処理」などがあります。正確にいうと、AIを実現するための技術が機械学習やディープラーニングで、そうした技術を使って実現するのが画像認識や自然言語処理です。

この分野で強い言語が**Python**です。迷うことなくPythonを選びましょう。

「AI」というと難しそうで身構えてしまう方もいるかもしれませんが、PythonではAIを用いた様々な処理をする拡張用のプログラム（これをライブラリといいます）が用意されています。こうしたライブラリを使うことにより、必ずしもAIというテクノロジーそのものにくわしくなくても、その技術を利用したアプリケーションを開発することが可能です。

とはいえ、基本的なAIに関する技術は知っていたほうが望ましいのは事実です。Pythonの学習とともに、機械学習も勉強してみることをお薦めしておきます。簡単ではないかもしれませんが、今最もエンジニアが求められている領域でもあります。それだけの価値は間違いなくあるでしょう。

ハードウェア制御は仕事にも趣味にもなる！

ここまで説明してきたのがプログラミングにおいて基本的な分野となります。でも、もうひとつご紹介したいのが、**ハードウェア制御**です。私が主宰するプログラミング教室でも推奨しているのが、プログラミングで外部のハードウェアを動かして楽しむこと。パソコンやスマホなどの画面の中で完結するソフトウエアを作るのも十分楽しいですが、やはり私自身、個人的にはプログラミングで実際のモノを動かすのはひときわ魅力的に思います。すぐに実益に結び付けるのは難しいかもしれませんが、一方で、現在は製造業でもIT化が進みハードウェアとソフトウエア両方の知識を持っているエンジニアがより重宝される時代になってきているのも事実です。まずはその第一歩として、動かして楽しむことから始めてみてはいかがでしょうか。ここでは、ロボットとドローン、シングルボードコンピュータを紹介します。

ロボットをプログラムで動かそう！

現在、プログラミング教育の現場向けの入門機器として、様々なプログラミング可能なロボットが各社から販売されています。車型や球体型、中にはホバークラフト型などのバリエーションに富んだ機種が多く出ていますので、興味のあるロボットを1体用意してプログラミングで動かしてみてはいかがでしょうか？ ラジコンのようにリアルタイムで操作するのも楽しいですが、自分でプログラムした通りにロボットが動いたときの喜びは格別です。思った通りに動かせることの達成感は、ぜひ多くの人に味わっていただきたいと思います。

ロボットによって使用するプログラミング言語は異なります。私が個人的に持っているロボットの場合はWebアプリケーションの項でも触れたJavaScriptで制御します。また、多くの教育用ロボットはビジュアルプログラミングでも動かすことができるようになっています。このため本書ですでにひと通りScratchの使い方に慣れた皆さんであれば、すでにいろいろなロボットをプログラミングできるようになっているのです。

ドローンを動かすプログラミング

空を飛ぶドローンもプログラミングで制御することができる機材の1つです。ロボットプログラミングの派生系とも言えますが、ドローンは製品数も多く、「飛ぶ」というシンプルで魅力的かつ独特の要素を持っているため、独立した分野として紹介しようと思います。もちろんドローンを楽しむには飛ばす場所や安全確保に気を付ける必要がある点には注意しましょう。ですが、プログラミングで自動飛行させるのは、そうした様々な注意点があることを考慮しても十分に楽しいので、ぜひチャレンジしてみることをお薦めしたいです。

現在世に出ているプログラミングドローンの多くが教育用の小型のもので、室内で飛行させることができるサイズになっています。ドローン制御に使用する言語はというと、SwiftやPythonを使うものが目立ちます。特にSwiftについては、前述のSwift Playgroundsにドローンと接続できる機能が最初から用意されており、比較的簡単にドローン制御のプログラミングを始められるようになっています。

また、ロボット同様、ドローンでもその多くがビジュアルでプログラミングできるようになっており、Scratchでプログラミング可能なドローンもたくさんあります。

意外と楽しいシングルボードコンピュータ

micro:bitに代表されるシングルボードコンピュータも、プログラミングで制御するハードウェアの1つです。LEDやセンサーを搭載しており、これをプログラムを通じて制御することができます。micro:bitの場合、標準でScratchから接続できる機能があるだけでなく、PythonやJavaScriptで記述したプログラムにも対応しています。基本的には科学教育用として作られているため、ビギナーでも楽しみながらプログラム制御を学んでいくことができるようになっているので、次の一歩にちょうどいいと言えるでしょう。micro:bitの場合、LEDやセンサー、物理ボタンなどが搭載されているほか、新しい製品はマイクやスピーカーも備えています。これにより、楽しみ方の幅も広がってきています。ごく簡単なことしかできないように思えるかもしれませんが、意外にハマるハードウェアです。

なかなか決められない方へ ——Swift Playgroundsのススメ

ここまで、本書を読み終わった次のステップとしての言語や分野を紹介してきました。何かしら興味をひかれるものは見つかったでしょうか。ひと通り読んでみたけれどなかなかピンと来るものがないという方や、悩んでしまって決められないという方もいらっしゃるのではないでしょうか。そんな方にはまずはSwift Playgroundsをご提案いたします。

Swift Playgroundsは、前述のようにプログラミング言語Swiftの開発環境で、充実した学習コンテンツも利用できるようになっており、優れた学習環境という側面もあります。Appleが公式に提供しているという点でも安心して使えます。

実際に手を動かしながら学習を進めていくことにより、プロのエンジニアが現場でも使用するプログラミングスキルを、Swiftの学習を通じてスムーズに習得できるよう構成されている点が特徴です。

Macintoshパソコンか iPadが必要にはなりますが、Swift Playgrouds自体は無料でインストールできるアプリとして提供されています。さらに、Swift Playgroundsは学習環境でありながら、実行環境でもあるので、学習を終えたあとはそのままiOS向けアプリを開発することもできるようになっています。

使用する機材としては、A12以降のCPUを搭載したiPadを選ぶのがよいでしょう。以前はiPadの処理性能がアプリに対して不足しており、プログラムの実行に時間がかかるのが難点でした。が、近年はエントリーモデルの端末でもA12以上のCPUを搭載するようになり、処理能力が向上しました。このため、ストレスなく学習が進められるようになっています。
　私が主宰するプログラミング教室でも、明確に作りたいモノや進みたい分野が見つかっていない生徒さんには、このSwift Playgroundsを使用したステップアップを推奨しています。このアプリの中の学習コンテンツは、ステージを1つずつクリアしていく形で、プログラミング学習を無理なく少しずつ進められるように工夫されており、ビジュアルプログラミングから従来型のプログラミングへの第一歩を、楽しみながら踏み出すことができるようになっているためです。
　ここまでの紹介で、Swift Playgroundsに興味を持たれた方はぜひアプリの中の「コードを学ぼう1」と「コードを学ぼう2」から進めてみてください。本書でビジュアルプログラミングを通して学んだプログラミングのポイントの多くが取り上げられており、プログラムコードを記述する場合はこのようになるのか、とScratchとの違いを実感しながら学習を進められるので、より理解しやすいのではないかと思います。学習が深まるにつれて、タブレット端末であるiPadの特徴を活かし、カメラやセンサー、地図アプリなどと組み合わせたプログラミングに取り組めるようになっています。
　また、ハードウェア制御でも多くの製品やサービスと連携しており、ドローンやシングルボードコンピュータなどの制御を、Swiftのコードを記述することで実行できます。中でも球体型ロボットの「Sphero」シリーズ（米Sphero社）は、エントリーモデルなら数千円で購入することができ、比較的簡単にロボットプログラミングを実践できます。Spheroは説明が日本語にも翻訳されているため、わかりやすいのも利点です。

　本章では、プログラミングの第一歩を踏み出した皆さんに、ネクストステージとしてお薦めできるプログラミング言語と分野を紹介しました。ここに紹介したものは、ほんの一部ではありますが、それでもこれだけ様々な選択肢があり、プログラミングの可能性の大きさを感じていただけたのではないかと思います。
　これからみなさんは、プログラミングを仕事にするためにステップアップしていくことも、趣味プログラマーとして楽しんでいくことも可能です。
　その道は決して1つではありませんし、学んでいく方法も様々あります。本書で学んだビジュアルプログラミングをもっと活用して学ぶもよし、従来からのプログラミング言語にチャレンジするもよし、皆さんの進みたい方角へプログラミングの道を歩んでいってください。

プログラミングを学べば学ぶほど、「こんなこともプログラミングでできそう」「なるほどこれとこれを組み合わせると面白いプログラムができるな」など、様々なアイデアがわいてくるようになります。言い換えると、ただプログラムを書くことだけでなく、テクノロジーの可能性を感じ取りながら、自分で自分を成長させられるようになってきます。それこそがプログラミングの本質である「テクノロジーとの対話」です。ぜひプログラミングを楽しみながら実践し、新しい知識や技術を吸収していってください。

COLUMUN

プログラミングに慣れるには ――Scratchを英語版で使ってみよう

本章で紹介したプログラミング言語は、そのすべてが英語をベースに構成されています。特にコードを記述するプログラミング言語に進む重要なステップとして、プログラミングに特有の英語に慣れ親しんでおくことを強く推奨します。そのためには、Scratchを英語表記に切り替えてプログラミングしてみてはいかがでしょうか。Scratchにある程度慣れてきたら、英語のScratchで本書の地球防衛ゲームや花火アニメーションを作ってみてください。こういう処理のときにはこういう表現をするというカンどころを養うことができます。

Scratchを英語表記に切り替える方法を紹介しましょう。編集画面を開くと、画面左上にScratchのロゴが表示されています。そのすぐ右に円形のマークがあり、これが言語の変更ボタンとなっています。クリックすると世界中の様々な言語を選べるようになっており、その中から「English」を選びましょう。

ちなみに、Scratchの日本語は「日本語」と「にほんご」という2種類が存在しています。ひらがなで表記された「にほんご」に切り替えると、基本的にすべて「ひらがな・カタカナ」表記となり、低年齢のお子さんでも使いやすくなります。

英語版を使うメリットとして、Scratchが英語を基準として開発されたため、各カテゴリのブロックやボタンなどがいずれもブロックパレットに収まって表示されるというメリットもあります。日本語版では、英語から翻訳したために一部の長いブロックは右側がパレットの幅からはみ出して見切れてしまうという現象が発生するためです。

さらに、入力文字列も半角に統一することによって、数値は必ず数値として認識されるようになります。半角全角の切り替え忘れからくる、意図しない型違いのミスも防ぐことができます。

英語版のScratchでプログラミングしていると、多くのプログラミング言語でもコードの記述に使う英単語「if」や「else」などにもあらかじめ触れることができ、他のプログラミング言語に進んだときに戸惑うことが少なくなるはずです。

■本書についての最新情報、訂正、重要なお知らせについては、下記 Web ページを開き、書名もしくは ISBN で検索してください。

https://project.nikkeibp.co.jp/bnt/

■本書に掲載した内容についてのお問い合わせは、下記 Web ページのお問い合わせフォームからお送りください。電話およびファクシミリによるご質問には一切応じておりません。なお、本書の範囲を超えるご質問にはお答えできませんので、ご了承ください。ご質問の内容によっては、回答に日数を要する場合があります。

https://nkbp.jp/booksQA

Scratchで今から始めるプログラミング

2021年 3月29日　第1版第1刷発行

著　者　鈴木 喬裕

発行者　村上 広樹

編　集　仙石 誠

発　行　日経BP

発　売　日経BPマーケティング

〒105-8308　東京都港区虎ノ門4-3-12

装丁　小口翔平＋三沢稜(tobufune)

本文デザイン　クニメディア株式会社

印刷・製本　図書印刷

ISBN978-4-296-07007-7
Printed in Japan